语文名家自选集

我的课堂作品

（修订版）

程翔 著

商務印書館
创于1897 The Commercial Press

图书在版编目（CIP）数据

我的课堂作品 / 程翔著 . —修订版 . —北京：商务印书馆，2023（2025.6 重印）
（语文名家自选集）
ISBN 978-7-100-22737-7

Ⅰ. ①我… Ⅱ. ①程… Ⅲ. ①中学语文课—课堂教学—教学研究 Ⅳ. ① G633.302

中国国家版本馆 CIP 数据核字（2023）第 131043 号

语文名家自选集
我的课堂作品
（修订版）
程 翔 著

商 务 印 书 馆 出 版
（北京王府井大街 36 号 邮政编码 100710）
商 务 印 书 馆 发 行
北京市艺辉印刷有限公司印刷
ISBN 978 - 7 - 100 - 22737 - 7

2023 年 9 月第 1 版　　开本 880×1230 1/32
2025 年 6 月北京第 3 次印刷　　印张 12¾ 插页 8

定价：59.00 元

2023年作者在北京一零一中学校园

1990 在山东滕州执教《祝福》

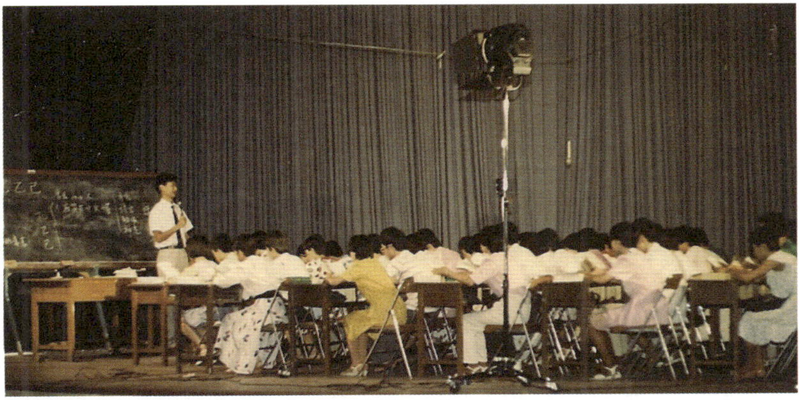

1991年8月在辽宁大连参加全国首届中青年语文教师课堂教学观摩会，执教《孔乙己》获一等奖

1992年吴心田老师到泰安六中验收“单元教学改革项目”时合影

1996 年在云南德宏州执教《谁是最可爱的人》

1997 年在山东滕州执教《梦游天姥吟留别》

2005 年在学校上常态课《雷雨》

2006 年在广东东莞执教《爱莲说》

2008年在北大附中上常态课《项脊轩志》

2021 年在清华附小执教《论语》与人名

2022年在家中书房写作

出版前言

本馆自1897年创立以来，始终肩负中国新教育出版重任，以“昌明教育，开启民智”为宗旨，先后编辑出版中小学各科教科书、教学参考书、工具书、教师用书等，分类编纂，精益求精，深受教育界同人欢迎。

新中国成立后，国家重视发展教育事业。中小学教改实验百花齐放，高等院校教学法、课程论研究百家争鸣，全国各地涌现出许多教学、科研带头人。他们居敬好学，躬身实践，著书立说，逐渐在教学界产生影响，得到认可，成名成家。为了反映和记录当代语文教学研究成果，也为了给青年教师提供可资学习借鉴的参考资料，我们策划了“语文名家自选集”和“语文名师自选集”两套丛书。“名家”因其“自成一家”，“名师”因其“著名”；名家是中老年居多，名师是中青年居多。无论名师名家，抑或年轻年长，这两套丛书关注的主要是在以下几方面有所建树的作者：一、对语文教学的民族性、科学性有自觉认识；二、教学方法或研究方法植根于中国优秀语文教学传统，符合中国语文的特点，既有传承又有创新，能够科学有效地提高学生的语文素养；

三、其教研成果具有较为广泛的影响力和积极的指导作用。

宋代学者程颢有言："古者自天子达于庶人，必须师友以成就其德业，故舜禹文武之圣，亦皆有所从学。"希望这两套丛书的编辑出版，能够激励广大语文教师读者求其师友，持志问学。欢迎中小学语文教学界的专家、学者、老师支持指导我们，共同把这两套丛书出好。

商务印书馆编辑部

2019年1月

目　录

教学实录

教学设计

教材研读

前言：课堂作品是语文教师的宝贵财富

文学家有文学作品，艺术家有艺术作品，那么，语文教师应该有什么呢？应该有自己的课堂作品。一个教师，三尺讲台几十年，备课本写满几大摞，教案写了数以千计，这就是教师的财富。这些教案不一定都是成功的，但其中必有精心之作。把这些精心之作集中起来，就是一本课堂作品选。

遗憾的是，有的教师不重视积累课堂作品，边教边丢，退休时盘点教学人生，没有留下什么东西。这是缺乏职业觉醒的表现。我建议，对刚参加工作的青年教师，要进行职业意识的教育，使他们意识到所从事职业的重要性，意识到课堂作品的意义。教师职业的觉醒既是自信的表现，也是教育教学的幸事，更是教师专业发展的基础。

中学语文教师的工作有两个特点，就是广和浅。与大学中文系教师相比，这两个特点非常突出。大学教师分工很细，教外国文学的教师没有特殊情况不会改教中国文学；教古代文学的教师没有特殊情况也不会改教现当代文学。所以，大学教师几十年集中研究一个领域，详尽占有资料，深入研究，屡有创建，久而久之成为专家。中学教师呢，既要教中国文学，又要教外国文学；既要教古代文学，又要教现当代文学，还要教古代汉语、现代汉语，似乎什么都行。其实，都略知一点，深入不下去。第一次教《孔乙己》，用来备课的时间可能长一点，再长也不过一周吧；用来教的时间一般是二到三课时。教完了，也就不理它了，要赶着教下一篇课文。三年之后，再教《孔乙己》，备课时间会缩短为一两天，而且可能会越来越短，教的时间还是二到三课时。一个语文教师的教学生涯中，教《孔乙己》会有很多次，但每一次都是在极短的时间内备课、教课，来不及细致深入研究。有的教师数十年用同一个教案，没有发展变化。这就是大多数中学语文教师工作的特点。这个特点不是优点，会导致中学教师专业发展的浅化和僵化。所以，大学中文系教师评价中学语文教师，会觉得中学语文教师缺少学问。对于这个评价，中学教师可能不愿意接受，但它击中了要害。所以，笔者希望中学语文教师要积累自己的课堂作品。

什么是课堂作品？它应该包括以下内容。第一，优秀教案。一个好的教案，必然是反复实践的产物，必然是反复打磨的结晶，必然是包含了教师智慧的心血之作。教案可以包括教学实录和教学设计。第二，优秀论文。一篇好的论文，必然是教师提炼升华的产物，必然是体现理论探索的产物，必然对其他教师具有启发性。对课文的鉴赏、解读，教学随笔、札记，某些课题成果等可归为论文。第三，优秀报告。一个好的报告，必然是教育叙事的典范，必然具有感染力和教育价值。报告可以是课题报告、学年总结等。

课堂作品的标准是什么？第一，体现了教师对所教内容的准确把握和深刻理解。第二，体现了教师的精心设计和巧妙构思。第三，包含了师生双方情感的参与。第四，体现了学生课堂生成的效果。真正达到这四条标准，是很不容易的。

对教材准确的理解和把握，不是短时间内可以实现的，没有十年八年的钻研，没有三轮五轮的磨炼，是不行的。因为语文教师要想实现对教材的准确理解和把握，单凭专业知识是不够的，还需要人生阅历的支撑。这是语文教学有别于其他学科教学的显著特点之一。对于那些刚参加工作、社会阅历尚浅的青年教师来说，他们理解课文时就会“隔”；而对于那些上有老下有小，阅历比较丰富的教师来说，他们理解课文就比较容易。古人讲“世事洞明皆学问，人情练达即文章”，说的就是这个道理。因此，青年教师在理解和把握课文时要虚心向老教师请教，老教师在备课时要善于把自己的人生体验与所教内容结合起来，拉近学生与教材之间的距离。

当然，理解到位了，把握准确了，并不见得就能够成为课堂作品，还需要设计。之所以强调设计的重要性，这是由教学的性质决定的。教师面对的是未成年人，教师、教材与学生之间存在着距离，没有设计，学生就不可能很好地掌握教材，也就谈不到学习效果。所谓设计，就是在教材与学生之间架设一道桥梁，让学生通过这道桥梁去掌握学习内容，进而将其变成自己的东西。好的教学设计，我们称为教学艺术。能够达到教学艺术的境界，那自然是课堂作品了。作为中学语文教师，一旦实现了对课文的理解和把握，决定教学质量高下的关键就是教学艺术了。当然，设计和教学之间还不能画等号，有了好的设计，不一定能取得好的教学效果，不一定能达到教学艺术的境界。但是，没有好的设计，肯定不能取得好的教学效果，肯定不能达到教学艺术的境界。

关于情感的参与，指的是两方面的内容。一是教师对课文的情感因素产生了共鸣，进而引导学生产生了共鸣；二是在教学过程中教师与学生的情感交流发挥了重要作用。这是两种情感参与。前者是师生针对课本的，后者是师生之间的。这两种情感参与互为影响，互为作用，并交融在一起，有时难分彼此。我们以《孔雀东南飞》的教学为例来说明这一道理。《孔雀东南飞》中的情感因素是很丰富的，但是在学习它之前，学生无动于衷。教师的任务在于让学生感受到课本中的情感，并融入学生的情感世界。由于学生原本内在的情感因素中有悲悯之情，再加上教师的启发引导和熏陶感染，学生情感和课文情感就会发生交互，进而融为一体，产生共鸣。这里，教师一定要善于调动学生内在的情感因素，将其与课本的情感因素进行对接，即实现情感参与。教师对学生的鼓励、期待之情与学生对教师的信任和反馈，在课堂教学中的作用非常重要，但过去不受教师重视，甚至有的教师简单地认为，教师只要对课文的感情理解到位了，学生自然就跟上了。事实证明，这是不对的。站在学生的角度看，学生对课堂的参与程度，与教师的鼓励、期待之情是成正比的。

对情感参与补充一点。情感的东西不是靠自学就能实现的。当下有的地方推行教师少讲、学生自学的模式，是有道理的，尤其对于语文基础知识的学习，教师要少讲，要给学生自主学习的时间和空间。但是，对于情感的熏陶，对于培养美好的人性来说，单靠学生自学就很受限制了。所以，教师的启发引导和必要的讲解是不可缺少的。教师情感的参与，也包括教师必要的讲解。所谓声情并茂，往往就是指教师的讲解。

关于学生课堂生成效果，指的是课堂教学效率的问题。任何课堂都要讲究效率。但是，长期以来，人们对课堂效率的认识有偏差。比如，有人简单地把目标达成度作为衡量课堂效率的标尺。笔者以为，衡量课堂效率，既要看目标达成度，又要看课堂生成效果，二者并重，后者往往更重要。目标达成往往是表面的、短暂的、假象的；而课堂生成才是内在的、长远的、真实的。有人说，应试教育与素质教育的本质区别不在学习内容上，而在学习方式上。此论有理。应试教育采用简单机械的方式让学生强化训练，重视结果，为的是应对考试。素质教育重视的是学习内化的过程，让学生亲身体验，注重发展。作为毕业年级的教学，应试不可绕行。作为常态下的教学，则应以素质提升为重。

评价一堂课，关键是看学生变化的方式。学生上课前的起点是怎样的，结束时学生发生了怎样的变化，教师采用什么方式让学生发生变化，这是评价课堂作品的标准。用图表示如下：

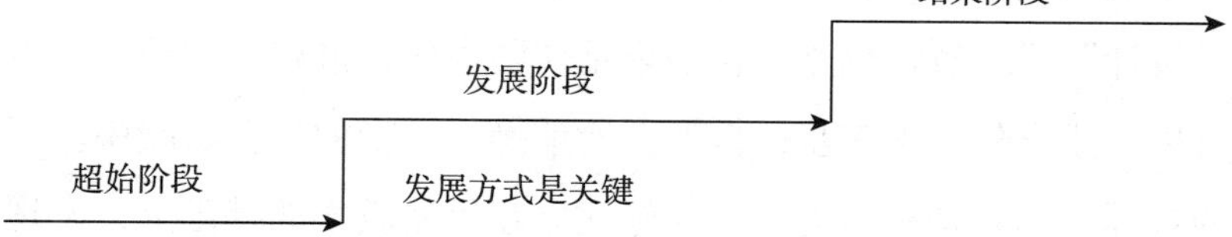

教学应该体现这种阶梯式的发展变化。它包括：兴趣的变化，学生开始没有兴趣或兴趣较低，经过教学之后，学生产生了兴趣或兴趣浓厚起来；理解的变化，学生开始不理解或理解不深刻，经过教学之后，学生理解了或加深了理解；能力的变化，学生开始没有能力或能力弱，经过教学之后，学生有了能力或能力提高了。学生的发展变化，不是教师奉送的，而是在教师的引导启发下，靠学生自主学习获得的。这就是生成，是最重要的。

有人会说，语文教师的课堂作品大多是“垃圾”，卑之无甚高论。这话不对。课堂作品固然要对教材做深入的理解和准确的把握，但其主要价值不在于此。理解是基础，是前提，建立在这个基础和前提之上的教学设计和情感参与，以及实现课堂生成效果才是最有价值的。打个比方说，教师本人能爬上泰山固然值得肯定，而能够引导鼓励学生爬上泰山更值得肯定。登山运动员比普通学员快得多，但不能引导鼓励学员爬上去，他就只是好的运动员，不是好的教练员。评价课堂作品，关键是看教师引导下的学生发生了怎样积极的变化。

怎样积累课堂作品呢？课堂作品的积累有一个过程，大致可以分为四步。第一步，选择。课堂作品是建立在过往教学的基础上的。在反复教学的基础上，选定有特殊感觉的课文或课题。所谓特殊感觉，指的是熟悉、有突破，教学效果好。第二步，撰写。如果是属于教案类的，最好写成“教学实录”，也可以写成“教学设计”或“教学思路”；如果是课题类的，最好写成论文，也可以写成报告。第三步，操作。所谓操作，指的是在实践中验证的过程。如果是教案类的，最好建立在反复教学的基础上，发现问题，不断完善。在这个过程中，邀请专家听课，提出修改意见。还要征求学生的意见。第四步，完善。要从三个方面来完善：语文专业方面、教学论方面和学生活动方面，涉及心理学、教育学、语文学、教学论等方面的理论和实践的问题。课堂作品形成的过程，是推敲琢磨的过程，是不断自我否定螺旋式上升的过程。经过多次教学，经历各种意外情况的考验之后，一个具有普适性和特殊性的课堂作品才基本确定下来。

当然，学科专业功底也是不能忽视的。要积累一篇课堂作品，必须反复研读、深入理解课文；还要广泛阅读文献资料，凡是名家名篇、专家学者的学术文章，一定要看，要比较，要分析，转化成自己的东西。要想教好一个名篇，没有十篇八篇重量级的学术论文做支撑，教学肯定是肤浅的。还要看优秀教师撰写的教案和分析文章，经常阅读语文教学杂志，及时掌握学术动向。久而久之，学术水平一定会有明显提升。

假如一个教师每学期写一篇课堂作品，一年就有两篇，工作十年就有二十篇；工作三十年，就可以积累五十篇左右。这些课堂作品包含了白话文和文言文，从体裁上说，有小说、散文、戏剧和诗歌等。这些课堂作品，既有新授课的，也有复习课的，还有活动课的、研究性学习的，文体兼备，课型兼顾。一个教师如果能积累到几十篇，就可以出一本个人的课堂作品选。笔者年轻的时候读过于漪老师的《于漪教案选——特级教师教案选》和钱梦龙老师的《语文导读法探索》，深受教益。如今，笔者从教四十多年了，如果说有一点值得欣慰的东西，那就是有几十篇课堂作品。对这些内容，笔者烂熟于心，无论何时何地，拿起来就能教，不需要重新备课，因为几十年来一直在备课。

现在呈现在读者面前的这本课堂作品自选集，是笔者多年来积累的结果，记载了笔者专业发展的足迹。我知道，教学无止境，虽名之曰课堂作品，其实一定有这样或那样的缺点，甚至错误，我衷心希望能得到广大教师的批评指正。

程翔

2017年10月8日于六心斋

2023年5月21日修改

教学实录

《孔乙己》教学实录

年级：初三

课时：两课时

第一课时

师：上课。同学们好！

生：老师好！

师：鲁迅先生是伟大的文学家。他一生写了很多脍炙人口的小说。同学们回忆一下，以前学过鲁迅先生的哪些小说？收入了哪本小说集？

生1：《故乡》《社戏》《从百草园到三味书屋》，收入《呐喊》。

生2：《从百草园到三味书屋》是散文，不是小说。

师：纠正得好。《从百草园到三味书屋》是回忆性散文，收入《朝花夕拾》。鲁迅先生一生写了33篇白话小说。有一次，他的朋友孙伏园问他："在先生的小说中，您自己最喜欢的是哪一篇？"鲁迅先生说："是《孔乙己》。"不仅鲁迅自己喜欢，很多读者都喜欢这篇小说。著名作家巴金先生说："《孔乙己》只有几千字，写得多好啊！"（板书：孔乙己）这篇小说写于哪一年？

生（众）：1918年冬。

师：对。这是继《狂人日记》之后，鲁迅先生的又一篇白话小说。下面请同学们把课文读一遍。

（生读课文，约15分钟。）

师：读完了吗？

生（众）：读完了。

师：初步感受如何？

生：孔乙己很可怜。

师：这个感受不错。孔乙己是小说中的主要人物，他的一生的确让人同情。可是小说中有人同情他吗？

生：没有。

师：孔乙己生活的社会环境是很恶劣的。鲁迅先生先用了三个段落来写当时的社会环境。请同学们看书，这三段社会环境描写与表现孔乙己是什么关系？

生：写了两种喝酒的人，还写了人与人之间的冷漠关系。

师：写两种喝酒的人，与表现孔乙己有何关系？

生：为孔乙己出场做铺垫。孔乙己不属于这两种人。

师：好。孔乙己具有特殊的身份。第四段第一句话点明了。"孔乙己是站着喝酒而穿长衫的唯一的人。"请同学们在这句话旁边写一句旁批：孔乙己具有特殊的身份。

（生写）

师：那么他特殊在哪呢？

生：他是读书人，与靠种地为生的“短衣帮”不同。他参加科举考试，没有考上，穷困潦倒，与长衫主顾也不同。

师：说得好。看看作者是如何描写他的。

生：描写了他的肖像、穿着和语言。

师：请一位同学读一遍。

（一生读课文）

师：孔乙己没有考上，反倒沾染了一身的迂腐气，说话总是酸溜溜的。来显示他的什么？

生：读过书。

师：读过书有什么值得炫耀的？

生：过去是“万般皆下品，唯有读书高”。

师：说得好。孔乙己深受其害。同学们看书，孔乙己是在人们的什么声中出场的？

生：笑声。

师：谁来给同学们读一遍？

生 1：我来试试。

（生 1 读课文）

师：读得如何？

生 2：声音洪亮。不过，人物对话没有读好。

师：你听得很仔细。你来读一遍，怎么样？

（生 2 读课文）

师：怎么样？

生（杂）：有进步。

师：注意这句话："什么清白？"是问号。问号怎么读？"什么"之后顿一下，然后读出问的语气。可以加一个破折号："什么——清白？"下面请同学们听老师读这一部分。（师读，从"孔乙己一到店"到"店内外充满了快活的空气"。）

这里有语言描写，有动作描写，有神态描写。请同学们找出一个典型例子来分析一下。

生1："排"字用得好。他明明很穷，却偏要在人面前摆阔气。

师：我看到有一种观点，是这样解释的："排"字既表示分文不少，自己是个规矩人，又是对短衣帮的取笑表示若无其事，以掩饰内心的不安，活画了孔乙己拮据穷酸的本相。有道理吗？（生点头）有的。继续说。

生2：别人对他说话是"叫""嚷"，可见对他很不放在眼里。

生3：作者用"额上的青筋条条绽出""争辩"来描写孔乙己的神态，很生动。

生4：孔乙己说自己"窃书不能算偷……窃书！……读书人的事，能算偷么？"显得特别迂腐。

师：同学们说得都很好。（板书：孔乙己在笑声中出场　迂腐）请同学们写下来。这节课先上到这里。我们休息一会儿。

第二课时

师：我们接着学习《孔乙己》。请一位同学读第五段。

（生读）

师：这一段从叙述方式上说属于什么呢？

生：是插叙吗？

师：是的。这段插叙的作用是什么？你们讨论一下。

（生讨论）

师：说一说吧。

生 1：介绍了孔乙己的身世经历，让读者更多地了解他。

生 2：这段插叙让读者觉得孔乙己这个人不怎么坏。

师：使这个人物更加丰满了。这段插叙极其简练。如果拉长的话，可以写成一部长篇小说。比如可以写他读书的经历、科举考试的经历、落榜的经历、穷困的生活、写一手好字、偷笔墨纸砚等等。可以说，这段时间的跨度可能是十几年、几十年，是孔乙己的主要人生经历。要拍电视剧，怎么也能拍十多集。但是，鲁迅先生只用这一小段就介绍完了。那么孔乙己在酒店的这段生活有多长呢？充其量一年。为什么？由此可以知道作者表现的重点。作者是借咸亨酒店这个特殊地点来集中表现孔乙己的悲剧人生，来展示酒店的人的精神状态。小窗口写大境界。好了，作者又把镜头拉回到眼前来。请同学读。

（生读，从“孔乙己喝过半碗酒”到“店内外充满了快活的空气”。）

师：哪几个词语用得好？

生：“不屑置辩”和“颓唐不安”用得好。

师：分析一下。

生：别人问孔乙己：“孔乙己，你当真认识字么？”在孔乙己看来，这个问题还用问吗？这不明明看不起我吗？我能不认识字吗？所以他“不屑置辩”。可是当别人问他：“你怎的连半个秀才也捞不到呢？”这话戳到了孔乙己的心上了，于是就像泄了气的皮球，变得“颓唐不安”。

师：这两个成语形成了鲜明的对比，表现出科举考试失败对孔乙己来说影响是多么深刻啊！请同学们写下这句话，作为旁批。

（生写）

师：同学们有问题吗？

生：老师，作者写人物说话，为什么不用冒号？

师：这个问题问得好。标点符号的使用一开始并没有统一的标准。1920 年，当时的教育部才发布采用新式标点符号的训令。本篇小说写于 1918 年，冒号的使用并不规范。早在《狂人日记》中，鲁迅先生已经开始使用冒号了，但不是用在人物话语前面，而是用来做解释。同学们如果有兴趣，可以去找相关资料看一看。下面，请同学们自读第七、八自然段，画出描写孔乙己语言、动作和神态的句子。

（生读第七、八自然段）

师：在第八段中，作者对孔乙己的言、行、神态刻画得十分生动。请一位同学来模仿一下。

（一生模仿孔乙己）

师：这位同学摇头晃脑，模仿得很像，你有表演的才能。请同学们考虑，孔乙己伸开五指将碟子罩住，是真心不让小孩吃豆吗？

生：是的。

师：如果真心不让小孩吃豆，他就不是“罩住”碟子了，而应该是“捂住”或“盖住”。“罩住”这个动作，手指间漏出缝隙，小孩可以看见碟子里的豆。

生：孔乙己逗小孩玩呢。

师：好。这反映了他什么性格？

生：善良。

师：对。（板书：善良）刚才同学们笑了。孔乙己就是在人们的笑声中度日的。（板书：在笑声中度日）孔乙己来到酒店，店内外就充满了快活的空气。下一段写道：“孔乙己是这样的使人快活，可是没有他，别人也便这么过。”这段话有什么深刻含义吗？

生：孔乙己虽然让人快活，但是没有人在乎他。他的社会地位很低，有他没他无所谓。

师：你说得很好。他是一个可有可无的人。

（生写旁批：他是一个可有可无的人）

师：接下来一段请一位同学读。

（一生读课文）

师：这一段是通过人物对话来叙述情节的。同学们听两个人的对话，有何感触？

生1：孔乙己是旧习不改。

师：那就是说，他被打折腿是罪有应得。是吗？作者就是要表现孔乙己遭受惩罚。是吗？

生2：不是。我感到两个人都很冷漠。孔乙己被打折腿，他们无动于衷。

师：那么作者要表现什么呢？

生 2：人情冷漠。

师：是人心麻木！同学们接着往下看，孔乙己最后一次出场。听老师来读。

（师读课文倒数第三段）

同学们还能笑得起来吗？

生：笑不起来了。

师：可是掌柜的还在笑！同学们，酒店的酒客，还有掌柜的，是坏人吗？不是。从本质上说，他们都是善良的百姓，他们对自己的同胞非但不伸手帮一把，反而嘲笑、讽刺、挖苦。这是多么荒唐、无知、麻木啊！一个民族遭受了创伤，固然是可悲的，但是当这个民族不去医治这创伤，反而在围观鉴赏这创伤的时候，才是真正的可悲呀！鲁迅先生说："暴君的臣民，只愿暴政暴在他人的头上，他却看着高兴，拿"残酷"做娱乐，拿"他人的苦"做赏玩，做慰安。"鲁迅先生写出了国民的劣根性。孔乙己说："不要取笑！"这四个字使我们感到心灵上多么大的刺痛！多么沉重！笑中也有泪，乐中也有哀。以喜剧的手法表现悲剧的主题，是本篇小说最突出的写作特点。请同学们把这句旁批写下来。

（生写：以喜剧的手法表现悲剧的主题）

老师讲到这里，想问同学们一个问题：鲁迅先生为什么要表现百姓的麻木呢？

生 1：因为麻木的民族是没有希望的。

师：好！为他鼓掌！还有吗？

生 2：因为鲁迅希望祖国强大起来。

师：对呀！鲁迅深深热爱着中华民族。当他看到这个民族的劣根性后，他就要用笔来唤醒民众。读鲁迅的作品，我们会深切感受到他的这种情怀。下面，我们把最后两段齐读一遍。

（生齐读最后两段）

师：“大约孔乙己的确死了。”是个病句吗？请同学们改一改。

生：不是病句。看似病句，其实表现了一种深刻含义。

师：什么深刻含义？

生：“大约”的意思是，孔乙己究竟在什么具体时间死的，不知道。但孔乙己穷困潦倒到了这种地步，一定活不长。“的确”表现他悲剧的必然性。

师：你的水平很高，很到位。孔乙己就这样在人们的笑声中死掉了。（板书：在笑声中死去）孔乙己的死引起人们的关注了吗？

生：没有。

师：请同学们用比喻句来表现孔乙己死得静悄悄。

生：他的死就像树上无声地落下了一片叶子。

生：他的死就像田野里悄悄枯死了一棵小草。

师：很好。孔乙己是一个“苦人”。他在笑声中出场，在笑声中度日，最后在笑声中死去。他一直到死，也不知道自己究竟是怎么死的。他本身也麻木。（板书：麻木）同学们，我们对孔乙己持什么态度？

生：同情。

师：好。鲁迅先生说：“哀其不幸，怒其不争。”（板书：哀其不幸，怒其不争）最后，我留给同学们一道思考题：小说中的“我”是鲁迅先生吗?

生:不是。是第一人称的手法。

师:对。作者为什么让一个小伙计来担任叙述者呢?换句话说,这个“我”为什么是小伙计,而不是酒店的掌柜呢?请同学们写200字的答案。可以上网查找资料。这节课就上到这里。下课。同学们再见!

板书设计:

孔乙己

鲁　迅

孔乙己	在笑声中出场	迂腐	
	在笑声中度日	善良	哀其不幸,怒其不争
	在笑声中死去	麻木	

(《孔乙己》是笔者1991年参加全国首届中青年教师课堂教学观摩会执教的篇目,获得一等奖。该课的课堂实录收入《语文教改探索集》,并有冯守仲老师写的“评析”。收入本书时,笔者做了适当改动。)

《谁是最可爱的人》教学实录

年级：初一

时间：一课时

师：同学们，学习课文之前，我先放一首曲子请大家听，听完后请同学们说出曲子的名称。

（师放《中国人民志愿军战歌》录音）

师：知道曲名的请举手。

生：是《中国人民志愿军战歌》。

师：对。1950年6月，新中国成立不久，美国政府武装干涉朝鲜内战，并派舰队侵入台湾海峡，公然干涉中国内政，阻挠中国统一大业。中国政府做出“抗美援朝、保家卫国”的决定，组成中国人民志愿军入朝作战。1950年10月19日，志愿军浩浩荡荡开赴朝鲜战场，同朝鲜人民一起经过近三年的英勇战斗，把美军打回三八线，迫使美国签订了停战协定。在朝鲜战场上，中国人民志愿军在极其恶劣的条件下，同装备精良的敌人展开了殊死搏斗，谱写了一曲曲动人的乐章。著名作家魏巍以战地记者的身份两次到朝鲜战场采访，用饱含感情的笔触，报道了志愿军战士可歌可泣的英雄事迹。其中，他写的通讯《谁是最可爱的人》在《人民日报》上发表之后，在国内产生了强烈反响。人们争相传诵，感动得热泪盈眶，并亲切称呼志愿军战士是“最可爱的人”。后来，“最可爱的人”就成了中国人民志愿军的代称。

（师板书：谁是最可爱的人　魏巍）

师：我们这节课有两个学习重点，一是选取典型事例，二是运用多种表达方式。

（师板书：学习重点：一、选取典型事例　二、运用多种表达方式）

师：同学们已经预习了课文。下面我提一个问题：本文一共写了几个故事？请你给每一个故事拟一个题目。

生：一共写了三个故事，分别是：“松骨峰战斗”“舍身救小孩”“谈话”。

师：第三个故事叫“谈话”？笼统了，在什么地方谈话？

生：防空洞谈话。

师：好。“舍身救小孩”需要改一下吗？

生：我觉得改为“火中救儿童”更好。

师：同学们同意吗？

生：同意。

师：好！这就是概括能力，我们概括三个故事的字数一样多，有一种整齐美，易记。概括能力是语文的重要能力之一。

（师板书：1. 松骨峰战斗　2. 火中救儿童　3. 防空洞谈话）

师：这三个故事，你们最喜欢第一个故事的举手。

（部分学生举手）

师：这位同学，请你谈谈，你为什么最喜欢第一个故事？

生：第一个故事写出了志愿军战士对敌人的无比仇恨。

师：从哪些地方看得出来呢？

生：（读课文）“他们把枪一摔，向敌人扑去，身上帽子上呼呼地冒着火苗，把敌人抱住，让身上的火，也把占领阵地的敌人烧死。”

师：你找得对。不过，你没有把志愿军战士对敌人的仇恨读出。这几句中有几字要重读，哪几个字？

生：“摔”“扑”“冒”“抱”“烧”。

师：对。“烧死”怎样读才够味？

生：咬着牙。

师：对。听老师读一遍。

（师范读课文）

师：同学们一起读一遍。

（生齐读课文）

师：效果好多了。不同的文字有不同的读法。下面几句怎么读？从“烈士们的遗体”到“嘴里还衔着敌人的半块耳朵”。

生：我认为要比上面的几句慢一点。

师：对。这个营的营长叙说以上情形时，他的声调是缓慢的，他的感情是沉重的。因此，读这几句，基调是缓慢、沉重。谁来读一遍？

生：我来试试。

（生读课文）

师：不错。下面听老师范读一遍。

（师读课文）

师：“让我们的烈士们千载万世永垂不朽吧！”这一句应读得饱含感情。“千载万世”与“永垂不朽”中间略停一下，我们齐读一遍。

（生齐读课文）

师：同学们，松骨峰战斗表现了战士对敌人的什么？

生：恨。

师：对。

（师板书：恨）

师：松骨峰战斗表现了战士对敌人的恨，那么“火中救儿童”表现了什么？

生：表现了战士对朝鲜人民的爱。

师：最喜欢这个故事的举手。

（部分学生举手）

师：这位同学说说，哪些句子表现了对朝鲜人民的爱？

生：“他说：‘我能够不进去吗？我不能！我想，要在祖国遇见这种情形，我能够进去，那么，在朝鲜我就可以不进去吗？朝鲜人民和我们祖国的人民不是一样的吗？我就踹开门，扑了进去。’”

师：好。既是语言描写，也是心理描写和行动描写。正是有了热爱朝鲜人民的思想感情，才有了火中救儿童的行动。下面我们来齐读一遍。动词要重读。

（生齐读课文，师板书：爱）

师：同学们写作文时，也要善于使用动词。下面我们看第三个故事“防空洞谈话”。最喜欢这个故事的举手。

（无学生举手）

师：竟然没有人举手。老师最喜欢这个故事。

生：为什么？

师：请同学们看书。（师读）“谁都知道，朝鲜战场是艰苦些。但战士们是怎样想的呢？有一次，我见到一个战士，在防空洞里，吃一口炒面，就一口雪。我问他：‘你不觉得苦吗？’他把正送往嘴里的一勺雪收回来，笑了笑，说：‘怎么能不觉得？我们革命军队又不是个怪物。不过我们的光荣也就在这里。’”老师提一个问题，战士回答时“笑了笑”，把“笑了笑”去掉行不行？

生：不行。“笑了笑”表现战士的乐观主义精神。

师：什么是乐观主义？你们会解释吗？

生：就是想得开。

师：那我觉得“笑了笑”远不足以表现战士的乐观主义。我们可以改一改：“一点也不苦，这个地方很好玩呀！”行吗？

生：（笑）不行。

师：请同学们考虑，“笑了笑”三个字说明战士对作者提的这个问题有没有现成答案？

生：没有。

生：有。

师：不统一。同学们再考虑：战士到朝鲜来，做好吃苦的思想准备了吗？

生：做好了。

师：别说吃苦的准备，甚至——

生：甚至牺牲的准备都做好了。

师：对！战士以为作者要问什么高深的问题，原来是问“苦不苦”，这个问题我早就考虑好了，根本不是问题，难不住我，所以“笑了笑”。仅仅概括为“乐观主义”精神，一是笼统，二是偏了。

生：应该分析得具体一些。

师：对了。“笑了笑”之后，战士回答：“怎么能不觉得？我们革命军队又不是个怪物。不过我们的光荣也就在这里。”你们说，战士的回答说明什么？

生：战士很实在。

师：对。如果不这样写，采取另外两种写法，一是问：“苦不苦啊？”战士回答：“没事，没事，一点也不苦。”

生：这样回答显得战士没说实话。

师：是的。二是问：“苦不苦啊？”战士说：“怎么不苦啊，太苦了，简直受不了啦！”

生：这样写不符合战士的实际，是对战士的丑化。

师：好。战士怎么回答的？首先承认，的确苦，革命军人也是人，不是怪物。战士朴实、坦诚。但是，战士认为这正是他们的光荣所在。那么，光荣在哪里？

生：“就拿吃雪来说吧。我在这里吃雪，正是为了我们祖国的人民不吃雪。他们可以坐在挺豁亮的屋子里，泡上一壶茶，守住个小火炉子，想吃点儿什么就做点儿什么。”

师：好。一起往下读。

（生读课文："再比如蹲防空洞吧……就是我们最大的幸福。"）

师：哪一句话从根本上反映出战士的思想觉悟？

生："只要能使人民得到幸福，就是我们最大的幸福。"

师：好。请同学们把这句话画下来。

（生画出上面句子）

师：同学们说，防空洞谈话这个故事表现了战士的什么？

生：对祖国的爱。

师：刚才有一个"爱"了，重复。先不急着回答，放一放。我们接着往下看。"我接着问：'你们经历了这么多危险，吃了这么多苦，你们对祖国对朝鲜有什么要求吗？'他想了一下，才回答我：'我们什么也不要。可是说心里话——我这话可不一定恰当啊，我们是想要这么大的一个东西……'他笑着，用手指比个铜子儿大小，怕我不明白："一块"朝鲜解放纪念章"，我们愿意戴在胸脯上，回到咱们的祖国去。'"我问同学们，当作者问战士对祖国对朝鲜有什么要求时，战士"想了一下"。如果把"想了一下"换成"笑了笑"，行不行？

生：不行。因为战士对这个问题没有现成答案。

师：为什么没有现成答案？

生：他从来没想过这个问题。

师：他为什么不想呢？

生：他觉得向祖国和朝鲜提要求是不光彩的。

师：说得好。那么，他想什么呢？

生：想打敌人。

生：想吃苦。

生：想牺牲。

师：好！我们的战士到朝鲜来，就是来奉献的，随时准备献出自己的宝贵生命。他们压根儿就没想过要索取任何东西，索取的念头连闪都没闪过。但是，作者既然问了，战士还要回答，真得动脑筋想一想。想了一下之后，战士提出了一个要求：要一块“朝鲜解放纪念章”。这个要求应该不应该？

生：太应该了。

师：回到刚才的问题，防空洞谈话表现了战士的“爱”吗？是不是换一个词？

生：忠。

师：好！为什么是“忠”？

生：忠，就是忠诚。

师：对！忠，就是尽心竭力，毫无二心。

（师板书：忠）

师：“笑一笑”“想了一下”，看似平凡的文字，内涵却很丰富。读课文就要读出它丰富的内涵。作者用这样的文字赞美了我们战士伟大的心灵。在课文开头部分，作者以真挚的感情，用排比句歌颂了我们战士。我们来齐读一遍。

（生齐读：“他们的品质是那样地纯洁和高尚，他们的意志是那样地坚韧和刚强，他们的气质是那样地淳朴和谦逊，他们的胸怀是那样地美丽和宽广！”）

师：我们学习了三个故事。老师问一个问题：这三个故事的顺序能颠倒一下吗？

生：能。

生：不能。

师：不一致。不要紧，你们讨论一下。

（学生讨论。教师倾听）

师：谁来回答？

生：不能颠倒。前两个故事表现的是恨和爱，第三个故事则是揭示恨和爱的思想基础。

师：说得好！同学们鼓掌！

（鼓掌）

师：志愿军战士可写的事迹太多了，但不外乎这三个方面。作者的初稿写了几十个感人的故事，后来删减到只有这三个故事，就说明这三个故事各具代表性、典型性，而且它们之间有这样的逻辑关系。这就是选取典型事例，是我们这节课的学习重点。你们明白老师为什么最喜欢第三个故事了吧？

生：明白了。

师：我再问同学们：三个故事是怎样衔接起来的？

生：用过渡句。

师：请你读一下。

生：第一个故事“松骨峰战斗”写完后，作者写道：“我们的战士，对敌人这样狠，而对朝鲜人民却是那样地爱，充满国际主义的深厚热情。”这就接上了第二个故事“火中救儿童”。写完第二个故事后，作者又写道：“朋友，当你听到这段事迹的时候，你的感觉又是如何呢？你不觉得我们的战士是最可爱的人吗？”“谁都知道，朝鲜战场是艰苦些。但战士们是怎样想的呢？”

引出第三个故事“防空洞谈话”。

师：正确。写文章就像做衣服一样，需要穿针引线，方法之一就是运用过渡句或者过渡段。本文在这方面值得同学们学习。以上是我们要解决的第一个学习重点——选取典型事例。下面我们简单地学习一下第二个问题——多种表达方式。表达方式一般指记叙、议论、抒情、描写。请同学们说说，本文哪些地方是记叙？

生：作者写三个故事主要运用了记叙的手法。

师：哪些是议论？

生：开头部分，第三自然段是议论。

师：哪些是描写？找你认为最精彩的一段。

生：（读）“他长着一副微黑透红的脸膛儿，高高的个儿，站在那儿，像秋天田野里一株红高粱那样淳朴可爱。”

师：好。这段描写表现战士什么特点？

生：淳朴。

师：哪一段抒情文字最好？

生：最后一段。

师：我们齐读一遍。

（生齐读课文）

师：最后一句与什么相照应？

生：题目。

生：文章开头两段。

师：前后照应，这是写文章的基本要求。好，我们已经把两个学习重点解决了。这节课就上到这里。下课。

板书设计：

谁是最可爱的人

魏　巍

学习重点：

一、选取典型事例

二、运用多种表达方式

1. 松骨峰战斗——恨

2. 火中救儿童——爱

3. 防空洞谈话——忠

附录：

单篇教学不过时

前些日子，我又一次执教《谁是最可爱的人》。因现场没有学生，我只好请听课的教师充当学生，并说“暂时委屈你们了”。老师们很兴奋，感觉新鲜。我则觉得，这课上得应该很顺利，因为老师们都教过的。

然而事实出乎我的预料。第一个教学环节，概括三个故事——松骨峰战斗、火中救儿童、防空洞谈话，老师们并没有顺利、准确、精练地概括出来，而是有一个修正的过程。第二个教学环节，回答“这三个故事分别体现了什么？”老师们回答说：分别体现了志愿军战士的“英雄主义精神”“国际主义精神”和“乐观主义精神”。我惊讶于这种简单的贴标签式的回答竟然出现在教师身上。不能说他们答错了，但大而无当。有的老师告诉我，教师用书就是这样写的。我有些无奈。教师用书只是教师的参考用书，不能奉为圭臬，不能当作“标准答案”。教师必须自己动脑来深入理解文本。接下来，我抓住几个关键点，引导老师们细细理解文本含义，咀嚼，品味，老师们恍然大悟：原来如此！

课后一个教师对我说：现在老师们都在搞大单元、大概念、群文阅读，注重的是比较、思辨、整体，很少有人精细研读文本了，单篇教学过时了。我不禁感慨万千……

前些天，我听一个老师执教《雷雨》，她采用满堂灌的方式。她说周朴园是个虚伪、冷酷、自私的资本家，这时一个学生说“是个渣男”。老师很高兴，说：“说得好！周朴园就是个渣男！”就这样，这班学生带着“周朴园是个渣男”的理解下课了。我估计，这班学生也将带着这个理解高中毕业，甚至也许这一辈子都不能正确理解曹禺塑造这个文学形象的真正目的。可是，你能说那个老师讲错了吗？似乎不能。因为用非文学的眼光来看，周朴园不是“渣男”又是什么呢？——问题在于，你上的是语文课。

这使我想起很多年前发生的一件事：我刚执教完《雷雨》，一个听课老师找到我，很生气的样子，质问我：“程老师，你怎么能这样教《雷雨》呢？这对学生会有怎样的影响？”我平和地注视着他。他五十岁左右，是一位老教师，一定有着丰富的教学经验，我想。我说：“请您说具体点。”他说：“周朴园对鲁侍萍的感情就是虚伪的。周朴园就是一个坏人。你怎么教成了那个样？”其实，我刚参加工作时，也像那位老师理解的一样，就是把教参的观点原封不动地搬过来讲给学生听。后来，学校邀请著名话剧表演艺术家、周朴园的扮演者郑榕先生来做报告——《话剧的魅力》，我趁机请教他：“我们教参上说周朴园是一个虚伪、冷酷、自私的资本家的形象，他对侍萍的感情是虚伪的。您以为如何？”郑先生一听就笑了：“哪能那么说，哪能那么说。”我心中“咯噔”一下，原来郑先生不同意教参的观点。后来，郑先生介绍了北京人民艺术剧院在排演《雷雨》过程中发生的故事，我才知道人艺的演员对《雷雨》的接受也有一个复杂的过程。后来，我对《雷雨》下了一番功夫，阅读了很多文献资料，也撰写了几篇教学论文，其中《〈雷雨〉教学实录》和《说〈雷雨〉》（也收入了本书中）在国内引起了广泛关注。2006年，我教的一届高中生毕业20年聚会，请我到场。我说：“我要给你们重讲《雷雨》，20年前我给你们讲的有问题。”于是，在老学生聚会活动中，我重新讲了《雷雨》，算是弥补了我心中那份缺憾。从教40多年来，我最大的遗憾就是把课文讲错了却无法弥补，学生带着错误毕业，然后走上社会。如果把那些不恰当的理解当作“标准答案”来考学生，简直就是误人子弟！面对那位质问我的老教师，我没有着急，更没有生气，而是耐心地给他解释，并建议他去读几本书。

语文教材中的课文大都是名家名篇，不仅文笔优美，而且思想深刻，教师想要读懂它们殊非易事，非下一番苦功不可。我每教一篇课文，总要参考数十篇甚至上百篇的文献资料，以确保不出现明显偏差。所以，教师单篇教学备课的任务很是繁重，万不可只看看教师用书就照本宣科。在互联网背景下，学生掌握的信息量很大，甚至超过教师。一个教师如果不广泛阅读、精心备课，就有可能落后于学生。

更让我忧虑的是，现在刚入职的青年教师是“应试”模式下成长起来的，学历虽然普遍提高了，但文本解读能力并未随之提高。

他们偏偏又赶上了大单元、大概念满天飞的时代，原本就缺少对文本精细研读的功夫，若抛弃了单篇教学，那所谓的思辨、整体、群文、比较岂不是空中楼阁么？一个老师给我打电话，说她要参加教学比赛，规定要比较窦娥与鲁侍萍两个文学形象，请我指导一下。我说这太难了，我指导不了。因为二者实在没有可比性。我说，你集中精力教好窦娥或者鲁侍萍就行，别考虑那么多。她说不比较就得不了奖。我说，宁肯不得奖，也不搞拉郎配。我多次劝告青年教师，在“乱花渐欲迷人眼”的今天，必须“咬定青山不放松”。思辨、比较好不好？当然好，但必须建立在单篇学习的基础上。路要一步一步走，饭要一口一口吃，那种抛弃单篇、盲目跟风的做法不可取。语文教学不能赶时髦，不能拔苗助长，不能照搬外国理论，必须实事求是，必须尊重常识，必须按规律办事。

语文教师专业发展有一个基本点，就是具备对单篇文本精准解读的能力，具备独立处理教材的能力。教师的教学生涯平均也就是三十多年，用来研读上百篇甚至数百篇的课文本来就时间紧张，难度很大，若盲目跟风，思考少，积累少，很可能教一辈子书，到头来两手空空。

当然，语文教师专业发展不仅仅是文本解读能力，还有写作能力、教学方式方法的探究能力，等等。然而，文本解读是基础，单篇教学永不过时。

《秋天的怀念》教学实录

年级：初一

课时：一课时

师：上课，同学们好！

生（起立）：老师好！

师：请坐。我的名字叫程翔。打开你们的书，看编写人员，找到了吗？

生：找到了。

师：这个教材是我参加编写的，我很想知道同学们对这个教材是不是喜欢。今天我们学习《秋天的怀念》。学习本文，要重视朗读，把握文章的感情基调，注意语气、节奏的变化。在整体感知全文内容的基础上，体会作者的思想感情。有的文章情感显豁直露易于直接把握，有的则深沉含蓄，要从字里行间细细品味。下面先给同学们两分钟，自己把这篇文章放声读一遍。

（生各自朗读课文）

师：好，停下来吧。下面我请一位同学给大家读一段，你随便挑一段来读。这位同学，请你来读。你想读哪一段呢？

生：第六自然段。

师：好。

生（读）：“邻居的小伙子背着我去看她的时候，她正艰难地呼吸着，像她那一生艰难的生活。别人告诉我，她昏迷前的最后一句话是：‘我那个有病的儿子和我那个还未成年的女儿……’”

师：好，请坐。这位同学，你来评价一下，他读得如何呢？

生：我觉得他没有把最后一句母亲的那种遗言的感觉说出来，读得有些快了，没有把感情抒发出来。

师：如果满分是 10 分，你给他打几分呢？

生：7 分。

师：还有 3 分没读出来？

生：嗯。

师：好，我再请一位同学来读。这位女生，你想挑哪一段呢？

生：我想挑第七段。

师：好。

生（读）：“又是秋天，妹妹推我去北海看了菊花。黄色的花淡雅，白色的花高洁，紫红色的花热烈而深沉，泼泼洒洒，秋风中正开得烂漫。我懂得母亲没有说完的话。妹妹也懂。我俩在一块儿，要好好儿活……”

师：好，请坐。同桌同学评一评，她读得怎么样？

生：她读得其实还是很挺棒的，因为我感觉她的感情非常充沛。

师：你为什么用了一个“其实还是挺棒的”？

生：因为有一个问题。

师：你给她打几分？

生：9分，因为有一个地方不是很熟练。

师：同学们，你们究竟读得怎么样？有两个同学现在给大家展示了一下，一个得了7分，一个得了9分，那你们平均得几分呢？我不太清楚。现在四个人一组，互相来读一读，挑其中的一段，读给你这个小组的同学听。开始吧。

（生分小组朗读，师倾听。）

师：好了。哪个组推荐代表来读一读？

生：推荐我们组的 ×××。

师：好，请到前边来。站在这个地方读，你想读哪一段？

生：读第一段。

师：好。

生（读）：“双腿瘫痪后，我的脾气变得暴怒无常。望着望着天上北归的雁阵，我会突然把面前的玻璃砸碎；听着听着李谷一甜美的歌声，我会猛地把手边的东西摔向四周的墙壁。母亲就悄悄地躲出去，在我看不见的地方偷偷地听着我的动静。当一切恢复沉寂，她又悄悄地进来，眼边儿红红的，看着我。‘听说北海的花都开了，我推着你去走走。’她总是这么说。母亲喜欢花，可自从我的腿瘫痪后，她侍弄的那些花都死了。‘不，我不去！’我狠命地捶打这两条可恨的腿，喊着，‘我可活什么劲儿！’母亲扑过来抓住我的手，忍住哭声说：‘咱娘儿俩在一块儿，好好

儿活，好好儿活……’”（生鼓掌）

师：好！你觉得自己读得怎么样？

生：还可以。

师：打几分？

生：8分。

师：那2分是什么问题？

生：那2分就是情感处理得不好。

师：读错了一个音，侍（sì）弄，应该是读侍（shì）弄。减1分，另1分是什么？

生：就是文中儿子说的那个话的语气没有读出来。

师：语气？其实是感情。你能说说这篇文章的基调是什么吗？是欢快吗？

生：不是。

师：是什么呢？

生：很深沉。

师：深沉。还可以有其他的词吗？

生：愤怒。

师：怎么是"愤怒"呢？

生：因为他的双腿瘫痪了，不能自己单独行走。

师：同学们，她回答的这两个词，其中第二个词是不恰当的，这篇文章的基调不能叫"愤怒"。请你回到座位上去。这篇文章的基调是什么？有同学举手了，好的，你说。

生：我觉得是暴怒无常。

师："基调"是贯穿全文的。"暴怒无常"没有贯穿全文，肯定不是基调。还有哪位同学说？你说。

生：我感觉这篇文章的基调有可能是伤感。

师："伤感"，这个词好。说说理由？

生：因为我觉得前面是他的双腿瘫痪了，他非常伤感，因为他以后就不能走路了，并且到最后他的母亲还去世了，我感觉这个伤感贯穿全文。

师：好的，请坐。说得有道理，但还不准确，哪位同学继续来说？这篇文章的基调，感情的基调是什么？好，你讲。

生：我认为应该是惆怅。因为母亲非常心疼儿子，每次母亲都是躲在一个角落来看他的，其实这里也有一段是母亲对儿子双腿瘫痪后惆怅的感情。

师：那我问你，这篇文章主要是写妈妈疼爱儿子吗？

生：不是。

师：那是写什么呢？

生：在写儿子怎么怀念母亲，思念母亲。

师："怀念"这个词，题目上是这样写的，但是这个词很笼统，怎么怀念呢？

生：在用心怀念。

师：是的，用心怀念。还有哪位同学要说吗？没有了是吧！好的。那么我想再请一位同学来，还是读第一段。谁来读？有举手的吗？好，小伙子，你来。通过刚才同学们的回答，我发现文章虽然学过了，但是孩子，你们并没有真正理解，对它的感情基调你们并没有把握准。好，我再听你朗读，来，我给你拿着话筒。

生（读）："双腿瘫痪后……"

师：停。基调不对，我看没瘫痪。要沉重，知道吗？你会沉重吗？

生（读）：“双腿瘫痪后……”

师：好一点。

（生读课文）

师：好的。孩子，你拿着话筒，咱俩有一个对话。我问你，这母亲原来挺喜欢养花的是吗？

生：对。

师：后来那些花都死了，为什么呀？

生：因为她把精力全都放在照顾儿子上了。

师：这儿子觉得应该，是吧？

生：我感觉他现在是觉得这是应该的。因为他现在没有对母亲……

师：“现在”是什么？

生：“现在”就是他没有理解母亲的这些做法。（众生：当时）

师：其他同学说了一个“当时”，你说了一个“现在”，究竟是“当时”还是“现在”？

生：当时。

师：对了，当时他觉得这是应该的。那现在呢？

生：现在他就感觉母亲为他付出了太多，并且他还没有去回报母亲。

师：他想过他母亲吗？

生：当时没有。

师：对，当时没有。这个时间概念就把握对了。当时他只想什么？

生：他只想自己的腿瘫痪了。

师：对。他自己腿瘫痪了，这是很令人同情的一件事，他很年轻，他觉得老天对他不公。是这样吗？

生：对。

师：他暴怒无常，这都是可以理解的，但是他就从来没想过谁？

生：母亲。

师：对，因为他母亲已经怎么着了？

生：已经去世了。

师：还没去世呢，孩子，你让他母亲去世得有点早啊。当时他母亲怎么了？

生：当时他母亲已经患病了。

师：什么病？

生：肝癌。

师：对了，已经是病入膏肓了。作者当时知道吗？

生：不知道！

师：他不知道，他就只沉浸在对自己的什么当中？

生：对自己的伤痛之中。

师：后来他在写这个文章的时候，怎么样？

生：他感觉很后悔。

师：对了。同学们，基调是什么？

生：后悔。

师：好！回去坐吧。写下来，这篇文章感情的基调是“后悔”。朗读课文一定要把握住感情基调，要不然你就读不好。那么这个感情的基调是什么呢？他非常自责，或者叫内疚，甚至是忏悔。作者当时只是在想我怎么这么倒霉呢？从来没想过母亲的病已经病入膏肓了，所以读第一段怎么读呢？我还想请一位同学上来读第一段，谁来读呢？（生举手）好，你来。知道了感情的基调了，再朗读就应该不一样了。

（生读）

师：好。写这些的目的是什么？

生：是为了体现出他当时的暴怒无常。

师：只是为了这个吗？和表现他自责内疚有什么关系呢？

生：不知道。

师：好，先回去。哪个同学来？请举手。再上来继续读这一段。好，你来。你是第几次朗读了？

生：第二次。

师：你想要——

生：想要改变一下。

师：很好！

（生读）

师：语速有点快，重新来，慢一点。因为自责、内疚的这种感情基调不可能是快的，所以慢一点，表达自己的内疚。当时“我”是那么的不什么？

生：“我”是那么的不去想母亲。

师：“我”是那么的不懂事，不想母亲，“我”的那种行为，实际上是在扎母亲的心啊。

（生读）

师：读得不错，有明显进步。但我总感觉到还是有不满足的地方，你有点读《春》的那种味道，读《春》和读《秋天的怀念》感情基调是截然不同的。好，请同学们听老师来读。

（师带有感情地读课文。全体鼓掌。）

这两个“好好儿活”，它的读法是不一样的。同学们看，史铁生捶打自己双腿说：“我可活什么劲儿！”这句话等于拿着一把刀子在戳母亲的心呐，母亲最伤痛的就是儿子不想活了，所以下面作者用了两个动词，母亲就——什么？

生：扑。

师：把“扑”这个动词画下来，换成“走”行不行呢？不行，扑的动作既快又猛，你不要再捶打你的腿了。抓住“我”的手，不让“我”再捶打腿了，然后说“咱娘儿俩在一块儿，好好儿活，好好儿活……”第一个“好好儿活”是表达要活下去的——什么？

生：信心。

师：信心！可是母亲又一想，自己有这病，还能活多长呢？所以第二个“好好儿活”那就是带着哭腔读出来的。她多么想陪着孩子好好儿活，可是自己将不久于人世，儿子又不知道，所以读第二个“好好儿活”是非常痛苦的，在处理上是不一样的，懂了吧？

生：懂了。

师：好，下面一起来读一读这一段。

（生齐读）

师：好。这篇文章不太适合齐读，个体朗读比较好。（指一生）孩子，我现在就想请你再把第一段读给大家听一听，看看效果怎么样。好不好？来，到前面来，一定要全身心地投入进去。

（生读课文）

师：好！有进步吗？

生（众）：有。

师：大有进步！老师最高兴的就是看到你们有进步。好，同学们接着往下看，写完了第一段之后，作者接着这样写，“可我却一直都不知道……”用了一个转折词“可”，能把这个词去掉吗？为什么？

生：我觉得如果把这个词去掉以后，就没法表达他之前不关心母亲的那种内疚心情。

师：对，以前他只关心自己，所以这一转，转到谁身上来了？

生：转到母亲身上。

师：好，你来读一读这一段。

生（读课文）：“可我却一直都不知道，她的病已经到了那步田地。后来妹妹告诉我，她常常肝疼得整宿整宿翻来覆去地睡不了觉。”

师：这个转折是他自己的心理活动，表达自责、后悔、内疚。只考虑自己，没想过母亲那个时候的病已经到了这个样子了。在表达自己内心活动的时候，发音的技巧上要会用气声。

生：怎么读？

师：如果是用实声朗读的话，就像你刚才这样（实声朗读），这是实声。气声呢，是这样的：“可我却一直都不知道，她的病已经到了那步田地”（气声朗读），会了吗？

生：嗯。

师：好，你用气声来读好吗？

（生气声读）

师：这效果怎么样啊？（全体鼓掌）好多啦，你已经会发气声啦！孩子请坐。这又是一个进步。好的，同学们，接着往下看，下一段谁来读啊？请举手，好，那位同学到前边来读。

生（读课文）：“那天我又独自坐在屋里，看着窗外的树叶‘唰唰啦啦’地飘落。母亲进来了，挡在窗前：‘北海的菊花开了，我推着你去看看吧。’”

师：这句话好像不够温柔，是吧？小伙子，你想想，妈妈的话是很温柔的，重新来这一句。

生（读课文）：“‘北海的菊花开了，我推着你去看看吧。’她憔悴的脸上现出央求般的神色。‘什么时候？’‘你要是愿意，就明天？’她说。我的回答已经让她喜出望外了。‘好吧，就明天。’我说。她高兴得一会儿坐下，一会儿站起：‘那就赶紧准备准备。’‘哎呀，烦不烦？几步路，有什么好准备的！’她也笑了，坐在我身边，絮絮叨叨地说着：‘看完菊花，咱们就去“仿膳”，你小时候最爱吃那儿的豌豆黄儿。还记得那回我带你去北海吗？你偏说那杨树花是毛毛虫，跑着，一脚踩扁一个……’她忽然不说了。对于‘跑’和‘踩’一类的字眼儿，她比我还敏感。她又悄悄地出去了。”

师：孩子，你读的有一个地方是不对的。“絮絮叨叨地说着”就是说起来——

生：说起来很快。

师：说起来没个完，说得多，儿子不愿意听。这叫絮絮叨叨地说，是这样吗？

生：嗯。

师：好，那么这个母亲为什么要“絮絮叨叨地说着”？

生：我觉得是高兴吧。

师：为什么高兴啊？

生：因为儿子之前都是说不去，现在同意了，所以母亲特别高兴。

师：这一高兴就回忆——

生：就回忆起了小时候快乐的事情。

师：当母亲回忆起小时候快乐的事情，能忍得住吗？

生：忍不住。

师：对，忍不住。这就是母亲。母亲说着说着就刹不住了，就突然说出了什么字？

生：“跑”和“踩”。

师：对，说到这里，母亲突然感觉到——

生：不能提儿子的伤心事。

师：不是伤心事，是很敏感的字眼儿，因为儿子现在已经不能跑，也不能踩了。所以读到这个地方呢，要停下来，停下来之后，看后面是什么呢？

生：“她忽然不说了”。

师：对，你刚才读的呢，紧接着就读“她忽然不说了”。你看后面有省略号，省略的是什么？

生：省略的是当年那一段非常开心的记忆。

师：对，开心的内容，然而现在却不能说。多么复杂的心理！孩子，把这几句话再重新来读一遍。

生（读课文）：“她也笑了，坐在我身边，絮絮叨叨地说着：‘看完菊花，咱们就去“仿膳”，你小时候……’”

师：注意这个地方，母亲已经沉浸在对美好过去的回忆当中了，所以这个地方一定要读的稍微的——

生：慢。

师：不是慢，而是快，是这样吗？一想起美好的回忆的时候，她絮絮叨叨就快起来了，快着快着就刹不住了，就把那个忌讳的字眼给说出来了，然后发现了，之后立马就停了下来，知道母亲这样的心理了吗？

生：嗯。

师：所以要把这个给读出来，开始。

（生读课文）

师：好的，回去坐吧。还有哪位同学觉得自己能读得好的？孩子，你来。

（生读后，师指导。）

师：朗读，技巧是次要的，关键是情感，当你真正处在那样的一个情境当中的时候，你会自然而然地停顿下来。请同学们听老师来读。（师范读）接下来这一段更重要。大家看，这一段非常短，是吗？为什么要单独成段呢？我们在朗读的时候怎么来处理呢？谁来说？

生（深沉、伤痛地读）：“她出去了，就再也没回来。”

师：为什么这样读呢？你知道这一句作者的感情是什么吗？

生：就是那种对母亲……

师：你先坐。单独成段是在强调他的感情，这个地方的感情特别复杂。哪位同学来试一试？（生举手）好，你过来。

（生读课文）

师：这个时候作者的感情该达到什么程度了？

生：非常非常后悔。

师：好。非常非常后悔，控制不住了。当一个人的感情控制不住而又想控制的时候，知道发音有什么特点吗？

生：声音大，但是又刹不住的那种感觉。

师：好。要断断续续。你重新来读。

（生读课文）

师：好一些了。听老师来读。（师范读）“她出去了，就再也——没——回——来。”作者极度地自责、后悔、内疚就是这一段，你们试着这样读一读好吗？自己试着读一读。

（生各自读）

师：全用了气声。同学们，在朗读的时候，在技巧上，气声是非常重要的。气声和实声这是我们发音的两种基本的方法。（师示范气声和实声两种发音）你们说哪一种表达的感情比较好呢？

生：气声。

师：好的，再请一位同学接着往下读，谁来读？（一生举手）那个同学读了好几次了是吧，你后面的那位女生请你到前边来读好吗？把后面这两小段连起来读。

生（读课文）：“邻居们把她抬上车时，她还在大口大口地吐着鲜血。我没想到她已经病成那样。看着三轮车远去，也绝没有想到那竟是永远的诀别。

“邻居的小伙子背着我去看她的时候，她正艰难地呼吸着，像她那一生艰难的生活。别人告诉我，她昏迷前的最后一句话是：‘我那个有病的儿子和我那个还未成年的女儿……’”

师：感情的投入还是欠点儿。好，回去坐吧，还有哪位同学？好，你来吧。

（生读课文）

师：注意这一段当中是吐（tǔ）还是吐（tù）？

生：吐（tù）。

师：注意这个字音，是吐（tù）着鲜血。还有呢，有两个“没想到”，你看是吗？两个“没想到”这在发音的时候要重读，他为什么就没想到呢？孩子，你知道吗？

生：因为他之前就没想过母亲。

师：对了，他只想着自己了，他没想到母亲，所以连用了两个“没想到”，而且第二个“没想到”前面还有一个“绝”。重新来读这一段。

（生读课文）

师：这样读是不行的。“我没想到”应该用气声，还得重读，（用气声读）你看那位同学已经会了，让他来试一试好吗？

生：好。

师：这就是跃跃欲试啊！非常好！

（生读课文）

师：很好，你会用气声了！刚才就会了，现在用得更好了。

孩子，你会朗读了！会朗读是一件很幸福的事情！好，接着往下读。

生（读课文）："邻居的小伙子背着我去看她的时候，她正艰难地呼吸着，像她那一生艰难的生活。别人告诉我，她昏迷前的最后一句话是：'我那个有病的儿子和我那个还未成年的女儿……'"

师：这最后一句话有点问题了，母亲在这个时候说话还有力气吗？

生：没有了。

师：对，没有力气，这句话怎么读啊？重新来？

生（读课文）："我那个有病的儿子和我那个还未成年的女儿……"

师：很好，太好了！请坐！会朗读了，老师真高兴。最后一段了，谁来读啊？没读过的同学请来读一下。

（生读课文）

师：孩子，你注意了吗？你太好用气声了，不是所有的时候都要用气声的，这一段你知道为什么可以不用气声吗？

生：我认为他是在陈述，而不是在表达自己的感情。

师：他是要表达感情，他要表达什么样的感情呢？母亲这个时候已经怎么了？

生：去世了。

师：他和妹妹是要一直消沉下去呢，还是——

生：好好活下去。

师：对呀，那你怎么读呢？要怎么表达好好活下去？

（生读课文）

（师指导并实声范读）

师：很好！“泼泼洒洒，秋风中正开得烂漫”，表达了什么感情？

生：生命的一种感悟。

师：生命的坚强，菊花是在百花开后还在秋风中坚强地开着，是这样吗？

生：明白了。

师：好，接着读。

生（读课文）：“我懂得母亲没有说完的话。妹妹也懂。我俩在一块儿，要好好儿活……”

师：不对不对，不应该这样，“我”和妹妹在一块要怎么着？

生：好好儿活。

师：这个“活”应该怎么读？再调整一下，要表现活下去的什么？母亲最希望的是什么？

生：儿子活下去。

师：妹妹和儿子相依为命，坚强地——

生：活下去。

师：很好，明白了吗？

生：明白了。

师：好，重新来。（生读课文）这个“活”可以拖腔拖得长一点，而且有声音的。再来读一遍，声音再稍微高一点。

（生读课文）

师：好！孩子，不容易吧？朗读有没有技巧啊？

生：有。

师：你终于明白了，是不是啊？真好，咱俩拥抱拥抱吧。（师生拥抱）同学们，我们这节课主要是朗读了这篇文章，你们说通过朗读跟你们在第一遍学的时候相比有没有提高啊？

生：有。

师：有提高！好，这节课就上到这儿。下课，同学们再见！

（这个教学实录根据2017年10月济南会议公开课整理而成。后来，陶继新先生主编的《智慧·教法·感悟》第五集收录，原书还附有两位听课教师写的听课感受。《秋天的怀念》容易误读，容易理解成浅表化的怀念母亲的主题。其实，本文主要表达作者的后悔之情。这就需要细读文本，认真体会。我的教学注重了朗读指导，在朗读中品味语言，效果比较理想。在朗读上，我受了张彬福教授的启发，在此表示感谢。）

《爱莲说》教学实录

年级：初一

课时：一课时

师：同学们好。今天我们学习《爱莲说》。现在我想请一位同学把文章读一遍，谁来读？请举手。

（生1读课文）

师：嗯，很好，你读得很好，没有出现任何错音，而且节奏把握得很好。（台下听课教师鼓掌）

师：你们是初几的学生？

生：初一。

师：学过这篇文章吗？

生：没有。

师：是不是所有同学都读得像他一样好呢？同学，你来读一遍。（指一生）

（生2读课文）

师：好，请坐。（生坐下）

师：同学们听出问题来了吗？听出来了。我再请一位同学来读。

（生 3 站起读课文）

师：嗯，请坐。后面这两位同学读得总体还可以，但是和第一位同学相比出现了问题。什么问题？来，你给他指出来。

生：第二位同学读的有一部分是错的，比如“陶后鲜有闻”的“鲜”应是三声。

生：还有一个“晋陶渊明独爱菊”不是“普”。

师：我估计是看错了（师笑），他肯定是能分别这两个字的。

生：还有一个“噫”不是一声，是四声。

生：“甚蕃”他读的一声，应该是二声。

师：很好，注上音。还有问题？（又有举手的）

生：老师，那个女生读的是“亵（xiàn）玩焉”，应该是“亵（xiè）玩焉”。

师：这字也不太好写，是吧？看这个字的结构，能解释一下吗？是把什么给拆开啦？

生：把“衣”字给拆开啦，中间加了个“执”。

师：好的，你请坐。同学们在纸上写一写这个字。

（生练习，师巡视。）

师：一起来读课文。题目、作者、正文一起读。

（师起头，生齐读。）

师：你到黑板上把题目和作者写下来。（一生板书。写到“颐”字时师点拨，提示把字写大一点。）发现问题的请举手。你还发现问题了？来写一下。用黄色笔写，写大一点，其他同学仔细看。

（“颐”的书写笔顺不对）发现问题的请举手。你来，我相信你一定能写好。写大一点。为她鼓鼓掌！这才是正确的笔顺。同学们，看清楚了吗？好，一起来说。（师空写笔顺）按正确的笔顺再写一遍。看来这个字的笔顺错误率挺高的。（生练习本上练习）前几天有个人问我，他说，程老师，写字为什么要讲究笔顺呢？不讲究笔顺不也能写出这个字吗？怎么回答他？

生：我觉得如果倒插笔就写不出这个字的方正来。像车载的“载”。如果先写下半部分有可能上半部分盖不住下半部分，非常丑。

师：说得非常好！哪个同学还想讲？来你说。

生：如果倒插笔的话就会比较别扭。（举例“过”字）

师：汉字是有字理的，要注意每个字的笔顺，不能随便写。同学们学语文必须要经过规范的训练。好，来看一下作者的名字。“敦”字是什么意思？大家记下来，忠厚、诚恳的意思，“颐”是什么意思？有知道的吗？

生：我想是坚定不移的意思。（台下教师笑）

师：错了。“颐”是这（指了指自己的脸颊）。同学们，脸颊这个地方叫颐。指面部表情好，精神状态好（举例“颐和园”）。好了，我们这节课主要干三件事。第一件事“读”，刚才我们已经读过了。第二件事“译”。第三件事就是有问题请同学们来问一问。如果你们没有问题，我有问题要问一问你们。这节课就是干这三件事。那下边请同学们来一起翻译这篇文章，两个人一组互相翻译，开始。

（生开始两人一组翻译，师边巡视边小声和生沟通。三分钟以后师询问生翻译情况。）

师：好，翻译完的举手。（少数学生举手）好，再等等。已经翻译完的，如果有问题，就先画出来。好，同学们。都翻译了一遍，谁来给大家翻译一下？请举手。大家集中注意力，听一听他跟你翻译的一样不一样。好，开始。

（生翻译）

师：你没有看原文，都背过了，你这么厉害呀！哪位同学发现问题了？（一生举手）好，你来说。

生：有一部分没有翻译出来。第一句“水陆草木之花”。应该是水生的陆地的草本木本的花。

师：很好，翻译文言文不能有遗漏。

生：还有“自李唐来，世人甚爱牡丹”中的“甚”没翻译出来，应该是“特别”的意思。

师：它是一个表示程度的副词，还可以翻译成“很”。你们在记笔记吗，同学们？（生做笔记）

生：还有一句“可远观而不可亵玩焉”中的“远观”没有翻译，可以翻译为“远远地观赏”。

师：请你翻译这一句。

生：这一句的意思是，可以远远地观赏，不可以摘下来在手中把玩。

师：我觉得能翻译到这个程度非常好。

生：还有后面“花之隐逸者也”“花之富贵者也”“花之君子者也”，他没有把“花之”翻译出来，他只说了菊花是隐者。

师：那怎么翻译呢？

生：我认为菊是花中的隐者，牡丹是花中的贵族。

师：为什么这样翻译呢？

生：“谓”，我认为是“是”的意思，菊花是花中的隐者。

师：知道这个句式有什么特点吗？“……者也”是什么句式？

生：我认为是排比。

师：要是单独把这一句摘出来呢？

生：拟人。

师：你坐下。“……者也”是判断句，要翻译出“是”字来。“谓”这里是“认为”。（一生举手）你来说。

生：他有一个没有翻译出来，“不蔓不枝”意思是不纷乱生长。

师：很好！请坐。（师示意另一生说）

生：还有“宜乎众矣”翻译得不是很准确，我的翻译是“应该有很多人”。

师：哪个字翻译成“应该”？

生：“宜”。

师：很好，准确。（又一生举手）你有什么补充？

生：老师，我认为“香远益清”翻译得不是很准确。应该是香气飘得越远越清香。

师：好。（指另一生）能不能重新翻译一下呢？（生翻译一半时）好，先停一停。这位同学，你前面三个句子翻译得很好，之前咱们在这儿有一个问题还没有解决。你为什么翻译成什么什么是什么呢？这叫什么句式，你把它翻译成“是”？

生：一个倒装句。

师（笑）：“他是一个好人。”这是一个什么句子？

（底下一生说是判断句）

师：完全正确。同学们写下来。这叫判断句，判断它是一个什么样的性质、情况。（给还在站着的那个学生说）你翻译出来了，但是你不知道它是什么句式。是判断句。在这里有一个标志，你猜是哪一个字？

生：“之”。

（其他生举手）

师：你说。

生：我认为是“也”。

师：很好！写下来，同学们。“者也”在这里共同形成了判断句。我们翻译的时候要翻译成“……是……”。明白了吗？（师指站着的那位同学）你继续翻译。

（生接着翻译）

师：你这两个句子翻译得不一样：“菊之爱，陶后鲜有闻。莲之爱，同予者何人？”

师：你先说，“菊之爱”怎么翻译？

生：喜爱菊花的人。

师：往下说。

生：喜欢莲花的，除我以外还有几个人。

师：哪个字翻译成“除”？

生（改正）：和我一样喜欢菊花的人。

师：对啦！哪个字翻译成“和我一样”？

生：“同”。

师：写下来了吗？同学们？“同予”就是和我一样。这个“予”在这里是什么意思？

生：我。

师：前面出现过吗？

生：“予谓菊”。

师：很好，在这里，“予”是什么词性？

生：名词吧？

师：“我”是名词吗？“你”“我”“他”是名词吗？

生（恍然大悟）：哦……是代词。

师：是代词，写下来。“予”是一个代词。你接着说。

生：而喜欢牡丹的……老师，我这儿没翻译出来。

师：刚才好像有同学说了，回想一下。

生：喜欢牡丹的应该还有很多人。

师：好的，你坐。这一遍翻译中的好多细节问题，我们就解决了。下面就请同学们重新再翻译一遍。还是两个人一起翻译。开始。

（生翻译，师巡视。）

师：翻译完了吗？（生点头）好的。我们翻译了两遍，我觉得应该没有问题了。究竟有没有问题？有问题的请举手。你们要提出问题来。

（生纷纷举手）

生：“陶后鲜有闻”的“鲜”我不知道可以翻译成哪个字？

师：知道的举手。

生：“鲜”应该是“极少”的意思。

师：现在还用这个字吗？

生：鲜少。

（师笑）

师：鲜为人知，就是很少有人知道。还有问题的举手说。

生："中通外直"，为什么翻译成它的茎和干是直的，是通的，而不翻译成正直的品性？

师：你提了一个很好的问题，没有人说不能翻译成"正直的品性"。

生：同学们都翻译成"它的茎和它的干是直的"。

师：这个同学问了一个很关键的问题，谁来回答？（指一生答）

生：我觉得应该是有两种意思。字面上的意思是说"它的茎和它的干中间是贯通的，外面是笔直的"。

师：也就是说它是空心的。

生：它的引申意思是——

师：你说它的什么？

生：引申的意思。

师：你们懂吗？同学们？（生齐说懂）写下来，引申的意思。接着讲。

生：引申的意思就是指喜欢莲花，喜欢它这个正直的品质。根据莲花联想到这一品质。

师：莲花哪有正直的品性？它又不是人。

生：借莲花来描写君子，借物喻人。把君子比作莲花，借莲花的枝干，写出君子的正直品性。

师：那就是说在这篇文章中只有“中通外直”可以引申？

生：老师，我觉得有很多句都有引申义。

师：请一一道来。

生：“出淤泥而不染”，把“淤泥”比作污秽，在污秽中不会被污染。

师：你讲的还是可以的。请坐。（指另一生回答）

生：“濯清涟而不妖”这一句。指君子有自己的品德，而不骄傲。

师：这句字面意思是什么？

生：用清水洗涤而不妖艳。

师：引申义是什么？

生：君子有非常高尚的品行，而不去彰显。

师：翻译得不错，理解得很到位。（高兴）还有吗？（指另一生）你说。

生：我认为“不蔓不枝”的意思是不过度依赖他人，不趋炎附势，有自己的主见。

师：怎么能这样理解呢？

生：因为“不蔓不枝”的字面意思是旁边生长枝干，自己走自己的路，不被外界所干扰。

师：“蔓、枝”的字面意思怎么翻译？

生：往旁边生长枝干。

师：用一个词来形容，它不往旁边什么？（生思考不语）请坐。（指另一生）你说。

生：“不蔓不枝”就是有自己的自制力，自己应该生长在哪儿就生长在哪儿，不疯狂生长。

师：你说的还是引申义，咱们先说它的字面意义。有一个词叫“枝枝蔓蔓”什么意思？

生：杂乱无章。

师：对，有一点乱。见过那个牵牛花，它攀着东西向上爬，互相缠绕着。枝枝蔓蔓缠绕着，攀附在别的东西上。（有生举手）

师：你说。

生：不愿意依附。

师：好！

生：不当寄生虫。

师（大笑）：很好，请坐。我觉得咱们开始读懂这篇文章了。这非常好，当然，“枝蔓”可以有另一种翻译——旁逸斜出。一株植物，应该按照它原来的样子生长，不要旁逸斜出。作为一个人来讲，不要有杂念、乱七八糟的东西，是这样吗？这四个字我们理解到了吗？文中还有没有其他引申义？

（生纷纷举手）

生：还有“香远益清”这句话，字面意思是香味儿飘得越远越清幽。作者把莲花写出来，它不仅自身拥有优秀的品质，它还要把自己优秀品质向外发扬光大。

师：发扬光大，可以。这样理解有道理。孩子，我问你，你说中国古代很久远的人，比如说孔子、屈原，他们的思想、作品历经了两千多年了，够遥远了吧？但是我们依然能从中感受到他们的芬芳。

生：我觉得还是他们那些优秀的品质传承了下来。

师：历史越悠久，味道越——

生：醇香。

师：好!

生：我想补充一下那位同学说的“出淤泥而不染”，他刚才用的“淤泥”的本义，君子不会跳泥坑吧。（笑）

师：很好，接着说。

生：君子不是小猪佩奇，他不会跳泥坑。（哄堂大笑）

师：那你怎么理解呢?

生：这个“淤泥”我认为是指古代官场的乱世，应该是指从乱世之中出来。

师：他所生活的那个——

生：“众人皆醉而我独醒，举世皆浊而我独清。”（台下掌声响起，师竖起大拇指。）

师：你真不简单！这是谁的话？你知道吗?

生：屈原。

师：对，能说出屈原，你真厉害！请坐，我说你将来不得了。其他同学记笔记。你看你们同学那么优秀，比老师还厉害。这里的“淤泥”是指恶劣的生活环境，包括政治环境。（生做笔记）到此为止，我们可以用一句话来概括《爱莲说》这篇文章的主旨。哪个同学来概括一下？我叫个不举手的同学，请你来说。

生：抒发了作者的感叹。

师：这句话有点笼统。

生：喜欢莲花的人很少。

师：（带有期盼的表情）我和这位同学有个对话，大家认真听。同学，你觉得作者写这篇文章绝不仅仅是喜欢莲花这一种花，他好像另有深意。这个深意就是这个莲花所表现出来的一种——

生：精神。

师：通过我们刚才对句子引申义的分析，你是不是已经理解到了这种精神呢？（生点头）这篇文章是作者通过拟人化的手法表达了对具有莲花一样品格的人的慨叹。他希望自己成为这样的人。这样的人是什么人呢？你能不能用书中的一句话来概括？

生：君子。

师：说得非常好！请坐，你理解了。同学们注意啦！（板书：君子）《爱莲说》就是作者借莲花来表达自己的人格范式，对一种人格的追求，就是君子人格。（板书：人格）这就是这篇文章的主题，或者叫主旨。那当我们明白了这样一个主旨，大家产生问题了吗？（一生举手）

生：我产生一个疑问。写“牡丹，花之富贵者”，又写了一个菊花，“花之隐逸者也”，是不是在反衬莲花呢？

师：太棒啦！（竖起大拇指）同学们的思维开始朝着正确方向发展了。

（师请另一生回答）

生：我个人认为他写牡丹，是在写唐朝的富强，写他们对牡丹的喜爱……

（生不知道如何表达，师请他坐下。这时另一生举手，师请他回答问题。）

生：既然有一句“出淤泥而不染”，就是说当时官场黑暗，

作者很厌恶，也非常抵触当时这个黑暗的官场。（师点头）

师：同学，咱们回到刚才那位男同学说的问题。既然写莲花，为什么还要写牡丹和菊花呢？

生：用这两种花来反衬莲花高尚的品质。

师：怎么反衬它的呢？

生：牡丹是唐朝人所喜爱的，牡丹象征贵族。

师：那菊花呢？

生：厌恶官场而选择归隐的那类人。

师：好。（另一生举手）

生：文章中说“予谓菊，花之隐逸者也”，代表着归隐山林的那类人比较自由。牡丹象征着一种富贵，因为它鲜艳的红色是贵族所喜爱的。

师：有道理。

生：莲花，“出淤泥而不染，濯清涟而不妖”说明它是非常纯洁、正直的一种花，借另外两种花更加反衬出这种花的纯洁和正直。它虽然出自很复杂的环境，但它依然很纯洁，就像作者一样。他希望在这种恶劣的环境之下，像莲花一样品行正直。

师：很好！咱两个有一个对话，大家注意听。喜欢菊花的是谁？

生：陶渊明。

师：陶渊明喜欢菊花，实际喜欢什么？

生：喜欢自由，向往自由。

师：陶渊明原来在官场里，后来不做官了，跑到田园里，隐居起来，成为隐士。官场污浊，我躲开还不行吗？我不和你玩儿了，我就自己洁身——

生：洁身自好。

师："菊，花之隐逸者也"，它是花中的隐士，隐士在回避什么？

生：回避世俗的纷乱。

师：好，回避矛盾。牡丹富贵，人们都追求富贵，是这样吗？

生：对。

师：莲花呢？你说。

生：莲花是君子……

师：它既不怎么，又不怎么？

生：它既不富贵也不……

师：它既不像菊花一样——

生：它既不像菊花一样洁身自好。

师：那它像什么呢？

生：这……（思考，有其他生举手。）

师：官场污浊，他躲起来了吗？（指另一生答）

生：没有。

师：而是什么呢？

生：敢于面对污浊的官场。

师：对了，敢于面对，用一个词，敢于"担当"。写了吗？（生做笔记）好，你再说牡丹象征着富贵，那就是有钱。大富大贵，周敦颐追求吗？

生：不追求。

师：他追求什么？

生：我认为他追求有担当，不图功利、名利的君子。

师：好，请坐。

（一生举手，师点名回答。）

生：周敦颐认为，躲避不是解决问题的根本，要做一个君子，而不是做一个贪财贪利的小人。“牡丹，花之富贵”“宜乎众矣”说明喜欢牡丹的人很多，人们都在去追求，而他在追求一种担当，当个有君子人格的人。不隐居，也不去追求这种富贵，这就是君子人格。

师：说得很好。（一生举手）你来说。

生：我认为他写的是这三种人对待乱世的态度，菊花是选择了逃避；牡丹是富贵者，所以他选择了接受；而莲花选择了用自己的品性，用自己清高的品性去改变。也就是逃避、接受与改变这三者。周敦颐最喜欢的是莲花。用美好的品质去改变这个乱世，去改变这个污秽的世界。

师：很好，思维总是高一个层次。请坐。（又一生举手）你说。

生：我认为作者在这个地方写莲花用了“托物言志”的手法。写出了作者对理想人格的追求。

师：是的，这个问题我下边儿正打算解决呢。同学们，我们理解得还真的是不错，明白了这三者之间的关系。作者写菊花和牡丹是来衬托莲花，这是一种写作的手法，很值得大家来借鉴。当我们明白了这些问题之后，又一个问题就产生了。刚才说“托物言志”的那个同学请站起来，我和你有一个对话。其他同学认真听。我觉得周敦颐太麻烦，你想要做君子，就直接说呗，我既不想当陶渊明，我也不想大富大贵，我就想做个君子，为社会做贡献，我不追求名不追求利，这样别人一看多清楚多明白啊。为什么还要绕着弯儿的弄一个菊花弄一个牡丹？你回答我，孩子。

生：这个地方，它表现的是对理想人格的追求。

师：我说的那样也是对理想人格的追求，而且更直接，这样不好吗？为什么要拐着弯儿说？

生：这样写是对理想人格的肯定。

师：我这也是对理想人格的肯定啊。我也没否定。（台下听课教师笑）

生：有了前面的反衬之后显得他这个人格更加的高尚。

师：直接写就不能凸显人格的高尚吗？老师故意和你较真儿，其实这里面有一个问题。

（有生举手，师请他回答。）

生：我认为这个地方不可以直接写出来，因为他即使不喜欢归隐，也不喜欢大富大贵，他也不能直接说，他毕竟要对先人保持尊重，不能直接骂先人。

师：不是（大笑，台下也笑）。古人有很多人是很直接的，“不戚戚于贫贱，不汲汲于富贵”，这就是陶渊明说的！

（师指另一生回答。）

生：老师，我认为他写三种花的时候有不同的情绪，对于自己喜爱的莲花是赞美的情绪，在写牡丹时有反感抨击的情绪，写菊花时对陶渊明是很惋惜，认为陶渊明应该和他一样站出来反对这个世俗，让菊花变得和莲花一样，反对牡丹。

师（笑）：陶渊明那个时候早死了。请坐。

（另一生回答）

生：直接讲出来没有人相信。

师：委婉讲就有人相信了吗？

生：如果他直接说的话，别人就认为他说的是空话。

师：请坐，思路错了，不能顺着这条思路往下走。我刚刚为什么和说“托物言志”的同学对话？

（另一生举手，师指其回答。）

生：因为题目是《爱莲说》，要从莲花入手来写出他的想法，写自己想要做君子的人格。

师：有点儿道理，但是我可以改题目，请坐。（指另一生回答）

生：首先，作者是爱莲花，题目《爱莲说》可以看出这一点，整篇文章是表达对莲花的一种赞美，他想立志成为莲花一样的人，成为一个君子。

师：你们的思路都出现了偏差。作者是运用了文学的手法。（生做笔记，板书：文学手法）这种文学手法是什么呢？就是刚才那位同学说的“托物言志”。（板书：托物言志）文学之所以是文学，就在于不直接说，要借助意象来表达情感，这是文学艺术手法所特有的。同学们在语文课上学习文学作品，要把握住文学作品特征。读文学作品要把握它的表面含义和深层含义。（板书：表层含义和深层含义）

（生做笔记）

师：下面我们再把这篇文章读一遍。（生齐读课文）

（师范读“莲之爱，同予者何人”，抑扬顿挫，很有感情，生鼓掌。）

师：好，这节课我们就上到这儿。给大家布置个作业，文章中“之”出现好几次。回去查一查都是什么意思。下课！同学们再见！

（这个教学实录根据2018年10月14日济南会议公开课整理而成。我教《爱莲说》确定了两个重点，一是文本理解，二是文学手法；前者是基础，后者是提升。夯实基础是根本，素养提升是关键；前者是画龙，后者是点睛，缺一不可。至于启发引导，则相机行事，没有套路可循。）

《风筝》教学实录

年级：五年级

课时：一课时

《风筝》曾入选人教版初中《语文》课本，后来又删掉了。语文出版社的义务教育课程标准教科书《语文》七年级上册收入此文。本文出自鲁迅先生的《野草》，比较难读。这节课是给小学生上，难度很大。我反复阅读文本后，决定从第一段的“惊异和悲哀”切入。我一直认为，课堂教学的“导入”和“切入”不同。前者是从课前进入课堂，后者是从文外进入文中。教师既要善于导入，更要善于切入。切入点选得是否恰当，直接影响学生的接受，进而影响教学效果。那么，学生是否能抓住“惊异和悲哀”这几个字呢？凭我的经验，感觉问题不大。请看下面这段教学过程。

师：同学们读过第一段，有问题的举手。

（众生举手，师请一生回答。）

生：作者为什么看到北京冬季天空中的风筝，会感到“惊异和悲哀”呢？

师：同学们看到北京冬季天空中的风筝，会感到“惊异和悲哀”吗？

生（众）：不会。

师：其他同学也有这个问题的举手。

（生举手）

师：看来，这个问题很普遍，我们必须解决。（顺手将“惊异和悲哀”板书到黑板上）请同学们快速把课文看一遍。

这就切入文本了。学生读完全文，我问学生：同学们能不能简单回答，作者的“惊异和悲哀”与什么有关？学生回答“与风筝有关”，有的回答“与风筝的故事有关”。看似没有本质区别的回答，却直接关系到能否顺利进入下一个教学环节。我引导学生选取了“与风筝的故事有关”这个答案，并且板书到黑板上。于是课堂进入到下一个环节。

师：关于风筝的故事，文中写了几个？

生1：三个。

生2：五个。

生3：两个。

这里出现了分歧，说明学生对“故事”的概念把握不准，需要教师做必要的铺垫。

师：请同学们讨论一下。什么叫“故事”？哪些内容称得上是“故事”？哪些不能？

（生讨论。师深入其中了解讨论情况，并及时点拨。）

师：谁来说一说？

生1：我们组认为，故事应该是有情节的。文中有两个故事。

其他的不是故事。

师：是哪两个故事？

生 1：破坏风筝的故事，还有讨宽恕的故事。

师：其他同学同意吗？

（生都表示同意）

（师板书：毁风筝、讨宽恕）

这个障碍被消除掉，第二个环节可以继续进行了。

师：谁来读一读第一个故事？

（生读第四段）

师：读得有些生疏。不要紧，再请一位同学读这段。

（生读）

师：读得有进步，比较流畅了。但是，有没有把感情读出来呢？

生：没有。

师：是的。哪位同学能读出感情来？谁来试一试？

（生读）

师：有一点感情了，可老师还不满意。同学们，你们对课文理解得怎么样，能从你的朗读中看得出来。请你们听老师读一读。

（师范读，生鼓掌。）

师：谢谢同学们的鼓励。老师问同学们一个问题，你们听老师读了这段文字，心里是什么滋味？

生 1：我很讨厌作者，他太坏了！

（听课教师笑）

生 2：我很同情这个“弟弟”，他太不幸了！

师：假如你就是那个弟弟，你想对哥哥说什么？

生3：你赔我风筝！

（听课教师笑）

师：可是，文中的弟弟说话了吗？

生（众）：没有。

师：他只是“绝望”地站在小屋里。哥哥关心弟弟的感受了吗？

生1：没有。哥哥“没有留心”。

师：哥哥一直就这样吗？后来有没有变化？

生1：有变化，他受到“惩罚”了，想讨弟弟的宽恕。

师：这就是第二个故事了。哥哥为什么发生了变化呢？

生1：哥哥后来读了一本外国讲儿童的书，才知道“游戏是儿童最正当的行为”，“玩具是儿童的天使”，认识到以前的做法是“对于精神的虐杀”。

师（板书：对于精神的虐杀）：同学们，你们谁能讲一讲，什么是“对于精神的虐杀”？

生1：就是不让儿童做游戏。

生2：就是摧残学生的心灵。

（听课教师鼓掌）

师：哪一个回答好？显然是第二个。“虐杀”，就是用极其残忍的手段杀害。这里的杀害针对的是心灵、精神、思想。当哥哥认识到了自己以前的行为是对“精神的虐杀”后，内心是怎样的？

生1：内心仿佛变了铅块，“很重很重地堕下去了”。

师：怎么办呢？

生1：讨弟弟宽恕。

师：好。请你来读一读第八段。

（生1读）

师：同学们，当你读了这段后，你的内心又是什么滋味呢？如果换了你，你怎样回答哥哥呢？

生1：我会原谅哥哥。

生2：我觉得弟弟根本就没有觉得是“精神的虐杀”。

生3：我觉得哥哥的担心是多余的。

师：如果按照同学们的理解，作者就应该写：“我的心终于宽松，因为弟弟没有认为我是精神的虐杀。”不是呀，作者是这样写的：“我还能希求什么呢？我的心只得沉重着。”请同学们再讨论讨论。

（生讨论）

师：请同学们结合“惊异和悲哀”来回答。哥哥来讨宽恕，是不是因为弟弟不记得这件事内心就轻松了呢？

生1：哥哥永远没有机会得到弟弟的宽恕了，所以感到“沉重”，感到“悲哀”。

师：为什么没有机会得到弟弟的宽恕就感到沉重和悲哀呢？

注意，课上到这里，进入到本节课最难处理的地方。鲁迅的思想非常深刻，小学生无法理解。教师可以做些讲解，但要深入浅出。教师也不要企求彻底理解，因为本文远远超出小学生的理解水平。本文是写给成年人看的。

师：弟弟根本就没有认为哥哥的行为是对自己精神的虐杀，早就忘得一干二净了。可是哥哥认为自己的行为是对弟弟精神的虐杀，永远不能忘记。弟弟是麻木的。作者的悲哀，不仅仅悲哀自己永远没有机会讨得弟弟的宽恕，同时也悲哀弟弟的麻木！至此，我们是否可以解答本课开始的问题了，作者为什么看到北京冬季天空的风筝，就感到“惊异和悲哀”呢？谁来回答？

生1：惊异，是因为认识到自己的行为是对“精神的虐杀”；悲哀，是因为自己永远失去了讨弟弟宽恕的机会，还有弟弟的麻木。

以上是第二个教学环节，是本节课的主体内容。但课堂至此还不能结束，教师还要引导学生来认识作者，认识鲁迅。按照笔者的理解，本文是有象征意义的。“对于精神的虐杀”不仅仅限于本文故事的表层含义，应当还有深层意蕴，即隐喻统治者对于民众精神的虐杀；麻木的精神状态也不仅仅限于弟弟一人，而是代表了当时的愚昧的国民。这样理解，符合《野草》的整体风格。但是，这层意思不适合小学生，甚至不适合初中生。人教版教材编者将本文拿掉，可能与此有关。笔者认为，阅读教学，不是越深刻越好，而应适可而止，恰到好处。下面进入第三个教学环节。

师：老师问同学们一个问题。一个人做了不好的事情，应该深藏内心，不说出来。可是鲁迅把它写出来了，让我们知道了他曾经做过这样的事情。这是为什么？

生1：因为他无法得到弟弟的宽恕，只好写文章来自我宽恕。

（听课教师笑）

生2：我觉得是警示世人，不再这样做。

师：有道理。体现了写作目的。（板书：警示世人）

师：请同学们考虑，一个人做了不好的事情内心感到沉重，还要写成文章让读者知道，这是什么样的人？

生1：严格自律的人。

生 2：能自我检讨的人。

师：鲁迅先生是一个勇于剖析自己的人。（板书：剖析自己）写文章，写什么内容呢？要写自己心灵疼痛的东西。鲁迅先生对于自己毁风筝的做法十分后悔，内心疼痛，于是就写了出来。这对同学们的写作有很大启发。最后，老师问同学们一个问题，你原谅鲁迅么？原谅的举手。

（一人不举手）

师：你为什么不举手？不原谅鲁迅么？

生：不原谅。他后悔得太晚了。

（听课教师笑）

师：你的要求很高啊！

（听课教师笑）

师：你不原谅是可以的。我想，等你长大了，再读读这篇文章，想想这个问题也许是会原谅鲁迅的。好的，这节课就上到这里。下课，同学们再见！

生（众）：老师再见！

板书设计：

风　筝

鲁　迅

惊异和悲哀 ——→ 风筝的故事 { 毁风筝 / 讨宽恕 } 精神的虐杀 / 不得宽恕、弟弟麻木

鲁迅：警示世人　剖析自己

《窗》探究课教学实录

年级：高二

课时：一课时

师：我很高兴今天有这个机会和大家在一起上一堂课。我们这节课叫探究课。你们是高二的学生，现在要学习的这篇文章是初中的。那么，高二的同学来学习初中的文章，就不是常态学习方式了，应该是探究。你们课前已经看过课文了，现在抓紧时间再看一遍。

（生看课文，师板书：

《窗》探究课

一、确定文体

二、阐述依据

三、文本探究）

师：好了。现在大家看黑板。我们这节课要做的事情主要有三件：一是确定文体，你们来探究《窗》的文体是什么。二是阐述确定文体的依据。无论确定它是什么文体，你一定要有充分的依据、充足的理由，让大家能够接受。现在做第一件事，来确定文体。学习的方式呢，是小组合作。可以个体探究，也可以小组探究。开始。

（生互相讨论探究）

师：好，停下来。请同学来说一说。

（所有小组意见一致，均认为本篇为小说。）

师：好的。大家的意见很一致的，就是小说。那我们接着就进入到第二个环节了，说说理由。还是分组进行探究，开始。

（生分组讨论探究）

师：好，停下来，同学们。哪个组同学想要发言？

生：小说三要素是人物、情节、环境。《窗》这三个要素都具备。

师：好，你坐。你的回答不能说服我。好多文章都有人物啊，是吧？相当一部分文章是有故事情节的，很多很多的文章都有环境。你们学过《从百草园到三味书屋》，人物、故事情节、环境都有啊，是小说吗？

生：不是。

师：看来，只是从三要素上不能解决问题。大家再看一看课文，再商量一下。如果你们带手机来了，可以上网查找。

（生再次讨论）

师：好啦。有没有同学要发言？

生：它是虚构的。小说都是虚构的。

师：这位同学说了一个关键词——（板书：虚构）

生：虚构。

师：对了。虚构故事是小说的特点，刻画人物是小说的本质。《从百草园到三味书屋》是写实的，文中的人物、情节和环境是客观存在，是作者的回忆，有据可查，它不是小说。小说是虚构的。这个问题算是解决了。有没有新问题产生？

生：凭什么说《窗》是虚构的？

师：问得好！这就开始递进了，开始进入真正的探究了。

生：文中有一段描写了不靠窗病人的心理。

师：哪个地方？你来读一读。

生：第六段。

师：好，你来读。

（生读）

师：好。你凭什么说这一段心理描写就是虚构的呢？

生：不靠窗的那个病人心中所想，作者是怎么知道的？肯定是作者虚构出来的。

师：很好！你很聪明！作者怎么知道人物内心所想的？同学们读小说，一定要注意，作品中人物的心理变化，作者是不可能知道的，必须借助虚构才能写出来。《红楼梦》中林黛玉的心理变化，曹雪芹是如何知道的？是虚构出来的。中国古代小说，心理描写并不突出，到了《红楼梦》就不一样了。鲁迅的小说《狂人日记》《伤逝》《祝福》等，都有大量的心理描写。这些心理描写都是虚构的。是不是说凡是心理描写的内容就一定是虚构的呢？

生：不一定。

师：很好。那是不是说，没有心理描写的作品就不是虚构的呢？比如《雷雨》。

生：也不一定。《雷雨》肯定是虚构的，它是话剧，是文学作品。话剧是通过对话（台词）来表现人物和主题的。

师：说得好。语言形式很重要。小说的语言形式不是对话体（虽然也有对话），不是韵文体（诗歌和戏曲），而是叙述者语言（板书：叙述者语言），是散文化语言。至此，我们可以小结一下了。为什么说《窗》是小说呢？谁来小结？

生：有人物、环境和故事情节基本要素构成的，运用散文化叙述语言，经过作者虚构的文本，就是小说。

师：所以，童话也是小说，比如《皇帝的新装》。以上，我们的探究有没有收获？

生：有。

师：我们继续找虚构的内容。同学们看一看这篇小说，还有哪些内容提醒你，它是虚构的？

生：我认为下面的内容也是虚构的：

“一天晚上，他照例睁着双眼盯着天花板。这时，他的同伴突然醒来，开始大声咳嗽，呼吸急促，时断时续，液体已经充塞了他的肺腔。他两手摸索着，在找电铃的按钮，只要电铃一响，值班的护士就立即赶来。

“但是，另一位病人却纹丝不动地看着。心想，他凭什么要占据窗口那张床位呢？

“痛苦的咳嗽声打破了黑夜的沉静。一声又一声……卡住了……停止了……直至最后呼吸声也停止了。

另一位病人仍然继续盯着天花板。”

师：说说理由。

生：不靠窗的病人见死不救。这不太符合常理。

师：有道理。（板书：不合常理）我们在医院里，看到同病房的病友快要死掉了，就忍心见死不救吗？能做得出来吗？做不出来。举手之劳嘛！但是这个人就是见死不救。这就叫反常。这种反常现象暗示我们，它是虚构的。好，同学们，我们对虚构的探究比较深入了。还有没有虚构的内容呢？

生：我觉得第一段也是虚构。第一段写两人经常谈天，一谈就是几个小时，对于病重的两个人来说，他们竟然有时间一谈就是几个小时，而不去静养，我觉得这个地方是虚构的。

师：有道理。

师：孩子，你们想一想，不能听收音机，却能谈几个小时？

生：显然不合常理。

师：对呀。为什么这样虚构？

生：这样虚构作者才能顺着这个情节写下去。

师：对，很好，孩子，你明白了。不这样写就不会有后边的内容，是不是啊？

生：是。

师：所以我们用一个词来表示——

生：设置情境。

师：太好了！

生：老师，我还有发现。

师：好，你说。

生：还有一个地方，就是第四段和第十五段。第十五段写病人看到的只是一堵墙，但是在第四段他的同伴给他描述得太好了。

师：哦，描述得太好了。为了达到什么目的？

生：形成巨大的反差。

师：很好。这就说明你真动脑筋了，你真在探究了。很好，还有要说的吗？

生：没有了。

师：好，你请坐。其他同学有没有要说的？好了，同学们，我们现在可以说有了比较充分的依据来证明这篇文体是小说，因为它是虚构的。很多地方是虚构的。同意不同意？同意的举手。（全体举手）好的，大家都同意。既然是虚构的，那不就是假的吗？一篇造假的小说，我们有必要学习吗？请同学们讨论。

（生分小组讨论）

师：谁来回答？

生：虽然是虚构的，但不能说它是造假。它是文学作品，表现了深刻的主题。小说超越生活的真实，达到艺术的真实。

师：讲得好！虚构不等于虚假。小说自有小说的规律和特点。作者之所以这样虚构，体现了作者的创作意图。那么，作者想表达怎样的意图呢？

生：表现靠窗病人的善良吧？

生：是表现人性。

师：什么人性？

生：我说不好。

师：请同学们把“机会”这个词圈起来。为什么自己不能得到这个机会？得到这个机会的为什么偏偏是他而不是我呢？你是如何理解“机会”这个词的？

生：我觉得“机会”就是人生的利益吧。

师：很好。（板书：机会）人们为了追求名利，很可能会产生嫉妒心理。是不是这样？

生：是的。

师：你们可以举出很多例子。比如，他评上三好生了，我没评上，我很可能产生嫉妒心理。这篇小说把这种心理放大了，达到了见死不救的程度。可见，人性在嫉妒心理的驱使下会被扭曲，会变形。这很可怕，我们要警惕。虽然故事情节是虚构的，但虚构不等于虚假。作者要表达的主题思想是真的。这就是艺术表现规律。那么，不靠窗的病人想没想控制住自己的想法呢？

生：想过，但是没有控制住。

师：对。这还是人性的表现。说说你们的认识。

生：不靠窗的病人头脑里面有一个魔念，这个魔念对他控制得越来越深，他已经陷到里边去了。

师：很好！这就是小说笔法，细致地表现人物内心世界。那么，作者只是表现这两个病人的人性吗？

生：不是，具有代表性。

师（板书：代表性）：谁代表谁？

生：病人代表普通的人。

师：好。再想一想，仅仅是病人具有代表性吗？你看作者写的这个大的环境——医院，有没有代表性？

生：有。代表所有的单位。

师：病房，有没有代表性？

生：有。

师：床位，有没有代表性？难道你觉得这个小说只是在写医院吗？只是在写病床吗？

生：是由一个最简单的事物代表一个大的方面。

师：再说具体一点？

生：不靠窗的病人争“床位”，这个“床位”代表利益。

师：有道理。它不是普通的床位，它具有象征性。（板书：象征性）这叫什么手法？

生：托物言志。

生：借物喻人。

生：以小见大。

师：我告诉你们是——“隐喻”。（板书：隐喻）隐喻，或者说象征，是小说创作的一种手法。这里的“床位”已经不仅仅是床位了，它象征着利益，名和利。这是本节课学习的重点。除此之外，本篇小说还有一个突出的写作手法，能看出来吗？

生：对比，衬托。

师：很好！两个病人形成了鲜明对比。作者用死去的那个病人来衬托靠窗的病人。在原来的基础上，我们再加上一条：刻画人物，表现人性。有虚构的人物、环境和故事情节等基本要素，运用散文化叙述语言，以刻画人物、表现人性为目的的文本，就是小说。同学们，到此为止，我们比较清楚地认识到了这篇小说的特点，和我们在这节课开始的时候相比，我们是不是进步了很多？

生：是的。

师：当然，这篇小说的特点并不能代表所有小说的特点，每篇小说既有共性，也有个性。最后，我布置一个作业：这篇小说是有败笔的，你们课下继续探究。好，这节课就上到这里。下课。同学们再见！

板书设计：

窗

一、确定文体	小说	三要素
二、阐述依据	虚构	叙述者语言　不合常理
三、文本探究	机会	代表性　象征性　隐喻

附录：

《窗》的理解与教学

《窗》是一篇很有特色的小说，作者是澳大利亚的泰格特。苏教版《语文》课本选录为课文，很受师生欢迎。但是怎样理解和教学这篇小说，很值得研究一番。

教师大都把理解人物的善与恶作为教学重点。这固然可以，但是善与恶的主题是显性的，以理解和掌握这个主题为教学内容，很容易上成道德说教课。如果命题考试也考查这个显性的主题，那就更不合适。其实，这篇小说最大的特点是：用隐喻的手法揭示人性之恶。阅读这篇小说，重点是学习隐喻的手法。

一般而言，每一篇小说都会有一个或几个关键环节支撑起小说的整体架构。比如《边城》中翠翠对二老的“误会”，《林教头风雪山神庙》中大雪压塌两间草厅，《我的叔叔于勒》中于勒的那封来信，都属于关键环节，起着承上启下的作用，教师教学时要善于抓住它们。泰格特的《窗》也有一个很关键的环节，就是下面这几句话：

> 一天下午，当他听到靠窗的病人说到一名板球队员正慢悠悠地把球击得四处皆是时，不靠窗的病人突然产生了一个想法：为什么偏是他有幸能观赏到窗外的一切？为什么自己不应得到这种机会？他为自己会有这种想法而感到惭愧，竭力不再这么想。可是，他愈加克制，这种想法却变得愈加强烈，直至几天以后，这个想法已经进一步变为紧挨着窗口的为什么不该是我呢？

这一段非常关键，可谓这篇小说的“命门”，教师要抓住这一段来设计课堂提问。教师问学生：“‘他’为何会产生这样的想法呢？假如换了你，你会产生这样的想法吗？”

这应该是一个很有意思的问题，目的是引导学生理解人性。从人性上来讲，“他”产生这种想法是很有可能的，这是由人性所决定的。泰格特这篇小说的主题并非着意批判人性之恶，也不着意歌颂人性之善，而是以医院病人为例，揭开产生人性恶的帘幕，并通过鲜明的对比让读者感到震惊：这就是人，这就是我们自己，要警惕啊！

“医院的病人会产生这种想法吗？”如果学生能提出这样的问题，那再好不过了，这为下面教学的展开铺设了一个绝好的台阶。医院的病人一般不会产生这种想法，但是这里的“医院”

仅仅是医院吗？这里的“病床”仅仅是病床吗？这里的“病人”仅仅是病人吗？能提出这些问题才说明你会读这篇小说。在作家的笔下，医院、病床和病人都是隐喻。医院指人们生活的环境，它和机关、部队、工厂、学校等地方没有本质区别。“病床”的隐含意义就更加明显，读者请看——“为什么自己不应得到这种机会？……紧挨着窗口的为什么不该是我呢？”在现实生活中，类似这样的想法是不是我们每一个人都曾经产生过？比如评选先进、提升职务、晋升职称、发放奖金、出国考察、分配住房等等，甚至中小学生评选“三好”“优干”，在这些“机会”面前，我们是不是产生过类似的想法？答案是肯定的，这就是人性。产生这样的想法之后，有的人会感到惭愧，就像小说中的“他”。作者写道：“他为自己会有这种想法而感到惭愧，竭力不再这么想。可是，他愈加克制，这种想法却变得愈加强烈，……”人性中既有良知，也有恶魔，从而构成两个“自我”，不断斗争，此起彼伏。作者简单的几句话，将人性写得淋漓尽致。人与人之间的矛盾、隔阂、猜疑，乃至仇恨，很大程度上是由人性中的恶魔导致的。当我们认识到这一点并加以抑制的时候，人性中善的一面就会显现出来。但在《窗》这篇小说中，作者泰格特非常“狠心”，她没有让“他”抑制住心中的恶魔，而是让恶魔战胜了良知，于是“他”见死不救，眼睁睁看着曾经为自己讲述美好“风景”的病友痛苦死去。人性之恶在这里被最大化，其艺术效果足以震撼每一个读者。

我们再来看靠窗病人所讲的“风景”，仍然是隐喻。内容如下：

很显然，这个窗户俯瞰着一座公园，公园里面有一泓湖水，湖面上照例漫游着一群群野鸭、天鹅。公园里的孩子们有的在扔面包喂这些水禽，有的在摆弄游艇模型。一对对年轻的情侣手挽着手在树荫下散步。公园里鲜花盛开，主要有玫瑰花，但四周还有五彩斑斓、争妍斗艳的牡丹花和金盏草。在公园那端的一角，有一块网球场，有时那儿进行的比赛确实精彩，不时也有几场板球赛，虽然球艺够不上正式决赛的水平，但有的看总比没有强。那边还有一块用于玩滚木球的草坪。公园的尽头是一排商店，在这些商店的后边闹市区隐约可见。

躺着的病人津津有味地听着这一切。这个时刻的每一分钟对他来说都是一种享受。描述仍在继续：一个孩童怎样差一点跌入湖中，身着夏装的姑娘是多么美丽、动人。接着又是一场扣人心弦的网球赛。他听着这栩栩如生的描述，仿佛亲眼看到了窗外所发生的一切。

作者有意选取了湖水、野鸭、天鹅、游艇模型、情侣散步、鲜花、球赛、商店、孩童、姑娘，这些“风景”极具生活气息，其用意显而易见，这些就是人们的生活。当然，它们绝不是人们生活的全部，还有很多很多，这些仅仅是代表而已。一个人生病后，远离这些平凡生活，才会感觉到平凡的可贵，才会极其留恋平凡的每一天。靠窗的病人是在通过回忆来讲述这一切的，他对这些平凡又美好的“风景”曾经拥有过。

理解至此，本篇小说题目的隐喻效果也就显露出来了：这不是一扇普通的窗，而是特指人性之窗。文学艺术的优长在于，作者可以充分利用隐喻、象征等手法，把平凡的生活集中起来加以表现，提供无限想象和联想的空间，从而直击每一个读者的心灵，激活人们心灵深处的柔软之处，引发读者对人性的深入思考，这是一般纪实作品无法取得的艺术效果。鲁迅的《狂人日记》，王蒙的《杂色》，契诃夫的《第六病室》，卡夫卡的《变形记》，都是这方面的代表。一个人经常阅读这样的文学作品，对于保持心灵的湿润，净化灵魂大有裨益。

有的老师教学本文，喜欢让学生续写结尾。这固然可以，但如果明白了这篇小说并非着意批判人性之恶，也不着意歌颂人性之善，而是用隐喻的手法揭开人性恶的帘幕，续写就成了狗尾续貂。

笔者不想完全否定续写文段的意义，但是笔者不得不说，如果抽掉文学艺术的规律性，机械地、孤立地、静止地、简单地训练所谓想象力，是没有什么价值的。语文学科的想象力实际上是一种学科思维能力。只有符合语文学科的特点、规律，想象才有意义，否则就是胡思乱想。

有学生会问："怎样才能看出《窗》的隐喻特点呢？"这又是一个很好的问题，因为这个问题可以引导更多的学生站在作家创作的角度来解读这篇小说，可以初步理解文学表现形式与写作内容之间的关系。曾祥芹先生在其《曾子文章学》中指出："考究文章作品的阅读积累，比鉴赏文章作品本身更加艰难，更费工夫，更需潜力，更见眼力。这种阅读的'潜水作业'是实现经典深阅读的有效方略。"教师要把学生从非专业读者培养成专业读者，很关键的一点就是要培养学生“潜水作业”的能力。教师要引导学生细细品味开头的内容：

在一家医院的病房里，曾住过两位病人，他们的病情都很严重。这间病房十分窄小，仅能容下两张病床。病房设有一扇门和一个窗户，门通向走廊，透过窗户可以看到外面的世界。其中一位病人经允许，可以分别在每天上午和下午起身坐上一个小时。这位病人的病床靠近窗口。而另一位病人则不得不日夜躺在床上。当然，两位病人都需要静养治疗。使他们感到痛苦的是，两人的病情不允许他们做任何事情借以消遣，既不能读书阅报，也不能听收音机、看电视……只有静静地躺着。而且只有他们两个人。噢，两人经常谈天，一谈就是几个小时。他们谈起各自的家庭妻小，各自的工作，各自在战争中做过什么，曾在哪些地方度假，等等。每天上午和下午，时间一到，靠近窗的病人就被扶起身来，开始一小时的仰坐。每当这时，他就开始为同伴描述起他所见到的窗外的一切。渐渐地，每天的这两个小时，几乎就成了他和同伴生活中的全部内容了。

学生品读这段文字，可以读出一点味道来：作者对两位病人的病情做了精心的“设定”，没有这样的“设定”，就没有后面的故事。这些“设定”显然是虚构的，是为了小说情节需要而进行的铺垫。读者会问，难道他们的“家人”就不来看望吗？难道护士故意在“他”讲窗外风景的时候不进病房吗？为什么窗外的声音一点也传不进来呢？既然能聊天、听故事，为什么就不能听收音机、看电视呢？一谈就是几个小时有利于病人的健康吗？等等。这些内容透露出“不合情理”的一面，这些“不合情理”透露出作者的用意，暗示读者，这些都是“舞台布景”。

一般而言，写作内容对写作形式具有制约作用。同时，还有另外一面，即文学表现形式有相对的独立性，它极具灵活性，它对内容和主题也具有制约作用，这种制约作用不仅仅表现在形式可以选择内容和主题，还表现在形式对内容和主题的规定上。作家采用什么样的形式，往往决定了他想要表现什么样的内容和主题。列·谢·维戈茨基在评论蒲宁的《轻轻的呼吸》时写道：“形式是在同内容作战，同它斗争，形式克服内容，形式和内容的这一辩证矛盾似乎正是我们审美反应的真正心理学意义。”童庆炳先生也指出：“凡有文体的比较成功的作品都是形式征服题材的结果。”内容决定形式，作家是被动的；形式克服内容，作家是自由的。小说既超越“本事”，又超越“故事”，走向了个性和艺术。从“再现论”走向“表现论”，这既是文学的发展，也应当是文学阅读的发展，更应是语文教师文学教学的发展。如果我们语文教师仍然按照传统的内容决定形式的小说观念来解读这篇小说，就很可能不得要领。

是否懂得隐喻，往往是区别专业读者和非专业读者的分水岭。非专业读者阅读文学作品，往往读什么就相信什么，走进去就出不来，以至于有的读者阅读《红楼梦》，心血崩溃，气绝身亡；有的读者阅读《少年维特之烦恼》，就模仿作品中的人物去自杀。这都是非专业读者的表现。非专业读者最突出的毛病是“悖体阅读”，即不能遵照文体规律来阅读和理解。在《曾子文章学》中，曾祥芹先生指出：“所谓‘悖体阅读’是违背文体特性和文体思维法则的阴差阳错的阅读。”曾先生以《论语》解读为例，批评了那种将《论语》作为纯文学作品来阅读的做法，指出“具有文学价值”和“文学作品”毕竟不同，“事料的真实”与“意旨的鲜明”是体现《论语》文体特性的关键，只有将《论语》作为“学术文章”来阅读才是“适体阅读”。这对于我们理解小说《窗》和教学设计颇有启迪。

语文教师应该是专业读者。语文教师要有一双语文的眼睛，敏锐捕捉语文的因素，尤其善于从文本表现形式上提取语文的学养，确定文本的语文功能，培养学生的语文素养。语文命题者应是高级专业读者，更要善于借助文本的表现形式切入文本，引导考生准确把握文本的特质，从而在语文素养上得到理想的区分度。但从现实来看，这一目标还显得很遥远。新的语文课程标准提出“学科核心素养”的概念，意义重大，它指明了语文教师专业发展的方向，指明了语文教学努力的目标，明确了语文命题考试向度的边界。

以上是笔者针对《窗》的理解和教学谈的一点心得体会，不一定正确，敬请各位同人批评指正。

但问题并没有结束。笔者对作者泰格特知之甚少，教师用书也没有介绍。苏教版语文课本注释只有“澳大利亚”“见于 1987 年 7 月号《外国小说选刊》”的内容。网上资料说，泰格特，女（一说男），澳大利亚人，她继承了欧·亨利的创作风格。还记有译者刘根龙说：“这篇小说文字简洁，短小精悍，寓意深刻，读来确实耐人寻味。对这篇小说，不同读者可以有不同的理解，如细细回味，也许可以悟出点人生哲理。”目前关于泰格特的资料仅此而已。但是，查1987年7月号《外国小说选刊》，根本没有这篇小说。于是，笔者请在澳大利亚的学生查询相关信息，谁知不查则已，一查竟然如此出乎意料：泰格特不是澳大利亚人！《窗》最初是美国人Allan Seager写的，1933年发表在《名利场》杂志，题目是*The Hospital Window*。后来，很多作家或作者对此进行改写，有多个版本流传于世，能查到的作者有：①Harry Bushman，美国人，纽约出生，建筑学院毕业。1939年参军，二战期间反潜部队人员，喜欢摄影、建筑。②Author Unknown，本文后面所附的英文版（略）署“佚名”。③Target，音译泰格特，英国人，男，爱尔兰裔，出生于格林威治。他于1973年写此文。

由此看来，这篇小说的身世还真有点扑朔迷离。笔者请我校英文教师关菲将美国人写的*The Hospital Window*译成中文，可以看出，与课文内容有明显不同。

医院之窗

译者　关菲

两个重病患者同住在一个医院病房内。其中一个病人每天下午被允许从床上坐起一小时以便排出肺部积液。他的床靠近病房唯一的窗户。另一个人只能全天候平躺在床上。两个男人谈论很多事情，从他们的妻子、家庭生活、工作到他们服的兵役，他们度过假的地方。

每天下午，当靠窗边的病人能坐起来的时候，他都会给另一个病人形容窗外的美景。另一个病床上的人因为每天这一个小时听着窗外面的活动和斑斓的色彩，他的世界被打开，变得富有生气。

这个窗户俯瞰着一座公园，公园里面有一泓湖水，湖面上有一群野鸭和天鹅。公园里的孩子们在摆弄船的模型。一对对年轻的情侣手挽着手在各色花丛中散步。远远地能够看到城市美丽的轮廓。

当窗边的病人描述这些精致的细节时，另一个病人就闭上眼睛想象这生动的画面。

一个温暖的下午，窗边的人描述一个正在经过的游行。尽管另一个人听不见，却能够看见——在他的头脑中。因为窗边的绅士描述得那样绘声绘色。

一天天过去了。

一天早上，白班护士拿来洗澡水的时候，发现窗边的病人已经没有气息了，他在睡梦中安详地过世了。护士很悲伤地让人抬走了他。

稍过几天，似乎这时开口已经正当得体。另一个病人请求搬到靠窗的床上。护士把他抬了过去，将他舒舒服服地安顿在那张病床上。接着他们离开了病房，剩下他一个人静静地躺在那儿。

医生刚一离开，这位病人就十分痛苦地挣扎着，用一只胳膊支起了身子，口中气喘吁吁。他探头朝窗口望去。他看到的只是一堵空白的墙。除了红砖什么也没有。这个病人问护士，是什么让他去世的病友描述窗外有那么美丽的风景。

护士回答说那个去世了的病人是个盲人，他连墙都看不见。“可能这就是他看到的世界。并且他希望能鼓励你。或许我们都该这样看待世界。”护士说。

《荷塘月色》教学实录

年级：高一

课时：两课时

第一课时

师：同学们，今天，我们来学习朱自清先生的散文名篇《荷塘月色》。下面请同学们自读课文。

（生自读课文，约6分钟。）

师：下面请一位同学把课文朗读一遍。

（一生朗读课文，约6分钟。）

师：读得怎么样？同学们评一评。

生1：挺投入，有感情。

生2：语速掌握得很好。

师：这是优点。有问题吗？

生1：我觉得应该读得稍微低沉些，他读得有些高昂了。

生2：有个别字音读错了。袅娜的“娜”应该读nuó，不读 nà。

生 3：“渺茫的歌声似的”，应该读“shì de”，不读“sì de”。

师：很好。请同学们说一说，你读了之后，对这篇散文的印象如何？你喜欢吗？

生：我喜欢，我觉得本文的描写很生动。

师：描写生动。同学们看题目，“荷塘月色”，文章是不是在第一段就写荷塘美景了呢？

生：不是，是在第四段写的。

师：好的。我们先来看第四段。请一位同学读一遍。

（一生读第四段）

师：这一段主要是写荷塘。同学们看，作者先后写了哪些景物？

生：先后写了荷叶、荷花、荷香、荷波。

师：那么我们就来欣赏一下作者是怎么写的。（板书：荷叶、荷花、荷香、荷波）写荷叶有两句话，前一句写整体。同学们读的时候有什么感觉？

生：“曲曲折折”，写荷叶的多，而且参差错落。“弥望”“田田”写荷叶范围之广，望过去满眼都是荷叶。

师：你说得好。抓住了关键的词语，这是欣赏散文的好习惯。从读音上有什么感觉？

生：作者用了叠音词，有一种音乐美。

师：这个感觉很好。你会觉得，作者是在精心雕刻一件艺术品，把每一个细节做好。看后一句写什么？

生：后一句写个体的叶子。

师：作者用了一个比喻。

生："像亭亭的舞女的裙。"

师：能想象出那个美好的形象吗？

生：就像芭蕾舞演员穿的裙子，是支撑起来的。

师：好。舞女旋转起来以后的裙子是怎样的呢？我们阅读文本时要驱遣自己的想象，用想象去丰富文句的内涵。把荷叶比成裙，不是朱自清的首创，唐代诗人王昌龄在《采莲曲》中写道："荷叶罗裙一色裁，芙蓉向脸两边开。"（板书：荷叶罗裙一色裁）同学们看，同样把荷叶与裙相比，但侧重点是不同的。怎么不同？

生：王昌龄侧重颜色的比，而朱自清则侧重形状上的比。

师：对。接下来看写荷花。作者把荷花放在一片绿色之中来加以衬托，正是"万绿丛中点点白"。作者用了两个词——"袅娜""羞涩"。这两个词的顺序能否颠倒过来？

生：不能。"袅娜"是柔美的样子，写荷花开放之后的美丽形态；"羞涩"则是写荷花含苞欲放时羞答答的样子，像一个女孩子，这是拟人的手法。

师：说得好。你发挥了想象。"袅娜"写形态，"羞涩"写情态。"袅娜"也有拟人的成分，这个词形容女子体态轻盈柔美，楚楚动人。蒲松龄在《聊斋志异》中写道："女子袅娜随风飘去。"你想象吧，那是如何的轻盈啊！接下来，作者连用了三个比喻。这属于一种特殊的比喻，叫作"博喻"。（板书：博喻）使用博喻，必须各有侧重，不能重复。同学们欣赏一下，三个比喻各侧重什么？

生：“一粒粒的明珠”侧重个体的明亮，“碧天里的星星”侧重整体的数量，“刚出浴的美人”侧重纯洁无瑕。

师：说得好。在以前的课本中，第三个比喻被删掉了。你们认为该删掉吗？

生：当然不该删掉。荷花“出淤泥而不染”，就像一个女子纯洁无瑕。

师：说得很好。删掉的原因，大概是编课文的人担心中学生想象力太丰富了。（生笑）其实，刚才那位同学联想到的是《爱莲说》。“出水芙蓉”啊！你想得很好。不过，我觉得，作者用这个比喻，大概还有更深层的用意。下面看写荷香。请一位同学先读一遍。

（一生读课文）

师：作者写荷香，用了一种特殊比喻：通感。（板书：通感）谁能解释，什么叫“通感”？（无人回答）就是不同的感觉的沟通。比如把听觉范畴的与嗅觉范畴的沟通起来。“缕缕清香”属于嗅觉范畴，“歌声”属于听觉范畴。二者沟通起来了。使用通感，有一个基础，就是二者有共同点，具有可比性。同学们说，“缕缕清香”与“渺茫的歌声”的共同点是什么呢？同学们先互相交流一下。

（生互相交流）

师：请同学说一说。

生：二者都有隐隐约约、若有若无的特点。

师：说得很好。希望同学们以后写文章也尝试用通感的手法。最后写荷波。风吹荷叶，有了一道凝碧的波痕，像闪电。这是瞬间的景象，被作者捕捉到了。好了，同学们，我们体会到了，作者写荷塘美景真的像在雕刻一件艺术品，很精细。下面把第四段完整地读一遍。

（生读课文）

师：这节课就上到这里。

第二课时

师：上课。我们接着欣赏第五段。先请一位同学读一遍。

（一生读课文）

师：本段写月色。荷叶、荷花是实体，好写。月色不是实体，看得见，但是摸不着。怎么写呢？请同学们先想一想，怎么写月色？

生 1：我觉得朱自清是通过写影子来写月色的。

生 2：还通过写光来写月色。

师：同学们领悟得很好。作者借助其他事物来写月光。一提起月光，同学们很自然地就会想起李白的诗句来："床前明月光，疑是地上霜。"如果说李白侧重写月光的洁白，那么朱自清侧重写月光的什么呢？

生：写月光的清明。

师：是的。作者用了一个动词"泻"。从高处向下流动，像水一样的清明。把静态的月光写动了。一个"浮"字写青雾反射月光，一片朦胧。下一句"叶子和花仿佛在牛乳中洗过一样；又像笼着轻纱的梦。"这一句是写月光还是写叶子和花呢？

生 1：主语是叶子和花，当然是写叶子和花了。

生 2：表面看是写叶子和花，实际上写月光。作者借叶子和花来写月光。

师：讲得好。叶子和花之所以像在牛乳中洗过一样，之所以像笼着轻纱的梦，是因为有月光照射。古人有“烟笼寒水月笼沙”，还有“自在飞花轻似梦”，都在于表现月光的朦胧。（板书：笼）接下来，作者说：“虽然是满月，但天上却有一层淡淡的云，所以不能朗照。”如果我来写的话，就接上这么一句：“我心中不免感到遗憾。”可是作者却写道“但我以为这恰是到了好处”，为什么呢？

生：作者有理由，就是“酣眠固不可少，小睡也别有风味”。

师：这话是什么意思？

生：是睡觉的好天气。

师：酣睡好，小睡也好。既然如此，作者为什么不去睡觉，却来到荷塘观景呢？

生：他可能是觉得这样的天气很适合睡觉吧。

师：同学们想一想，满月朗照，一览无余，没有隐藏。作者不喜欢，似乎作者有点心事，开头就说了：“这几天心里颇不宁静。”他有事，藏在心中，既不让读者一览无余，也不让读者一点看不出。让你猜，你猜不透。这才有味道。是不是？就好比月光，天上有一层云，遮挡了一下，不能朗照。此话也颇有深意。所以，读《荷塘月色》是要细细品味的。下面是借助什么写月光的？

生 1：树和灌木。

生 2：还有杨柳。

师：写影子。有光就有影。文与可写过“高松漏疏月，落影如画地。”（板书：画）也是通过影子来写月光的。可见，朱自清先生是化用了古人的一些句子，借鉴了古人描写月光的一些手法的。在本段最后，作者又一次运用了通感手法，看出来了吗？

生：是“但光与影有着和谐的旋律，如梵婀玲上奏着的名曲”。

师：共同点是什么？

生：和谐，错落，起伏有致。

师：对。好了，把本段齐读一遍。

（生齐读课文）

师：上面我们重点欣赏了作者写景的两段文字。其他段落我想请同学们自己去读，去品味。有问题请提出来。

（生自读课文，大约5分钟。）

师：有问题吗？请提出来。

生：老师，作者开头说自己“心里颇不宁静”，原因是什么？

师：你问了一个很关键的问题。这是“文眼”。（板书：文眼）谁能回答？

生：我认为作者在第三段中表达出来了。尽管没有说透，但是我们还是能够看出蛛丝马迹的。

师：你说说看。

生：作者说“这一片天地好像是我的”“我也像超出了平常的自己，到了另一世界里”。这就是说，作者平时处在一个不属于他的环境里。平常他在另一个世界里。

师：那是怎样的一个世界呢？

生：不自由。作者说：“像今晚上，一个人在这苍茫的月下，什么都可以想，什么都可以不想，便觉是个自由的人。”话里的意思就是白天是个不自由的人。白天有些烦心事。有些话虽然不愿意说，但一定要去说；有些事不愿去做，但必须去做。

师：你品味语言很到位。这是“独处的妙处”。（板书：独处）这样的“独处”是“酣睡”呢，还是“小睡”呢？

生：小睡。

师：明白了吧？

（生点头）

师：作者向往自由，这与“刚出浴的美人”有什么关系？

生：出淤泥而不染。

师：也明白了？

（生点头）

师：还有问题吗？

生：老师，作者写完荷塘月色美景后，可以结束文章了，但是作者又写了江南采莲的事情。为什么？

师：问得好。这说明同学们真的动脑筋了。谁来回答？

（无人回答）

师：同学们先讨论交流一下。

（生讨论交流，约3分钟。）

师：谁来回答？

生：是不是表现了作者对家乡的思念？

师：有道理。作者是南方人。他写过一首小诗《我的南方》：“我的南方，我的南方，那是山乡水乡，那是醉乡梦乡，五年来的彷徨，羽毛般的飞扬。”由眼前荷塘，联想起江南美景，有道理。还有其他理解吗？比如从文章结构的角度回答。

生：老师，我觉得作者来荷塘的时候写了三个小段，游完荷塘美景，应该回家了，于是就把江南采莲放在回去的路上写。

师：就是说，作者是一边想着江南采莲，一边往回走的。江南采莲太美了，想得入迷了，怎样了？

生：“猛一抬头，不觉已是自己的门前”，从联想回到了现实。

师：好啊！这就体现了作者的结构之美，全文呈现了一个完整结构。时间到了。如果同学们想了解朱自清当时的生活和工作，可以去读《朱自清传》。这节课就上到这里。同学们再见。

生：老师再见。

板书设计：

荷塘月色

朱自清

荷叶	比喻	泻	动态
荷花	拟人、博喻	浮	借助
荷香	通感	笼	朦胧
荷波	比喻	画	影子

文眼 ——→ 江南采莲

整体结构

（《荷塘月色》是笔者参加工作后教的第一篇课文，也是1988年11月笔者参加山东省教学比赛执教的篇目，当时获得一等奖。关于讲课的情景，笔者在《路在脚下延伸》一书中有介绍。收入本书时总体思路没有改动，个别环节做了调整。）

《在马克思墓前的讲话》教学实录

年级：高一

课时：两课时

第一课时

师：同学们，今天，我们来学习《在马克思墓前的讲话》。这是一篇悼词，作者是恩格斯。下面，请同学们先把课文默读一遍。

（生默读课文）

师：读完的举手。

（生举手）

师：都读完了。同学们用了5分钟。下面请同学们谈一谈初步印象吧。喜欢这篇课文的举手。

（只有三位学生举手）

师：这么少啊！你喜欢，说一说？

生：我读了这篇课文，感觉到了马克思的伟大。

师：请不举手的同学说说。你来说。

生：老师，我不明白编教材的人为什么把这样的文章选入语文课本让我们学习，还不如从报纸上随便找一篇新闻报道看得有意思。

师：你是这样的感受！有同感的举手。（很多学生举手）哦！老师感觉有点意外。不过我理解你们：政治色彩浓厚的课文，你们是不太喜欢的。是这样吗？

生：是。

师：你们担心我们的语文课会上成政治课。是吗？

生：是的。

师：不用担心。语文课就是语文课，我不会上成政治课。不过你们的态度说明，你们没有真正认识到这篇课文好在哪里。老师问你们，恩格斯和马克思是亲密战友，对不对？

生：对。

师：列宁说，他们的友谊“超过了古人关于人类友谊的一切最动人的传说”。马克思去世了，作为他最亲密的战友，写一篇悼词来纪念，可写的内容太多了，即便写成一本书，也是可能的。但是，恩格斯写了多少字？只有1200字！同学们想一想，写这么短的一篇悼词来总结马克思的一生，需要什么样的语文能力？

生1：概括能力。

生2：表达能力。

师：还有认识、判断和评价能力。那么，请同学们回答，在本文中，恩格斯是如何概括马克思一生的？你们以小组为单位，交流一下，一会儿回答。

（生交流，约5分钟。）

师：停止交流。谁来回答？

生：恩格斯主要讲了马克思两个大的贡献：发现人类历史发展规律和剩余价值。还创立了国际工人协会。

师：好。下面，先请一位同学朗读课文，我们一起看一看。谁来？

（一生举手）

师：好。你喜欢这篇文章，一定能读得很好。

（生朗读课文）

师：这位同学读得怎么样？

生：挺有感情的。

师：悼词是饱含感情的。你读得的确不错。这篇悼词，主要是总结和评价马克思伟大的贡献。那么，马克思的第一个伟大贡献是什么？在第几段？

生：发现"人类历史发展规律"，在第三段。

师：我们来一起读一遍。

（生齐读第三段）

师：你们读了这一段，产生问题了没有？

生：恩格斯说，"人类历史发展规律"是一个"简单事实"，马克思发现这样的"简单事实"，有什么伟大的？

师：问得好。不过这不是一个语文问题，而是一个社会学问题。谁能回答？从文中找答案。

生：尽管这是一个"简单事实"，但是被纷繁芜杂的意识形态掩盖住了，其他人没有发现。

师：不仅没有发现，而且——

生：而且做了错误的解释。

师：错误？文中怎么说的？

生：做了相反的解释。

师：根据文意，我们似乎可以推出那种相反的解释。谁来推测出来？（没有学生回答）尝试一下嘛。要回答这个问题，前提是什么？

生：搞清楚“简单事实”的含义。

师：正确。含义是什么呢？

生：冒号后面的内容。

师：冒号后面的话说的是什么意思？能否结合你们政治课上学到的知识来加以概括呢？

生：是不是“物质决定意识”“经济基础决定上层建筑”的原理啊？

师：是不是？（有的学生不敢肯定）还不敢肯定？是的，就是这个原理！这就是“大文科”的学习了，把语文和政治打通了。现在，可以推出那种相反的解释了吧？

生：意识决定物质，上层建筑决定经济基础。

师：对呀！这才算是基本读懂了本段意思。为什么说是“基本读懂”呢？老师为什么不说“彻底读懂”呢？

（生莫名其妙）

师：“正像达尔文发现有机界的发展规律一样”，这句话有何作用？

生：比较。

师：确切地说是比况。语法学上叫作“比况结构”。表达形式是“正像……一样”，是与类似的事例进行比照。为什么要在本段开头用一个比况结构呢？

生：突出马克思这一发现的伟大意义。

师：对。下面再读一遍第三段。（板书：第一个发现：发展规律）

（生读第三段）

师：接下来，作者如何向下过渡？

生：用了“不仅如此”。

师：衔接得很紧密。这是语文因素。你们写文章会用过渡句吗？会，那很好。写文章就好比是做衣服，要学会穿针引线。过渡句引出了马克思的第二个伟大贡献，是什么？

生：发现剩余价值。

师：说得对。这个发现的意义是什么？

生：“豁然开朗”了，先前是“在黑暗中摸索”。

师：齐读本段。（板书：第二个发现：剩余价值）

（生齐读第四段）

师：接下来，作者怎么写的？请一位同学读课文。

（一生读）

师：有何感觉？

生：衔接得很紧密。

师：对。本段有三个句子。句子之间是什么关系？

生：递进。

师：说得好。这是语文因素吧？

（生点头）

师：请同学们把关联词语画下来。

（生画关联词语：即使、也、但是、甚至、都、而且）

师：如果把这些关联词语去掉，再读一遍，味道就变了。可见这些关联词语用得多精妙！那么，究竟精妙在哪里呢？

生：层层递进。

师：概括了马克思从事科学研究的特点。什么特点？

生：第一个是研究的领域广泛，第二个是研究的程度深入。

师：你总结得十分准确。马克思博学多才。“甚至在数学领域”，谁能讲一讲？数学课代表，请你来讲一讲。

生：我不知道。

师：不知道不要紧，课下找《马克思传》来读一读，你就知道马克思的渊博和深刻了。下面齐读一遍第五段。（板书：其他领域）

（生齐读）

师：能感觉到作者的什么情感？

生：为马克思感到骄傲。

师：好。可以说，作者是饱含感情来写本文的。我们阅读时要仔细体会。第一节课就上到这里。

第二课时

师：我们接着学习《在马克思墓前的讲话》。通过上一节课的学习，原来不喜欢这篇文章的同学是否有了一点转变呢？（生点头）有转变就好。允许同学们不喜欢它，但必须建立在正确认识它的基础上。不能盲目地喜欢或盲目地不喜欢。往下看。作者又用了过渡句：“他作为科学家就是这样。”这句话很好理解。

但是下一句话就不好理解了："但是这在他身上远不是主要的。"有没有问题?

生：为什么说不是主要的?主要的是什么?

师：你问得好。我正想问同学们。请同学们认真读一读这段。

（生读）

师：为什么说不是主要的?主要的是什么?请同学讨论、交流一下。

（生讨论）

师：好了。谁来回答?

生：我的理解是，本段并没有写马克思的主要贡献，而是阐述了马克思最看重的是那些对现实产生影响的科学发现，因为这些科学发现对现实起了推动作用。

师：注意两个"喜悦"，它的程度是不相同的。"衷心喜悦""他的喜悦就非同寻常了"。这样写的目的还在于，为阐述马克思本人的贡献主要是在革命实践上做了铺垫，为顺利过渡到写马克思在实践上的贡献做了铺垫。前面写马克思在理论上的贡献巨大，并饱含感情加以概括。作为读者，我们感到，恩格斯对马克思的贡献评价这么高，往下该怎么写呢?一句"但是这在他身上远不是主要的"，来了个大转弯，令读者惊讶不已，这么伟大的贡献还不是主要的。什么是主要的呢?这就是文章的波澜。悼词也有波澜。难道这仅仅是写作技巧吗?

生：不是，好像还与作者的判断、评价能力有关。

师：对。在马克思的葬礼上发表演说，高度评价马克思的一生，需要具备很强的判断、评价能力。怎样正确地科学地评价马克思的一生呢？一般人很难准确把握，大概只有恩格斯才有这样深刻的洞察力吧。那么，马克思的主要贡献是什么呢？请看下一段，并总结出来，请一位同学写到黑板上。

（生看课文）

师：你来写。其他同学交流一下。

（一生在黑板写，其他学生交流。）

师：这位同学写的是：办报、创立国际工人协会。全面吗？

生：还有，两个“参加”，高度概括了马克思的实践活动。

师：很好。马克思的实践活动具有怎样伟大的意义呢？用书上的话来回答。

生（读）：“正是他第一次使现代无产阶级意识到自身的地位和需要，意识到自身解放的条件。”

师：对。作者如何概括马克思实践斗争的特点？

生：满腔热情、坚忍不拔、卓有成效。

师：好。本段中破折号是什么作用？

生：强调吧？

师：是的。接下来，作者用“正因为这样”引起下文。整篇文章中，这样的过渡句很多，增强了文章的逻辑力量。同学们写议论文，要学习这样的写法，可以使思维缜密。请一位同学读一遍。

（一生读）

师：你读这一段，有何感受？

生：我觉得恩格斯对马克思的感情很深厚。

师：其他同学有何感受？

生：我认为本段中的比喻很精彩。“把它们当作蛛丝一样轻轻拂去”，表现出马克思对反对派的诽谤、诅咒和污蔑非常蔑视。

生：我觉得“他可能有过很多敌人，但未必有一个私敌”这句话写得好。说明了马克思心胸坦荡，光明磊落，人格伟大！

师：说得好。我们又一次体会到恩格斯是饱蘸着感情写这篇悼词的。有问题吗？（生摇头）没有了？那么，我来问你们。本段中又出现了破折号。与上段中的破折号作用一样吗？

生：不一样。这里是解释。

师：对。第六段中也有破折号，起何作用？

生：也是解释吧。

师：也是解释，有什么不同吗？

生：不知道。

师：相当于括号。与括号的不同在于，此处要读出来，括号内的内容不用读出来。还有问题吗？（生摇头）不是没有问题，而是你们没发现。我再问一个。作者写“在整个欧洲和美洲”，第二段中也写“对于欧美战斗着的无产阶级”。作者为什么只说“欧美”，不说“全世界”呢？（没有学生回答）

师：历史课代表回答。从世界无产阶级发展史的角度来考虑。

生：大概当时无产阶级只在欧美才有吧。

师：正确。中国当时没有。中国的无产阶级作为独立的政治力量登上历史舞台，是在什么时候？

生：五四运动时期。

师：对。这又是语文和历史的融合。看来“文科综合”应该包括语文。（生笑）下面我们齐读最后两段。

（生齐读）

师：现在，我想再做一次调查，喜欢这篇课文的举手。（大多数学生举手）比开始的时候多了。这说明同学们开始认识和理解这篇课文了。那么这篇课文值得你学习的是什么呢？

生 1：作者的高度概括能力。

生 2：过渡句用得好。

生 3：层层递进，逻辑性强。

生 4：饱含感情，真挚、动人。

师：还有吗？“但是这在他身上远不是主要的。”

生 5：准确的判断力、评价力。

师：对了。马克思一生在理论上和实践上都有伟大的贡献。哪个是主要的？

生：实践上的贡献。

师：既然实践上的贡献是主要的，那为什么不先写实践上的贡献呢？你们看第二段中有两个“对于”。前一个“对于”指的是革命实践活动，第二个“对于”指的是理论研究。实践在前，理论在后。可为什么具体写的时候，实践放到后面去了呢？

生：放在后面才显得重要。

师：回答固然有道理，但还不够准确。放到后面写，才会出现“但是这在他身上远不是主要的”一句，才会使文章具有大的转折。正是这样的大转折，才真正强调了马克思在实践上的贡献是主要的。换句话说，就是恩格斯这样的正确评价，如何通过文章的写作技巧来加以凸显呢？这样的转折就凸显出来了。恩格斯是文章高手。那几位不举手的同学，你们有何感想？

生：老师，现在我才开始认识到本文写得好。我喜欢了。

师：好的。好文章不是读一遍就能看懂的。我一直认为，在你们已经学过的课文中，还找不出哪篇文章在逻辑性上可以和本文媲美。希望同学们课下多读几遍。作业是完成课后“练习题”的第二题。下课。同学们再见。

板书设计：

在马克思墓前的讲话

恩格斯

理论	第一个发现：发展规律 第二个发现：剩余价值 其他领域	实践	两个“参加” 办报 创立国际工人协会

特点：领域广泛、程度深入

特点：满腔热情、坚忍不拔、卓有成效

（本文是笔者1984年第一次参加山东泰安教学比赛执教的篇目，获得一等奖。该课的实录收入《语文教改探索集》，收入本书时做了较大的修改。）

《雷雨》教学实录

年级：高二

课时：三课时

第一课时

师：同学们好！今天我们来学习曹禺的名作《雷雨》。曹禺写《雷雨》时只有20多岁，当时正在读大学。写成后，他交给了《文学季刊》的编辑靳以。靳以交给了主编郑振铎先生。郑振铎先生看了一遍，说："写得乱。"于是就放在一边。一年后，巴金先生来到《文学季刊》，靳以又拿出来给巴金看。巴金看后大为赞赏，于是1934年7月发表在《文学季刊》上。发表之后，并没有引起什么反响。该剧首次上演是在日本，在留学生中引起轰动。后来在国内演出，场场爆满，评论界也给以高度评价。于是，年轻的曹禺成为著名的剧作家。后来，曹禺又写了《日出》《北京人》《原野》，还改编了巴金的《家》。《雷雨》在新中国成立后动过几次"手术"，不同版本内容也有差异。课本节选的版本是出自人民文学出版社1978年版《曹禺选集》。

我觉得人民文学出版社 1997 年版的《曹禺戏剧选》比较好，保持了最初的面貌。下面请同学们把节选的这一部分认真看一遍。

（生看书，约 10 分钟。）

师：好了。同学们看得很认真。话剧的表演形式是人物对话。对话的长度是有单位的，分为对话篇、对话段、对话组。（板书：对话篇、对话段、对话组）所谓对话篇是从整体上来说的。比如节选的这部分，我们可以称之为一个“对话篇”。一个对话篇是由若干个“对话段”组成的，一个对话段是由若干个“对话组”组成的。我们这节课主要来划分对话段，认识对话组。下面，同学们看一看，本对话篇是由几个对话段组成的？这些对话段在哪个地方切分？每一个对话段的主要内容是什么？下面开始划分，也可以交流、讨论。

（生划分对话段，教师巡视，约 5 分钟。）

师：请同学们先停一停。有困难吗？请同学们提出来。

生：老师，划分对话段有方法吗？

师：问得好。有方法的。同学们在现实生活中经常对话。你们回忆一下，在对话过程中，话题内容会发生转换。是不是这样？

生：是的。开始的话题与后来的话题会差别很大。

师：好。举例说明。

生：比如我们开始的话题是说某个同学新配的眼镜很好看、价格很贵，话题是眼镜。后来很可能转向奥运会什么的。

师：好的。再考虑，这中间的转换难道只有一次吗？

生：多次。

师：对话的长度越长，话题的转换次数就可能越多。我们从话题转换的地方切分开来，就会划分出对话段。刚才我看同学们的划分，有的分对了，有的不对。现在我告诉同学们，首先看围绕什么话题展开的对话，然后找到话题转换的地方，进行切分。这样就可以比较准确地划分对话段了。下面按照我说的再一次进行划分。同学之间可以交流。刚才交流得不够充分。

（生再次划分对话段，并交流，大约5分钟。）

师：请同学来说说是怎么划分的。

生：从开头，到“你自然想不到，侍萍的相貌有一天也会老得连你都不认识了”。这是对话段一，写梅小姐。从“你来干什么”到“我这些年的苦不是你拿钱算得清的”。这是对话段二，写侍萍被赶出周家。剩下的是对话段三，写鲁大海。

师：其他同学有不同意见吗？

生：老师，他划分的三个对话段我没有意见，但他概括的对话段内容我不太同意。

师：请你说一说。

生：我认为，对话段一的话题是“回忆梅小姐”，不能说成“写梅小姐”。对话段二是由“你来干什么”引发的，围绕侍萍来周家的目的这个话题展开，应该总结为“来周家的目的”，不能说成是“被赶出周家”。第三个对话段围绕罢工、复工展开，应该总结为“父子谈罢工、复工”。

师：同学们觉得怎么样？

生：好。

师：很好。这位同学表述清楚、准确，对上一位同学的发言进行了很好的补充、完善。（板书：对话段一：回忆梅小姐；

对话段二：来周家的目的；对话段三：父子谈罢工、复工。）同学们还有问题吗？

生：老师，梅小姐和鲁侍萍是一个人吗？

师：是一个人。过去女人地位低，随丈夫姓，“梅妈”说明侍萍的母亲嫁给了姓梅的男人，侍萍当时叫梅侍萍；后来侍萍嫁给了鲁贵，自然就叫鲁侍萍了。姓改了，但名没有改，仍然叫侍萍。请坐。其他同学还有问题吗？

生：老师，我有一点不明白。第一个对话段应该从“三十年前，在无锡有一件很有名的事情——”划分，老师为什么同意从开头划分呢？

师：问得好！善于提出问题，是良好的学习习惯。谁来回答这个问题？

生：我觉得前面是过渡部分。

师：有道理。它是过渡到核心话题的必要组成部分，否则上来就回忆梅小姐，显得突兀。那么，过渡部分划归到哪里去呢？有两种方法，一是独立成段，二是划归第一个对话段中。在这部分中，独立成段有些勉强，所以划归第一个对话段中。刚才那位同学，你能接受吗？

生：能接受。

师：好，如果同学们没有异议了，就把黑板上的内容抄下来。以后再读话剧的时候，可以运用这种方法。

（生抄写）

师：对话段划分完了。下面我们学习对话组。请同学们看书。在第一个对话段中，周朴园回忆梅小姐的时候，说：“梅家的一个年轻小姐，很贤惠，也很规矩。有一天夜里，忽然地投水死了。后来，后来，——你知道吗？”一直到鲁侍萍说：“可是她不是小姐，她也不贤惠，并且听说是不大规矩的。”同学们看，这就是一个对话组。在这个对话组中，谁是对话的主动者呢？

生：周朴园。

师：为什么呢？

生：因为引出话题的是周朴园，催促鲁侍萍往下说话的也是周朴园。而鲁侍萍则是被动的。

师：说得太好了！那么，鲁侍萍为什么是被动的呢？

生：这个话题太沉重，太伤心，太痛苦。她不想重新拾起这个过了三十年的伤心事。她本是来看女儿的，对周朴园提起的话题没有任何心理准备。

师：很有道理。不过，在这个对话组中，有一个很有意思的现象，同学们发现了吗？

生：两个人回忆的是同一个人，但称呼大不相同。

师：你很快就发现了。你能解释一下吗？

生：周朴园有些虚伪。鲁侍萍实事求是。

师：是这样？！我有点不同意见。我们暂且搁置，接着讨论对话组的问题。此时周朴园最关心的问题是梅小姐的身份、称呼和评价吗？

生：不是。是梅小姐的“后来”。周朴园连用了两个“后来”，他急于知道梅小姐后来的事情。

师：对。所以，接下来进入另一个对话组。周朴园说：“也许，也许你弄错了，不过你不妨说说看。”其实，鲁侍萍没有弄错，所以周朴园不能去“纠正”，于是就催促她把“后来”的事情说下去，因为鲁侍萍的“后来”是周朴园最关心的事情。这样才有了下面的内容。由此，同学们应该明白一点，对话组的对话，往往有一方是主动者，一方是被动者。对话的展开，常常是由主动方决定的。那么，主动方和被动方（板书：主动方和被动方）是固定不变的么？周朴园永远是主动方，鲁侍萍永远是被动方，是这样么？

生：不是。是可以变化的。

师：请举例说明。

生：我只是感觉这样，但我还没有发现。

师：好。下面请同学们找一找。可以交流。

（生看课文，大约 5 分钟。）

生 1：老师，找到了。鲁侍萍问：“老爷问这些闲事干什么？”到“这个人现在还活着。”这个对话组中，话题是由鲁侍萍引起的。

生 2：老师，我也发现了一组。鲁侍萍问：“老爷，没有事了？”鲁侍萍望着周朴园，泪要涌出。周朴园让她下去，眼看对话就无法进行了，所以才问：“老爷，没有事了？”于是周朴园才说出拿旧雨衣、旧衬衣的事。这才引得鲁侍萍主动问“老爷那种绸衬衣不是一共有五件？您要哪一件？”于是，她才说出了“梅花”和“萍”字。这都是鲁侍萍主动说的。而周朴园是被动接话。

师：你说得太好了。那么你发现没有，凡是主动说话的一方，总有——

生：目的。

师：对了。（板书：目的）鲁侍萍主动说话的目的是什么？

生：让周朴园认出自己。

师：鲁侍萍为什么要让周朴园认出自己呢？先不要回答。这个问题下节课来解决。

第二课时

师：同学们，上一节课，我们对《雷雨》节选部分做了对话段的划分。这节课我们来理解对话段一的内容——回忆梅小姐。在回忆梅小姐的时候，称呼和评价大不相同。周朴园称呼她是“小姐”，评价她“贤惠”“规矩”。鲁侍萍则说“不是小姐”“不贤惠”“不大规矩”。回忆的是同一个人，为何如此不同呢？有的同学说，周朴园有些虚伪。下面请同学们讨论一下，回忆的是同一个人，为何如此不同呢？

生：“小姐”是身份，旧时有地位的人家的女孩才被称为“小姐”。侍萍是仆人梅妈的女儿，不是小姐。周朴园说的是假话。所以他虚伪。

师：其他同学有不同意见吗？没有。老师来发表一下意见。站在周朴园的角度讲，当年的侍萍全身心地爱着周朴园，为他生了两个儿子。这当然是贤惠、规矩的。周朴园评价侍萍，是以侍萍对他的情感态度做依据的。称“小姐”，是否可以看成是对她的尊重和怀念呢？在世俗社会中，婚姻恋爱要讲究门第，讲究门当户对，而敢于背叛这一规矩的人，当然是不规矩的了。所以侍萍的自我评价是“不是小姐”“不贤惠”“不大规矩”。“不是小姐”，说明侍萍耿直，不是就是不是，何必冒充小姐！所谓“不贤惠”，是有所指的，指她的倔强性格，这一点我们后面会分析到的。“不大规矩”，就是指这个对话组中的“她是个下等人，不很守本分的。听说她跟那时周公馆的少爷有点不清白，生了两个儿子”。请同学们注意“不很守本分的”这句话，侍萍怎样做才叫守本分？

生：找一个穷人。

师：可是她偏偏爱上了一个少爷，少爷也爱她，还生了两个儿子。一个下等人，爱上一个少爷，需要多大的勇气！这是向封建等级制度发起挑战！由此可以看出侍萍的一点性格。什么性格？

生：敢爱。

师（板书：敢爱）：所以说“不大规矩”。同学们对这种性格做何评价？

生：不好说。

师：有敬佩的吗？有。有鄙视的吗？也有。同学们，无论你是敬佩还是鄙视，但是你必须得承认，这是人性的表现。（板书：人性）对不对？

生：对。

师：那么，这种人性是一种罪恶吗？他们两人当年的相爱、生子，是一种罪过吗？

生 1：我认为是一种罪恶。他们未婚先孕。

生 2：不是罪恶。如果一定说罪恶，罪恶的是封建等级制度。

师：未婚生子固然不道德，但是作者曹禺创作《雷雨》

不是表现道德问题，而是表现人性问题。如果一定要说罪过的话，那么真正的罪过是等级制度。是封建等级制度断送了他俩的爱情。好，下面请同桌同学把这个对话组分角色朗读一遍。

（生读）

师：下面，请两位同学读，从周朴园问："你姓什么？"一直读到"你自然想不到，侍萍的相貌有一天也会老得连你都不认识了。"

（生读）

师：这部分由哪几个对话组组成？

生：由"坟在哪里""她没有死""活着的境况""找纺绸衬衫"四个对话组组成。

师：总结得很对。周朴园在哪一个对话组中认出了侍萍？

生：第四个对话组。

师：当年北京人民艺术剧院首次排演《雷雨》的时候，扮演鲁侍萍的女演员说："鲁侍萍没有骨气。换了我，转身就走。"那么请同学们回答，鲁侍萍为什么一步一步地引导着周朴园把自己认出来呢？

生：根据四个对话组的内容来看，鲁侍萍断定周朴园还在怀念着自己，而鲁侍萍心底也怀念着周朴园。特别是得知还保存着旧衬衣的时候，鲁侍萍就无法控制自己了，于是让周朴园认出了自己。

师：本来不打算让周认出自己的，是情不自已。这又是人性的表现。对不对？

生：对。

师：鲁侍萍说：“你自然想不到，侍萍的相貌有一天也会老得连你都不认识了。”注意称呼由“老爷”换成了“你”。这句话大有深意：“连你都不认识了”，你曾是我倾心相爱的人，你都认不出我了。可以想象，那时的鲁侍萍一定长得——

生：非常漂亮。

师：请同学们假设他们当年的一个生活场景：周看着侍萍说——

生：“你真好看，我爱你！”

师：这时候，侍萍最关心的是什么？

生：侍萍说：“要是我老了，你还会爱我吗？”

师：周怎么回答？

生：周说：“你不会老，你永远都年轻美丽。”

师：想象得很精彩。这节课先上到这里。

第三课时

师：同学们，我们接着学习《雷雨》。这节课主要学习第二个对话段，侍萍来周家的目的。下面请两位同学分角色朗读，从“你来干什么”到“要我离开你们周家的门”。

（生分角色朗读）

师：周朴园忽然严厉地问道：“你来干什么？”有评论家说，周朴园虚伪的本质原形毕露了。你们同意么？

生 1：同意。

生 2：不同意。这是周朴园本能的表现。

师：为什么说是本能的表现呢？

生：三十年来，周已经十分成熟了，丰富的社会经验使他具有一种自我防卫的能力和习惯，他怀疑侍萍的到来可能是一个阴谋，一个利用过去进行敲诈的阴谋，不能简单地说成虚伪。

师：有道理。一个人的感情哪有虚伪三十年的？如果一个人真的能够虚伪三十年，那虚伪的感情也就变成真的了吧！鲁侍萍对周朴园严厉的问话是如何回答的？

生："不是我要来的"。

师：这是实话。鲁侍萍是被蘩漪叫来的，不是主动要来的。周朴园对此并不知道，所以他接着质问："谁指使你来的？"在周朴园看来，你侍萍比较单纯，你是受了别人的指使才来的，是一个阴谋。面对这样的误解，侍萍感到"悲愤"。如何回答周朴园的质问呢？按照侍萍的思想境界，她只能解释为"命"。所以她说："命！不公平的命指使我来的。"对于这种解释，周朴园显然不相信，所以他"冷冷"地说："三十年的工夫你还是找到这儿来了。"这样的回答，必然激起了侍萍的怨愤之情。她说自己的眼泪早哭干了，没有委屈，有的是恨，是悔，是一肚子苦水。接下来，侍萍就开始倾诉自己的苦水。请一位同学读一遍。

（生读，从"哼"到"要我离开你们周家的门"。）

师：这时候侍萍的情绪很激动，是周朴园"严厉""冷冷"的态度以及深深的误解逼迫侍萍说出了三十年前那一段最伤心的往事。说到这段往事，老师提一个问题请同学们思考：当年，周家有没有一种两全其美的办法呢？既让侍萍留下，又能让周朴园娶阔家小姐为妻呢？

生：可以让侍萍做妾。

师：好。侍萍是下等人，在周家眼里绝不能做正妻，顶多做一个妾。假设这个推断是合理的话，那么，周朴园是什么态度？

生：觉得虽然委屈了侍萍，但也还是可以接受的。

师：周朴园的父母肯定是同意的吧？

生：是的。

师：新娶来的阔家小姐同意么？

生：心里会不高兴，但最终还是能够接受的。

师：侍萍最后还是被赶了出去，怎么解释？

生：是侍萍自己不愿意。

师：为什么不愿意？

生：她觉得做妾是对她的侮辱。

师：宁死不做妾。侍萍的性格出来了——有尊严。尽管地位低下，但维护尊严绝不含糊。这正是鲁侍萍令读者敬佩的地方：一个性格刚烈的女子，绝不做妾！这就是侍萍的性格。想到这里，一位个性倔强、敢于维护自己尊严的女子的形象就站立在读者面前了。同学们接着往下读，读到“我的报应”。

（生读）

师：同学们会发现，这个对话组很有意思，周说话少，侍萍滔滔不绝。为什么？

生：侍萍闷了三十年了。

师：这三十年为什么不对别人讲一讲呢？

生：没法给别人讲。她只能憋在心里。现在有了倾诉对象了，所以她滔滔不绝。

师：周朴园是如何平息侍萍激动的情绪的呢？

生：说自己仍然想着她。家具、生日、关窗习惯，等等。

师：最关键的几句话是什么？

生："你以为一个人做了一件于心不忍的事就会忘了吗？"还有"一切都是照着你是正式嫁过周家的人看"，还有"为的是不忘你，弥补我的罪过"。

师：原本很激动的侍萍一下子就平静下来了。她先是"哦"了一声，然后"叹一口气"，说："现在我们都是上了年纪的人，这些傻话请你也不必说了。"女人呀，心太软。到此为止，来周家的目的的话题才又被重新提起。周想要"明明白白地谈一谈"。谈什么？周的担心。周说："我看你的性情好像没有大改，——鲁贵像是个很不老实的人。"这说明，此前"谁指使你来的？"一句的含义就显现出来了：周认为是鲁贵指使侍萍来的。来干什么呢？敲诈。侍萍怎么说的？

生："你不要怕。他永远不会知道的。"

师：侍萍安慰起周朴园来了。周朴园算是一块石头落了地。于是问起了带走的儿子的情况。不料侍萍说就是鲁大海。周朴园刚刚放下的心又悬了起来，"冷笑"起来，说："好！痛痛快快的！你现在要多少钱吧？"周朴园又一次——

生：误解鲁侍萍来周家的目的。

师：为什么呢？

生：周认为鲁贵指使侍萍，又指使鲁大海闹罢工，三个人共同来敲诈他。如果真是这样的话，周朴园将陷入很尴尬的境地。所以他才“冷笑”。

师：理解得好。面对周的又一次误解，侍萍如何反应？

生：苦笑。

师：“苦笑”二字太精彩了。我是那种人吗？我如何解释才能让你相信我呢？大概这是“苦笑”二字的潜台词。当然，周还只是怀疑，不能完全断定。侍萍再一次来安慰他的时候，“你不要怕，你以为我会用这种关系来敲诈你吗？你放心，我不会的”。听了这些他才放心地说：“好得很，那么一切路费、用费，都归我担负。”请同学们思考：侍萍为什么不利用这种关系来敲诈周呢？

生 1：她善良、单纯。

生 2：她并不恨周朴园。他对周是怀有感情的。

师：周家对她这样，她为什么不恨周朴园呢？

生：是周的父母赶走了她，不是周朴园赶走的。当时周朴园肯定夹在中间，也很难受的。

师：有道理。那么，鲁侍萍的性格当中“善良、单纯”的一面表现出来了。（板书：善良、单纯）周要给钱，鲁侍萍如何反应？

生：不要。后面周给她五千元支票的时候，侍萍毫不犹豫地撕掉了。

师：这是她什么性格的表现？

生：倔强，有尊严。

师：对。周说："你现在要什么？"鲁侍萍说："（泪满眼）我——我——我只要见见我的萍儿。"这个要求合理吗？

生：非常合理。这是一个母亲的心。

师：但是，周似乎有些顾虑："不过是——""他很大了。""并且他以为他母亲早就死了的。"周说这话的意思，鲁侍萍明白吗？

生：明白。

师：下面请一位同学读鲁侍萍的话。

（生读）

师：你们听了这段话，有什么感受？

生：心里很难过。过去，因为等级观念拆散了一对相爱的人，现在，还是等级观念，使得母亲不能认亲生儿子。

师：说得好。"这些年我也学乖了"，读了这句话，心里有何感受？

生：当年，鲁侍萍"不乖"，向着等级观念发起挑战，彻底失败了。这句话说明她自己彻底认输了，这些年的经历，终于使她认识到，自己的行为注定是要失败的，等级制度是无法逾越的。

师：你说的话很有深度。好，我们总结一下，第二个对话段是由若干个对话组构成的，围绕来周家的目的展开，鲁侍萍倾诉苦水，安慰周朴园，想见周萍；周朴园则一再怀疑，释疑，再怀疑，再释疑，同时也表达了自己的忏悔和情感。这些都是在表现人性。至于第三个对话段，我们放到课下，请同学们自己阅读，理解，欣赏。这节课就上到这里。下课。

板书设计：

雷　雨

曹　禺

- 对话篇
  - 对话段一：回忆“梅小姐”
    - 对话组一：称呼、评价
    - 对话组二：离开周家
    - 对话组三：离开以后
    - 对话组四：现在
    - → 自尊、倔强 / 单纯、善良 → 侍萍
  - 对话段二：侍萍来周家的目的 ➝ 怀疑—释疑—再怀疑—再释疑
  - 对话段三：罢工、复工 ➝ 父子对话

教后思考：

1. 实际效果还是可以的，学生比较积极，动脑，动口，积极应对教师的提问，有课堂生成效果。

2. 贴近人生，避免了空泛分析，学生能够认可，接受。

3. 我的教学是一种尝试，也许有的老师不能接受，因为我的理解有别于教材，有别于传统的分析。其实，在学术界，我的理解并不新鲜，只不过我比较注意吸纳学术界的最新研究成果而已。

4.《记忆深处的老人艺》这本书对我启发很大。我觉得，演员的理解可能比学者的研究更接近生活，更鲜活，更能引起学生的共鸣。

5. 文献阅读很重要，它支撑着我的教学。教学本课，我主要阅读了以下文献：《曹禺戏剧选》，人民文学出版社“世界文学名著文库”1997年版。辛夷楣、张桐著《记忆深处的老人艺》，

生活·读书·新知三联书店2009年版。陈思和著《中国现当代文学名篇十五讲》，北京大学出版社2003年版。刘勇、李春雨编《曹禺评说七十年》，文化艺术出版社2007年版。田本相著《曹禺传》，东方出版社2009年版。《曹禺自述》，新华出版社2010年版。刘章春主编《〈雷雨〉的舞台艺术》，中国戏剧出版社2007年版。

附录：

说《雷雨》

20世纪80年代初，我刚参加工作时这样给学生讲解《雷雨》：该剧表现了以鲁大海为代表的工人阶级和以周朴园为代表的资本家之间的矛盾斗争。周朴园是一个虚伪、冷酷、自私的资本家的形象，他对侍萍的感情是虚假的。这种理解伴随我很多年，当年的那些“被我教过”的学生带着这种理解高中毕业，走上社会。我不知道他们现在对《雷雨》的理解有无变化。

我是发生了变化的。这个变化始于20世纪90年代末。有一次，学校邀请著名话剧表演艺术家郑榕先生来校做报告，题目是“话剧的魅力”。我提了这样一个问题：“郑先生，中学语文教参中说周朴园是一个虚伪、冷酷、自私的资本家的形象，您以为如何？”郑先生笑了，说道：“哪能那么说！哪能那么说！”接着，郑先生给我们讲了一个故事。北京人艺最初排演《雷雨》时，扮演鲁侍萍的青年演员朱琳看过剧本后对曹禺先生说：“万院长，我不想演这个角色。”曹禺问她：“为什么？”朱琳说：“鲁侍萍这个女人没有骨气。”曹禺反问她：“你凭什么说她没有骨气？”

朱琳说："你看，周朴园害得她成了这个样子，三十年之后，他俩见面了，周并没有认出她来，可是鲁侍萍非要一步一步地引着周认出她来，这就是没有骨气。"曹禺问她："假如换了你，怎么办？"朱琳说："假如换了我，我一扭头，夹起包来就走，我才不理他呢！"曹禺于是耐心给她说戏，讲人生是怎么一回事，讲人的初恋在其一生中有怎样的影响。在曹禺的启发下，朱琳慢慢进入状态，进入到鲁侍萍的情感世界中，演得很成功，后来成为著名的话剧表演艺术家，被誉为"中国话剧皇后"。

郑榕先生的话给了我很大的启发。后来，我再教《雷雨》，就把朱琳当年的观点作为我的课堂提问，让学生思考、回答，成为一个很好的切入点。

我问学生："鲁侍萍真的没有骨气吗？她为什么要一步一步地引着周朴园把自己认出来呢？"通过讨论，学生们体会到，鲁侍萍是一个有骨气的女子，令人敬佩。她的骨气表现在：第一，三十年前，她宁肯跳河自杀，也不愿意委曲求全，表现出了一个女子对自己人格尊严的捍卫。第二，三十年后，她接过周朴园给她的五千元支票，毅然撕掉，充分表现了一个穷人的志气。

那么这样一个刚烈的女子为何要一步一步地引着周朴园把自己认出来呢？这与她的"有骨气"不是矛盾吗？我认为，表面看似乎矛盾，其实不矛盾。

鲁侍萍做梦也没有想到三十年后会来到周朴园家。她来周家是蘩漪的主意，因为蘩漪发现周萍与四凤有恋情，决定辞退四凤并叫侍萍来把女儿领走。侍萍来到周家客厅，在与女儿对话的过程中突然发现这就是周朴园的家，她还看到了自己年轻时的照片竟然摆放在镜台上。这对侍萍来说太意外了，像梦境一般。接下来，侍萍与蘩漪有一番对话。在对话中侍萍表示立刻带四凤走。就在这时，周朴园出现了，用严厉的口吻命令蘩漪看病，蘩漪以她特有的方式进行了反抗。这段对话，鲁侍萍都看到了，听到了。她肯定在想两个问题：这对夫妻感情如何？周为什么还保留着我的照片？蘩漪走后，客厅里就剩下了周朴园和鲁侍萍二人，一场重头戏开始了，前面的都是铺垫。在二人对话中，鲁侍萍早已认出了周朴园，但周朴园并没有认出鲁侍萍。这样，二人的对话就显得很有戏了。周朴园得知眼前的鲁侍萍从小在无锡长大，于是话题就转到了三十年前的“梅小姐”身上。在对话中，周朴园表现出对梅小姐深情的思念。这对鲁侍萍是一个极大的触动，她断定周朴园三十年来一直思念着自己，女人最柔软的心灵被感动了，于是说出了一句话：“朴园，你找侍萍吗？侍萍在这儿。”此句选入课文时被删掉了。

由此看来，鲁侍萍之所以一步一步地引着周朴园把自己认出来，是感情真实自然的流露，这种感情不由自主，是人性的表现。作家对人性本质的把握体现了现实主义的创作原则。接下来的对话更加精彩。首先是周朴园误解了鲁侍萍，以为她是来敲诈的，所以严厉地问：“你来干什么？”并且冷冷地说：“三十年的工夫你还是找到这儿来了。”这些话刺激了鲁侍萍，她内心翻江倒海一般，话突然变得多起来，开始了大段大段的倾诉，“闷了三十年”的苦水顷刻间奔泻而出！作为读者，我们完全理解鲁侍萍的感情。三十年来，她肚里的苦水能向谁诉说呢？她只能闷在心中，今天总算有了倾诉的对象了。鲁侍萍首先表明：“我没有找你，我没有找你，我以为你早死了。我今天没想到到这儿来，这是天要我在这儿又碰见你。”周朴园听后应该是相信的，他了解这个女人的性格，要是来敲诈的话，大概早就来了。但是当他得知鲁大海就是自己的儿子后，误解又重新产生。他怀疑这母子二人合伙来敲诈他，于是说：“好！痛痛快快的！你现在要多少钱吧？”鲁侍萍“苦笑”道：“哼，你还以为我是故意来敲诈你，才来的么？”注意这句话中的“还”字，表现了鲁侍萍的单纯。她明白了周此时的担心后，说道：“你不要怕，你以为我会用这种关系来敲诈你吗？你放心，我不会的。”至此，周的疑虑和误解才彻底消除。读至此处，作为读者，我们或许要问：“鲁侍萍为何不趁机敲诈他一把？”这是正确把握鲁侍萍性格的关键之处。三十年来，她没有被社会上的污泥浊水所腐蚀，一直自食其力。为什么？她拥有自尊，她拥有过真爱。当今社会上，有些“聪明”女人专门干这种利用男女关系来敲诈的勾当。相比之下，鲁侍萍多么善良、单纯，多么令人尊敬啊！陈思和教授说：“梅侍萍的品行是非常高贵的，……是一个很清高的人，绝对不肯跟人家苟合的人。”

在两人的对话中，周朴园两次表达“弥补罪过”的心情。这令鲁侍萍颇为感动。我在教《雷雨》时借助这句话设计了一个课堂提问：“请同学们思考，周朴园和鲁侍萍相爱是一种罪过吗？”学生的回答有两种：一种认为是罪过，因为他俩没有正式结婚就生了两个孩子，这很不道德；另一种意见认为不是罪过，如果一定要说罪过的话，那么，毁坏他们美好爱情的等级制度和门第观念才有真正的罪过。后者的回答很好。《雷雨》的悲剧源于门第观念。三十年前，周朴园作为资本家的大少爷，要娶一个女仆为妻，这是他的家庭所不允许的。就像三十年后蘩漪说周萍的那句话一样："你受过这样高等教育的人现在同这么一个底下的女人，这是一个下等的女人——"这不就再现了三十年前周朴园的父母说周的话吗？用三十年后的事情暗示和填补三十年前的故事，这是《雷雨》构思上的巧妙之处。至于未婚先孕，固然不值得提倡，但从人性的角度看，它是真实的。鲁侍萍有一句台词："我就是恨人性太弱。"这话很深刻。作家写《雷雨》，不是要表现道德问题，而是要表现人性。人性是超越道德的。这是过去人们读《雷雨》时遇到的一个坎儿，也是青年学生最容易产生误解的地方。《雷雨》表现了人性与命运的矛盾，十分深刻，有些问题一直到今天也解说不清楚。

我在教学中还设计了一个提问："有没有一种两全其美的办法，既让周朴园娶了阔家小姐为妻，又让侍萍留在周家？"这个提问似乎很有意思，学生争相回答："让侍萍做妾。"假如这个设想成立的话，那么周朴园的父母是何态度？大概默许。阔家小姐的态度呢？虽然不高兴，但也能接受。周朴园呢？觉得虽然委屈了侍萍，但也没有其他更好的办法了。既然都能接受，那为什么侍萍仍然被赶出了周家呢？答案只有一个：侍萍本人不答应。她为周家生了两个儿子，绝不能做妾！表面看似乎是名分的问题，其实是人格尊严的问题。这就是侍萍的性格。那么，这种猜测在文本中有无依据呢？仅在课文节选的部分就有两处。第一处，周朴园说："你的生日——四月十八——每年我总记得。一切都照着你是正式嫁过周家的人看，甚至于你因为生萍儿，受了病，总要关窗户，这些习惯我都保留着，为的是不忘你，弥补我的罪过。”这段话中“一切都照着你是正式嫁过周家的人看”很重要，这是侍萍最想听到的话。所以接下来侍萍说：“（叹一口气）现在我们都是上了年纪的人，这些傻话请你也不必说了。”由此可以看出周的话在侍萍心中的作用。第二处，侍萍说：“哦，你以为我会哭哭啼啼地叫他认母亲吗？我不会那样傻的。我难道不知道这样的母亲只给自己的儿子丢人吗？（此句选入课文时被删掉了）我明白他的地位，他的教育，不容他承认这样的母亲。这些年我也学乖了，我只想看看他，他究竟是我生的孩子。你不要怕，我就是告诉他，白白地增加他的烦恼，他自己也不愿意认我的。”

我读这段台词，感到无限辛酸。台词的内涵太丰富了，太让人伤感了。经历了三十年的风风雨雨，侍萍终于向门第观念低头了！她认识到自己当年是“不乖的”。三十年前，相爱的两个人地位悬殊，难成眷属；三十年后，母子地位悬殊，不能相认。人生，是多么残酷啊！这究竟是为什么？是什么力量在控制着人们？大概是命，这一切大概都是命！

读至此，我们感受到了作家对剧中人物悲惨命运的同情和悲悯。作家曹禺在《雷雨》序中写道：“我用一种悲悯的心情，来写剧中人物的争执。我诚恳地期望着看戏的人们，也以一种悲悯的眼来俯视这群地上的人们。”大概作家预感到读者或观众可能误解《雷雨》，所以才表达了这样的愿望。作家的这个担心不是多余的。当时就有读者批评说，《雷雨》写的都是乱搞男女关系的事情。不仅一般的读者有误解，就连演员也产生了误解。《记忆深处的老人艺》一书中记录了这样一个故事：新中国成立后不久，大家学了一点马列主义的皮毛，就想用阶级斗争的学说来分析剧中的人物。蘩漪的扮演者吕恩认为，蘩漪过着不劳而获的剥削生活，还与前妻之子周萍乱伦，不应该批判吗？于是她进入不了状态，哭着要打退堂鼓。总导演焦菊隐说，你不要去想什么阶级，按作者剧中的指示去行动，去努力，完成角色塑造，不能打退堂鼓。邓颖超看过吕恩的演出后，托人转告吕恩说，对蘩漪要同情！同情！再同情！吕恩很震惊，邓大姐的话反反复复在她耳边回响。曹禺也曾说过："我会流着泪水哀悼这可怜的女人的。"该书中还记载，当年朱琳演鲁侍萍，偏重于对周朴园的恨。曹禺先生对朱琳说：周朴园是鲁妈一生中第一个也是唯一一个爱过的人，也是害了她一生的人。她来到周家感到最奇怪的也是最不可理解的是，为什么这一辈子唯一的一张照片放在周家大厅里？一个人对一生中一个也是唯一一个爱过的人是永远忘不了的，何况还生了两个孩子。"文革"之后，朱琳的年龄与鲁妈接近了，对角色的理解更深刻了，她演的鲁妈也就更有了沧桑感。

导致人们误解《雷雨》的原因，除了政治因素外，还有一个版本的问题。《雷雨》最初发表在1934年7月的《文学季刊》上，可称为"文季版"。1936年，文化生活出版社出版了《雷雨》单行本，可称为"文化版"。1951年，开明书店出版了《曹禺选集》，收入《雷雨》，可称为"开明版"。1954年，人民文学出版社推出《曹禺剧本选》，收入《雷雨》，可称为"人文版"。1957年，中国戏剧出版社出版了《雷雨》单行本，可称为"戏剧版"。1959年，中国戏剧出版社再版《雷雨》单行本，可称为"戏剧二版"。1978年，人民文学出版社出版了《曹禺选集》，可称为"人文二版"，中学语文课本即用此版本。1997 年，人民文学出版社出版了“世界文学名著文库”《曹禺戏剧选》，收入《雷雨》，可称为“人文三版”。除此之外，还有其他的一些版本，不一一列举。以上各种版本都不完全相同。其中，以“开明版”的改动最大，甚至可以说是“另写”了，这是最不好的一个版本。作家改写的原因颇为复杂，有的改写是违心的。读者阅读《雷雨》，最好的版本当然是“文季版”和“文化版”了，但这两个版本很不易得到。退而求其次的话，“人文三版”也是不错的，这个版本与“文化版”很接近。人教社编的中学语文课本使用的是“人文二版”，并不理想，改动颇多，在一定程度上影响了读者对文本的正确理解。

《雷雨》写了三十年间人物的命运，我从 1982 年参加工作，到现在教《雷雨》也有三十个年头了。我教《雷雨》，《雷雨》也在教我。一部《雷雨》，堪称一部现当代文学解释史。我相信，每一个语文教师都能够从中悟得人生道理，悟出教学真谛。

《复活》（节选）教学实录

年级：高二

课时：两课时

第一课时

一、导入

师：同学们好！很高兴来到我们这个美丽的学校。今天早晨我转了一圈，第一感受就是这是一个校园环境像大学一样的高中校。同学们在这么美丽的校园读书是非常幸福的事情。我也很高兴今天能有机会和大家同上一节课，来学习《复活》。在我印象中，这是有史以来第一次把托尔斯泰的《复活》选入了中学语文课文中来。这个小说我虽然读过，不止一次地读过，但我没教过。今天，在贵校，第一次来执教《复活》节选。我心里没有数，不知道这课会上成什么样子，但我相信，只要在座的各位同学，你们真正发挥了课堂的主人翁地位，这课就能上好。所以这课上得好不好，取决于谁呢？你说。

生1：取决于我们。

师：对，取决于你们。同学们，上课！

（生全体起立：老师好！）

师：同学们请坐！看过《复活》整本书的举手。

师：没有。知道托尔斯泰这个人的举手。（都举手）

师：知道托尔斯泰还有哪些著名的作品吗？

（生 2 举手）

（师走近举手学生，给学生话筒）

生 2：《复活》《战争与和平》

师：你能知道两部就很不错了。你还能补充吗？（把话筒给旁边的同学）

生 3：《安娜・卡列尼娜》。

师：对。你看过哪几部？

生 3：都没看过。

师：同学们主要都忙高考是吧？如果说高考一定要考《复活》，我相信你们一定要看；高考不考，你们就不看。这不好。高考不考，也要看，因为看了它对高考也是有帮助的。另外，不仅仅对高考有帮助，对你的人生成长也是有帮助的。因为人生最重要的不是高考，人生最重要的是成长。对不对，同学们？

生（齐答）：对。

师：家里没有《复活》的，可以买一本。记住了？你们家里都有汽车是不是？你们家里都有房子是不是？一本《复活》不能有吗？一本《复活》多少钱？这本《复活》才一块八毛五。（生笑，师也笑）这是好多年以前的。现在买这本书不能一块八毛五了，大概要翻好多倍了。请同学们打开书，《复活》节选。课前已经读过课文的请举手。（生都举手）都预习了，很好。下面请同学来读一下课文。请你来读好吧？（走到生 4 跟前，略弯腰邀请）从第一段开始读。

二、读第一段

（生 4 读第一段。读到“铁栅栏”时，停顿，旁边同学提示 zhà，然后继续读。）

师：好的，就这一段当中，有一个字不是很熟悉，刚才同学告诉你了。现在知道了吗？你读的这一段，最重要的信息是什么呢，你说说？

生 4：知道了两个人物。

师：这个思路我非常欣赏。你知道了两个人物。其他同学要写一写，就在第一段的旁边写一写。你知道了两个人物，而且这两个人物是小说中的——

生 4：主人公。

师：对，主人公，是主要人物。没有比这两个人物更重要的了。整部《复活》里写了很多人物，但这是两个最核心的人物，一个叫什么？

生 4：玛丝洛娃。

师：另一个叫——

生：聂赫留朵夫。

师：很好。我再问你，有哪个词，让你注意到它？

生 4：“熟悉”。

师：“熟悉”。为什么呢？

生 4：因为从这个词可以看出他们之前是认识的。

师：很好。他们以前认识的情况你知道吗？

生4：不知道。

师：噢，不知道。你请坐。同桌同学，他们以前认识的情况你知道吗？

生5：聂赫留朵夫和玛丝洛娃是情人关系吧。然后，聂赫留朵夫抛弃了玛丝洛娃，当时还怀着孕的玛丝洛娃，然后就很愧疚了。

师（笑）：谁就很愧疚了？

生5：聂赫留朵夫。

师：应该这样说，在法庭上知道之后就很愧疚了。在法庭上知道之前，他没有产生愧疚。请坐。讲的基本是正确的。同学们都把这个词画出来。读书啊，非常重要的一点，就是有些关键字词你对它是敏感的。“熟悉”，他们以前不光认识，你说是情人可以，你说是恋人也可以。在很多年以前，聂赫留朵夫诱奸了年轻的玛丝洛娃，大家在旁边写下一个词，叫“诱奸”。因为当时玛丝洛娃很年轻，很单纯，她确实爱着聂赫留朵夫，但她当时并不愿意那么早就把自己献身于聂赫留朵夫，聂赫留朵夫采取了一系列措施诱奸了她。其他同学对这段中，还有没有哪个词让你觉得要注意它？

生6：“温顺”。

师：为什么？

生6：我感觉这个词可以体现出玛丝洛娃的性格特点。

师：什么性格特点？

生6：就是有点逆来顺受的感觉。

师：“温顺”就是逆来顺受吗？

生6：感觉她的性格比较随和，比较单纯一些。

师：噢，我问你，一个人的温顺往往与她性格里的什么有关系？是逆来顺受吗？

生6：温和，和善。

师：对，和善的“善”后面再加一个字——

生6：善良。

师：很好。当年，她和聂赫留朵夫相爱的时候，她肯定在聂赫留朵夫面前表现出了温顺，对吧？她为何对聂赫留朵夫温顺？那是因为她深深地——

生6：爱着他。

师：好，请坐。这个词也抓得非常好。那后来呢？她深深地爱着聂赫留朵夫，可聂赫留朵夫怎么对待她的呢？

生：把她抛弃了。

师：对。同学们还对哪个词有感觉？注意到了？请举手。一个“熟悉”，一个“温顺”，还有没有？

生7：“惊讶”。

师：为什么是这个词呢？

生6：“惊讶”就表明她后来面对聂赫留朵夫时的态度，就是奇怪、震惊。

师：这时她认出聂赫留朵夫了吗？

生6：没有。

师：没有认出，她惊讶什么呢？

生：她惊讶有人来看她。作为一个嫌疑犯，有人来看她。

师：嫌疑犯。后来她沦落为一个——

生6：一个犯人。

师：她被抛弃之后的经历你知道吗？她沦落为一个妓女，风尘女子，后来又因为别人栽赃陷害，把她判刑了。孩子你知道这个事吗？（生6摇头）不知道。总之，玛丝洛娃已经是生活在——

生6：社会底层。

师：对，社会最底层。现在突然有人来看她，她感到怎样？

生6：惊讶。

师：对，怎么可能会有人来看我呢？像我这样的一个人！好，你请坐。同学们，读完第一段，我们就抓住了三个核心词、两个人物。抓住这个再往下读，可能就比较顺利了。后面同学接着往下读。

三、读赏第二到四段

（生7读第二到四段）

师：好的。同学，对这几小段，你有问题吗？没有吗？好像没有。好，有问题的同学请举手。

（生8举手）

师：好，你来问他（生7），他没有问题，他都能给你解答。

生8：为什么聂赫留朵夫在用“您”还是“你”时有了犹豫，他不知该用什么。

师：对呀，你来回答。（指向生7）

生7：因为他心中对玛丝洛娃是愧疚的，所以说……

师（笑）：他的回答不能使你满意，是吧？

生8：是。

师：你请坐。（笑对生7）你其实是有问题的，只是你还没有发现。比如说，“您”和“你”，这两个称呼究竟有什么区别，为什么聂赫留朵夫在这里有犹豫，然后还是用了“您”？请坐。谁来回答这个问题？

生9：我觉得用“您”应该是敬称，他用“您”还是恋人的心态，但用“你”就感觉，现在他是老爷，而她是一个嫌犯，这样一个居高临下的态度。

师：是我听错了，还是你没说对？你再重复一遍。“您”和“你”的区别。

生9：“您”应该更尊敬些，“你”更亲切一些。

师：聂赫留朵夫在这里的思维过程你来分析一下。

生9：他在挣扎。从前他是玛丝洛娃的情人，现在他的身份比玛丝洛娃的身份要高，他在纠结用一个什么样的身份和玛丝洛娃说话。

师：他本来想用什么？

生9：用“你”。

师：但是后来为什么还是用了“您”呢？

生9：可能是心里还有一些隔阂。

师：隔阂。好，请坐。同学们，如果是出高考题，我就在这设一个点，你来分析一下聂赫留朵夫此时的心情，为什么最终还是用了“您”而不用“你”？哪位同学接着说？

生10：因为我看到后文，他对自己的行为感到羞愧，一般人在自己感到羞愧时是比较难以承认自己的错误的，他这里虽然有想要承认错误的心，但是本能地还是抗拒把自己和地位低下的玛丝洛娃放在同一个等级来和她对话，所以还是用了“您”。

师：我怎么听不大明白呢？

生 10：就是如果用“你”的话，他把自己和玛丝洛娃放在一个等级……

师：噢，你是从等级的角度来考虑的。聂赫留朵夫这个时候已经决定要来向她赎罪了，他还在讲究自己的地位比玛丝洛娃低还是高吗？

生 10：那就是亲疏问题。

师：对了。所以思维要调整。用“您”还是“你”不是阶级地位的问题，而是从关系亲疏的角度。你按照关系亲疏这个思路再来重新解释一下。

生 10：他们分开之后很多年没有见了，如果用“你”就是他想忽略这段时间，回到关系很亲密的时候；但是已经十多年了，他们俩的经历等等变化都很大，已经有了很大的距离，所以他就没法用“你”这么亲密的称呼，而用“您”这样一个礼貌疏远的称呼。

师：好，这个解释我听懂了。还有当时的场合——

生 10：是在监狱里。

师：只有他们两个人吗？

生 10：当着很多人的面。

师：你怎么知道当着很多人的面？

生 10：因为还有一个衣衫褴褛的人叫着，还有一些狱警在旁边。

师：很好，也就是说监狱那个环境是很什么的——

生 10：嘈杂的。

师：非常好。你坐。明白了吗，同学们？你看，不用我讲，你们就把它解决了，这说明同学们一点就透，你们的基础是好的，只要思路对了头，就可以把它解释清楚。刚才几小段中，还有问题吗，同学们？还有问题的请举手。（无人举手）刚才主要是这侧的同学回答问题（左侧），这侧……（右侧一男生举手）这就对了！好，你有什么问题？

生 9：第三段，玛丝洛娃那张眼睛斜睨的笑盈盈的脸凑近铁栅栏，玛丝洛娃现在很惨，蒙受冤屈，可她为什么现在还能笑得出来呢？

师：这个问题提得太好了，谁能回答？

生 11：第二段中说“她从衣衫上看出他是个有钱人，就嫣然一笑”，我觉得玛丝洛娃可能由于长期在底层，对这些贵族老爷有一种条件反射吧，就会有这种讨好的笑。

师：讨好是为了什么？

生 11：就是为了获益。

师：对，得到——

生 11：得到同情。

师：不是得到同情，得到他们的什么？

生 11：钱。

师：对，得到他们的钱，这是生活在底层，特别是做妓女，长期形成的——

生 11：反射。

师：对，条件反射。这样理解就非常好了。那为什么她是“斜睨”？你们不是预习过了吗？文中“斜睨”这个词不止出现了一次。为什么是“斜睨”啊？这个玛丝洛娃为什么不是“正眼看”？谁来回答？（无人举手）托翁用这个词肯定有他的用意。

生 12：人的眼往下瞟的时候会感到心虚。

师：眼睛往下看的时候心虚，斜着看的时候是什么？

生 12：应该也是心虚。

师：哦，心虚，你是这样理解的？

生 12：为了生活她必须去讨好这些贵族，但是她的本性善良，不想接近这些臭男人。一边想要生活，一边心里又不想接近，所以就会斜睨，就会心虚。

师：那问题又来了，孩子，既然是“斜睨”，那她为何又“笑盈盈”？“斜睨”后面配的词应该是“不屑一顾”，或者“愤怒”，为何后面又是“笑盈盈”？把“笑盈盈”与“斜睨”放在一起，不矛盾吗？

生 12：不矛盾，她还要继续生活，所以还要笑盈盈去讨好别人。

师：也就是说“笑盈盈”是一种……

（生 12 回答不出）

生 13：我觉得“笑盈盈”是个假象，她是为了生活，不得不这样做。实际上“斜睨”更体现出她内心的一种斗争。

师：什么斗争？

生 13：她想生活但不想用这种肮脏的手段来生活。

师：讲得有道理。（招呼生 12）小伙子，你看她讲得好不好？笑盈盈的，假象，你看说得多好。孩子你很聪明啊！（低头走在生 13 面前，表扬生 13）作家，特别是伟大的作家，他用哪一个词，他哪一个句子怎么写，都不是随随便便的。他一定是要表现出自己的想法。作为读者，可能很多人都没有读懂。那我们在语文课上，就是要专门训练这种能力。什么能力？读懂作者的原意。这就是语文课的作用。没有问题了吗？（无人举手）。没有了啊，我说说我个人对"斜睨"的理解。我估计同学们你们这个年龄阶段还不可能完全认识到。作者写玛丝洛娃有一点斜视，但"斜睨"表示玛丝洛娃对这些男人的态度。她早已对男人不抱任何希望，她曾受到过男人深深的伤害，不只是聂赫留朵夫一个男人，她已经失去了正眼看男人的心态。但她又要假装"笑盈盈"的，来获得一点钱，这是为生活所迫。托翁用词用得特别好。翻译家汝龙先生译得也好。后面同学接着往下读。休息一会儿。

第二课时

四、读第六到十二段

（生 14 读第六到八段）

师：这是在写他们两个人之间的事情吗？

生 14：不是。

师：这是在写什么？

生 14：他们旁边两个人的对话。

师：这实际上是在表现一个场景，什么场景？

生 14：就是探监地方的嘈杂。

师：对，这种混乱嘈杂的监狱场景为下文聂赫留朵夫为玛丝洛娃改换环境埋下了伏笔。这里有个词要注意，哪个词？

生 14：衣衫褴褛。

师：“褴褛”是什么意思？

生：衣服破烂。

师：好。请坐。同学们用手比画着来写写这个词。它读几声？分别读几声？第一个读？（生齐答二声）第二个读？（生齐答三声）好，大家写完再加上声调符号。

师：从这开始，这位同学你再接着往下读。

（生 15 读第九到十二段）

师：好的。我问你，读完这几小段，你内心有触动吗？

生 15：有。

师：有什么触动？

生 15：就是聂赫留朵夫在此刻“眼泪就夺眶而出，喉咙也哽住了”，说明他内心对玛丝洛娃有深深的愧疚，他已经是在赎罪了，用真情实感在赎罪。

师：好，你请坐。这位同学（生 15 的同桌），你听她读这几段的时候，你内心有触动吗？

生 16：我觉得聂赫留朵夫也很痛苦。

师：聂赫留朵夫痛苦什么呢？

生 16：他做过对不起玛丝洛娃的事，让她的生活很悲惨。

师：像这种男人，我觉得挺多的呀！以聂赫留朵夫的地位和身份，在他的生活中这也不算什么吧？小说中他的亲戚曾有过这样的话。他为什么心里痛苦、难受？

生 16：可能是他对玛丝洛娃以前动过真的感情。

师：你请坐。谁来回答老师这个问题？（无人举手）聂赫留朵夫是一位有爵位的男人，他在这个社会上地位很高，像他这种男人玩弄女性，其实在那个社会上很常见，那为什么聂赫留朵夫痛苦、难受？或者换个问法，这样的贵族形象在生活中并不具有普遍性，作者为什么要把他写进小说？

（有同学陆续举手）

师：一个同学举手了，两个同学举手了，三个。好，你们同桌前后桌互相交流一下。只有个别同学举手，多数同学没有举手。这是一个非常关键的问题，你们抓紧时间，同桌互相交流。（学生们互相讨论）

师：哪位同学发言？

生 15：首先人的本性是有区别的。我最近在读《悲惨世界》，我想联系《悲惨世界》里的多罗米埃说一下。多罗米埃也是社会上等人士，他抛弃了芳汀，却没有悔改迹象，而聂赫留朵夫生出愧疚感，我觉得这来源于他本性的善良，心存善念。然后结合题目说，这本书题目是“复活”，他的愧疚是内心的复活，他想赎罪，他想将自己心灵引向更高尚的地方。

师：他说得这么好，我们应不应该鼓掌？（大家鼓掌）

生 16：可能他当时接受了新的思想。

师：这位同学，我先打断你一下。“可能”这个词说明你没有根据。

生 16：（马上去掉“可能”）他接受了新的思想。

师：你怎么知道他接受了新思想？（众笑）

生：我根据社会环境推测的。当时新旧思想混杂、碰撞，我认为他接受了新的思想，与旧思想碰撞，产生人道主义思想，使他生出了善念。

师：我觉得你不是在说聂赫留朵夫了。

生 17：我从玛丝洛娃的角度分析一下。如果他抛弃玛丝洛娃后再没见面，就不会心生愧疚，但后来他做了陪审员，看到她蒙冤，要去做苦役犯了，因为是曾经爱过的女人，所以他内心愧疚，想赎罪。

生 18：我记得我其实读过原著，太久之前读的。（众笑）原著中他是个贵族，有很多土地，很富有，但他不是刻板印象中的贵族，他会把土地分出去，他经常为别人着想，他是在帮助他人过程中遇到玛丝洛娃，所以想帮助她……

师：你先停下来，孩子。——你见过聂赫留朵夫吗？（众笑）

生 18：没有。

师：这个人物真实存在吗？

生：不是，虚构的。

师：既然聂赫留朵夫是个虚构人物，用虚构人物来做证据，能说服人吗？

生：他是作品中的人物。

师：好，你请坐。这位同学虽然说得也有一定道理，但就缺那么一层窗户纸。注意，我们学的是小说。

生 19：我想从作者角度来谈。

师：对，很好。这个思路就对了。

生：托尔斯泰本身是贵族，他发现了贵族的问题，想去改正，可能他也犯过类似的错误。

师：那倒不一定。（大家笑）

生 19：他从自己的生活原型中创造出这个形象，聂赫留朵夫身上有托尔斯泰自己的影子。

师：好，为他鼓掌。（鼓掌）大家读小说千万不要被情节迷惑。小说的背后一直有一只无形的手在操控它的人物、情节、环境，这只无形的手就是作者。聂赫留朵夫身上有托尔斯泰自己的影子，作者就主张把土地分给农民，当然托尔斯泰并没有像聂赫留朵夫那样玩弄女性又把她抛弃。虚构的人物在生活中也许有，托尔斯泰是从他的朋友那里听说过一个类似的故事，但故事本身不同于创作的情节。原来的故事说的是类似聂赫留朵夫的那个人物良心发现，向玛丝洛娃赎罪，并和她结婚了。故事是偶然的，但托尔斯泰要把它变成必然发生的，这就需要一个创作思想起作用，就要让聂赫留朵夫去赎罪。其实大多数人遇到这种情况都不赎罪，为什么聂赫留朵夫要赎罪？因为托尔斯泰一直主张道德的自我完善（写下来：道德的自我完善）。那么怎样实现道德的自我完善？就要让这个人良心发现。给他安排一个场景，让他做陪审员，看到他当年深深爱过的单纯女孩如今沦落到这种程度，而这种情况又与自己有关，因此良心发现。生活中也许 90% 的人不会良心发现，对不对？这就是小说。我们可以被小说感动，但不要被它欺骗。托尔斯泰的这一安排就是想给良心丧失或良心不完整的人以反思：我有良心吗？如果我没有良心，我就是畜生。聂赫留朵夫被塑造成一个有良心的人。他原来是一个正派的人，但后来进入军队和上流社会后，过起花天酒地、醉生梦死的生活，良心丢失了，见到玛丝洛娃之后良心又被唤醒了。于是小说题目叫“复活”，“复活”是借用了《圣经》中耶稣的复活，在这里赋予它新的含义，就是精神、良心道德上的复活。我们明白了这个，后面就不必一一去读了。下面，请四人一组，选出你感兴趣的一段对话或心理描写，谈谈你的感受。（生小组讨论约 5 分钟）

五、自由赏析对话或心理描写

师：哪位同学说说，哪一段、哪些句子让你特别有感受？一个同学举手了，两个举手，总不举手的同学是怎么回事呢？

生 20：我想说第 67 段。文中“这种情况不仅没有使他疏远她，反而产生一种特殊的新的力量，使他去同她接近。聂赫留朵夫觉得他应该在精神上唤醒她”。前面我们看到聂赫留朵夫的良心复活了，这里他希望通过自己的复活来救赎玛丝洛娃，让堕落中的玛丝洛娃也复活。

师：你说得很好。不过“救赎”不能用在玛丝洛娃身上，只能用在聂赫留朵夫自己身上。

生 21：我想说第 43 段。玛丝洛娃说：“没有什么罪可赎的。过去的事都过去了，全完了。”最初读的时候，我觉得玛丝洛娃是放下了仇恨，但其实没有真正放下。后面“她忽然瞟了他一眼，又嫌恶又妖媚又可怜地微微一笑”，心里有怨恨，没有放下，才会有嫌恶；“妖媚”是说她想从聂赫留朵夫身上获得好处；“可怜”却是真得可怜，她的孩子死了，自己被诬告即将去服苦役，她希望能得到同情。

师：说得很好。还有吗？

生 22：我想说 63 段。“卡秋莎！我来是要请求你的饶恕，可是你没有回答我，你是不是饶恕我，或者，什么时候能饶恕我。”聂赫留朵夫对卡秋莎的称呼改成“你”了，结合上文他发现卡秋莎不是原来的天真样子了，他内心的魔鬼浮上心头，现在可谓他良心复活的关键时候，他不再束手束脚，他直接喊出“你”，袒露真心，不再犹豫，真正地想要“复活”。

师：讲得很好。他内心是有矛盾斗争的，但最后善良战胜了魔鬼，这是这个形象让我们感动的地方。玛丝洛娃原来相信他的话吗？

生：不相信。

师：原来不相信，后来相信了。如果你们去看原著，就会知道，玛丝洛娃为什么要钱？她是为了买酒。她想借喝酒来麻醉自己。结果喝醉之后，她又去跟别人打架。聂赫留朵夫劝她不要喝酒，玛丝洛娃很温顺地听了，后来聂赫留朵夫觉得监狱环境太恶劣，动用各种关系把玛丝洛娃调到监狱的医院去当看护，玛丝洛娃也愉快地接受了。玛丝洛娃的狱友受到不公正的审判需要帮忙，玛丝洛娃求聂赫留朵夫，聂赫留朵夫也都帮她办了。小说最后，玛丝洛娃重新爱上了他，但当聂赫留朵夫向玛丝洛娃求婚时，玛丝洛娃拒绝了，最后和一个被流放的革命者西蒙松结合了。这个结果可能比最初托尔斯泰从朋友那里听说的故事里的结果更符合小说的创作规律，文学的创作规律。我还想提醒同学们注意的一个地方是第69页下半页，有一处写玛丝洛娃心理的文字。找到了吗？有感触吗？谁来说说？

生23：我有感触。玛丝洛娃不愿意回忆那段生活，因为太痛苦，但是当年的爱情毕竟是幸福的。残酷因幸福而来，幸福因残酷而失去，折磨着玛丝洛娃，所以她竭力用堕落生活的种种迷雾把痛苦遮住，她现在所想的就是利用他多弄点好处。这段心理描写很细腻，也很感人。

师：说得好。我们为他鼓掌。

（大家鼓掌）

师：我还想强调一点，就是对人物进行心理描写是专属于小说的手法，尽管散文中也有心理描写，但那是作者内心的剖白，不是对人物的心理描写。我们学的是小说，人物的心理描写是作者虚构的。这就是小说文体特点的体现。

六、谈学习收获

师：作为高二的学生，你从小说中获得了怎样的人生教益？

生24：聂赫留朵夫动摇的时候，他不断地与心中的魔鬼斗争，判断自己应该怎么办。从中我学会了应该做该做的事，而不是只做对自己有利的事。聂赫留朵夫虽然判断这个女人失去生命了，与她一刀两断会更利于自己，但他仍然按照心中的善念去做该做的事，如果只想着为自己谋利，会丢失良心。

师：聂赫留朵夫帮助玛丝洛娃是冒着身败名裂的风险在做这件事情。你知道他这样做的文化背景是什么吗？

生：不知道。

师：基督教文化。尽管托尔斯泰否定《圣经》，甚至因此没有获得诺贝尔文学奖——他曾经多次被诺贝尔文学奖提名，但最终没有获奖，这是原因之一——但这不意味着他没有受《圣经》文化的影响。西方文化的一个重要观念就是“救赎”，而东方文化不是这样的观念，所以同学们读外国文学要有一定的西方文化知识才能真正读懂。

生25：我从聂赫留朵夫从犯错到改错的过程说。从犯错中，我学到不要做一个始乱终弃的人，（师：同学们，为他鼓掌。众鼓掌）从改错中学到要勇于承担责任，要勇于认错。还有，老师你讲的基督教的救赎，在中国可以叫“积德”，就是要不断做善事，让自己少犯错甚至不犯错，这是我今后要努力践行的准则。（鼓掌）

师：中国文化虽然没有“救赎”，但从《论语》开始就有“知耻近乎勇”这一“耻”文化观念，还有“吾日三省吾身”。圣人告诉我们要注重自我反省，反省之后要改正。学完这篇课文后，如果你是玛丝洛娃，你会不会原谅聂赫留朵夫？我不需要你们回答，请你去思考。学完这篇课文之后，想去读《复活》原著的举手？（全体举手）这是我最想看到的。如果说我这节课能有点效果，就是希望大家课后能认真读原著，写读后感。至于对人生的影响，我现在还很难看到，但我相信一定会有作用的。刚才那位男生说了，坚决不做始乱终弃的人。在我们中国文学作品中是反映“始乱终弃”这一现象的，还不止一部，当我们把中西方文化打通的时候，你会发现这是一个共同的话题，就是，爱一个人就要负责，不要去伤害她，懂了吗，小伙子？（男生齐答：懂了！）姑娘们则要自尊自爱，不要轻易许身他人。好，这节课就上到这里。

《林教头风雪山神庙》教学实录

年级：高一

课时：一课时

师：《林教头风雪山神庙》是长篇小说的节选，我们要学什么？首先是学习作者如何安排情节，其次是把握林冲的性格特点。（板书：1. 梳理小说情节、2. 分析林冲性格）。小说是有情节的，特别是传统小说，大多以情节取胜。节选的这部分故事情节，是由哪几部分构成的？请同学们梳理出来。

（学生看书，梳理情节）

师：请同学们交流一下，故事情节由哪几部分组成。

（4 分钟后）

师：停下来。梳理情节，会有困难，咱们共同努力。谁先说？

生 1：开头是“林教头遇李小二，被请至店中，李小二还昔日旧恩”。

师：字数有点多。“还昔日旧恩”，也不准确。

生 2：是“李小二遇到了旧时恩人林冲”。

师：再简练一点？

生3：林冲遇李小二。

师：在哪个地方遇见的？

生4：沧州。

师：好。沧州遇……

生5："沧州遇故交"。

师：沧州遇故。岂不更好？第一个同学发言，一大串儿。现在只有四个字，精练多了。这是语文能力——概括能力。再往下概括的时候就应该如此。（板书：沧州遇故）那么，沧州遇故，算不算是情节的开端呢？

生6：不算，感觉和后面的情节没有什么直接关联。文中写道："且把闲话休提"。这属于"闲话"。

师：有道理。我们今天要学的故事情节，主要内容是"谋害林冲"，而"沧州遇故"和"谋害林冲"没有太大关系，不能算是开端。"闲话"的作用是什么？

生6：引出下面的情节。

师：叫什么呢？

生6：引子。

师：好！（板书：引子）接下来，情节发展到下一个环节，怎么概括？

生7：发配草料场。

师：远了。怎么一下就跳到那儿去了呢？

生8：我觉得应该是"故人提醒"。

师："故人提醒"，不错。（师板书：故人提醒）作者在写来的两个人时用词精妙。什么词？

生：尴尬。

师：这里的“尴尬”和“不尴尬”是一个意思，就是不正派，不自然，鬼鬼祟祟的样子。他怎么进来的？

生 9：“闪将进来”

师：什么叫“闪将进来”？

生 9：很快。

师：作者为什么不说“很快地走了进来”，而说“闪将进来”？

生 9：心怀鬼胎？

师：太棒了！他们东张西望，趁人不注意，一闪而进。这就叫“闪将进来”，作者用词精妙！这大概是方言，白话小说嘛。接下来，李小二心细，让老婆去听。结果听到了什么？

生 10：“呐（nà）出高太尉”。

师：读 nè，吞吞吐吐说出来的意思。前面林冲告诉李小二，说自己“恶了高太尉”才刺配沧州。现在听他们呐出“高太尉”，引起了李小二的警觉，觉得这个人和恩人林冲有关，于是就出现了“提醒故人”这个环节。跟第一个环节比，四个字，一步到位，说明同学们有明显进步。好，接着往下来。下边一个环节应该是什么？谁来讲？那些不举手的同学呢？你来说。

生 11：“发配草料场”。

师：（板书“发配草料场”）

师：讨论一下。“发配”合适吗？他是“发配沧州”，不能说“发配草料场”。换一个动词。

生：调配。

师：调配。这个好。（板书：调配）。我想的是“接管”。行不行？（板书：接管）原来看管天王堂，现在接管草料场。接着往下，下边是什么了？你来说。

生 12：应该是“火烧草料场”。

师：又有点儿远啦。蹦得太厉害了，你是不是擅长三级跳远？哈哈，请坐。后面那位同学。

生 13：我觉得应该是“草料场交接”。

师：慢了。这位同学你来。

生 14：应该是“风雪山神庙”。

师：要讨论一下。接管了草料场之后，林冲在那儿住了吗？没有，因为草料场这个地方怎么样？（生：冷）房子怎么样？（生：破）要塌的样子。这就埋了一个伏笔。小说情节一定是前有伏笔，后有照应。找个泥水匠来修理修理，是这样吧？于是林冲就想到老军说的话？什么话？（生：买酒）对！所以，下一个情节应该是什么？（生：市井买酒）这就对喽。（板书：市井买酒）这个情节不能省掉。为什么？你来说。

生 15：去买酒，回来发现雪太大把屋子压塌了。否则，就压死林冲了。房子没法住了，才到山神庙住，才能听到陆谦他们的阴谋。

师：好。这就叫逻辑性。故事情节必然有内在的逻辑关系。安排小说的情节，是讲究技巧的。（板书：技巧）小说的作者是谁？（生：施耐庵）这还有争议呢，是施耐庵呢，还是罗贯中呢？有争议。暂且说是施耐庵吧。林冲市井买酒，这是“明线”，还有一个什么线？（生：暗线）对。（板书：暗线），这个“暗线”

是什么呢？（生：谋害林冲）对。明线，读者能看到；暗线，看不到。但是读者能把它概括出来。你来说。

生 16：陆谦火烧草料场。

师：谁烧的？（生：陆谦）是陆谦亲自点火烧的吗？（生：差拨）哪里有交代？（古庙门外三人对话）对呀。我用红笔写，“暗线”（板书：差拨点火）。这条“暗线”和“明线”怎么进行的？（生：同时进行）对，并行的。但是，小说对“明线”写得清晰可循，对“暗线”点到为止，靠读者用想象填补。明线写“那雪下得——”？（生：大）不对。（生：紧）对喽。（板书：紧）你们渐入佳境。“那雪正下得紧”，难道只是说雪下得紧吗？（生：阴谋也进行得紧），棒！所以，课文题目“林教头风雪山神庙”，“风雪”两个字，你不要简单地理解为就是刮风下雪，它有比喻义，比喻陆谦等人的阴谋也正在加紧进行当中。明白了吧？好，“市井买酒”之后呢，下一步怎么概括？你来说。

生 17：夜宿古庙。

师：很好。真是渐入佳境啊！（板书：夜宿古庙）我问同学们，这个情节的重要性在哪里？

生 18：我觉得这个情节的重要性表现在两方面。

师：哪两方面？

生 18：第一个方面是因为林冲夜宿山神庙，没有进入草料场，躲过一劫；第二方面，正因为夜宿了山神庙，他才发现了陆谦的阴谋，并杀死了他们。

师：杀死他们，从而使情节进入——

生 18：高潮。

师 18：好！那么林冲怎么发现的？

生 18：隔门。

师：林冲对于这个阴谋，是不是意外发现？

生 18：不能说完全意外。

师：为什么？

生 18：他是料到的。

师：是吗？林冲料到了吗？（生：议论）其他同学谁来说一说？请你说。

生 19：林冲没有料到。他是“隔门听计”。

师：“隔门听计”，好！（板书：隔门听计）林冲偷听到了这个阴谋。这是一个局。从“故人提醒”到这个情节，“暗线”被完整揭示出来了。但是，一个问题产生了？什么问题？

生 20：就是林冲为什么没有料到？

师：很好的一个问题。先放下，一会再说。“隔门听计”，之后如何发展？

生 21：“怒杀仇人”。

师：（板书：怒杀仇人）好。这就到了小说的最后一个环节了。同学们对节选的小说情节梳理得很好。读小说，一定要善于梳理情节。下面，我要问同学们一个问题：小说情节一般由“开端、发展、高潮”三部分组成。你们说说，哪是开端？哪是发展？哪是高潮？同学们交流一下。

（生：交流）

师：谁来说一说？

生 22：我们交流的结果是：“沧州遇故”是引子；“故人提

醒”“接管草料场”“市井买酒”“夜宿古庙”“隔门听计”是发展；“怒杀仇人”是高潮。

师：不错。有不同意见吗？

生23：有一点不同。我们认为“隔门听计”和“怒杀仇人”都属于高潮部分。

师：我同意合在一起。“隔门听计”与“怒杀仇人”联系十分紧密，合在一起好。同学们同意吗？（生：同意）小说情节的“明线”我们梳理出来了。接下来，请同学们按照这条明线，梳理出小说的“暗线”来。可以交流。

（生：梳理“暗线”）

师：谁来？

生24：我们是这样梳理的：“酒店约人”是开端，“共商阴谋”“调包草料场”“点火栽赃”是发展，“得意忘形”“罪有应得”是高潮。（板书）

师：很棒！特别是“调包”一词概括得精彩。第一个任务圆满完成。这节课的第二个学习任务：你通过对小说情节的梳理，能不能看出林冲这个人的性格特点？哪位同学来讲？请你来讲。

生25：我觉得林冲这个人性子比较直。

师：你从哪儿看出来“性子直”。

生25：接管草料场。为什么好端端地从天王堂就换到草料场了呢？林冲心里没有想太多。

师：他有所怀疑，但很快就不当回事了。这是说明他性子直吗？

生25：简单。

师：同学们同意他的观点吗？（生：不善防人）对。他不善防人，缺少防人之心。你还有要说的吗？（板书：不善防人）

生 25：再就是，他的警戒心很少。

师：是的，警戒心很淡。文中有一句："却不害我，倒与我好差使，正不知何意？"虽然有点怀疑，但没有深究。大意了。

师：那位同学，有补充？你来讲。

生 26：他不拘小节。

师：不拘小节？什么意思？

生 26：在那个"夜宿山神庙"情节中，因为草厅破了，他随便找了一个破庙就住下了，所以我觉得他不拘小节。

师：不拘小节，与没有防人之心是什么关系？

生 26：都很想问题很简单。刚才老师问了一个问题，林冲为什么没有预料到这个阴谋，林冲为人简单。

师：说得好。林冲为什么简单？为什么没有防人之心？

生 26：就是林冲觉得自己不会遇到危险？

师：别人要谋害他，他却一点感觉没有，这说明了什么？谁再补充？你讲。

生 27：说明林冲根本没有认清高俅等人的本性，没有想到高俅会对他下毒手。

师：太棒了！为你鼓掌！（师生鼓掌。师板书：没有认清高俅）同学们，怎么准确地去把握林冲的性格特点？这是一个很关键的地方。当时的林冲只仇恨陆谦，不仇恨高衙内，更不仇恨高俅。还有补充？你继续说。

生 27：我觉得林冲爱憎分明。当林冲知道了一切之后，就毫不犹豫地杀死了他们。

师：爱憎分明。好。

生 28：林冲是个性急的人，店小二说他“摸不着便要杀人放火”。他的故人了解他的脾气，认为他是一个性急的人。

师：这有道理。林冲是店小二的恩人，说明什么？

生 28：林冲很仗义，帮助过店小二。

师：插叙一下。小说中写道，林冲也救过陆谦。但是陆谦忘恩负义，卖身投靠，陷害林冲。节选的这部分也有相关内容。找一找。（生：“我与你自幼相交，今日倒来害我……”）交朋友，千万别交这样的人。接着说。

生 29：林冲也有点随遇而安。

师：你怎么看出来的？

生 29：接管草料场之后，当时是冬天，房屋还有点儿漏，他当时想的是等开春找泥水匠修补修补，说明他当时有长住下去的打算。

师：很好。长住下去，将来怎么办？

生 29：刑期满了，回家团圆。

师：对。林冲很天真。压根就没想要造反、上梁山。（板书：随遇而安；天真）我们的认识越来越深入了。你有补充？请讲。

生 30：林冲认为自己犯了罪，是个罪犯。他希望经过改造，能回到以前，回到自己家，再做良民。

师：说得好。回到他以前的“家”（板书：家）去干什么呀。

（生：团聚）他家里边有老人，还有他的妻子啊。你知道他为什么遇事儿吗？（生：就是他妻子被高衙内看上了……）对，陆谦诱骗林冲妻子与高衙内会面。林冲遇到了人生中非常惨的一种事儿："夺妻杀夫"（板书）。古今中外历史上，"夺妻杀夫"，对于一个男人来讲，那是要命的事情，但是林冲呢？没有认识到，认为高衙内不会再来纠缠。所以，林冲采取了"忍气吞声"的态度，息事宁人。（板书：忍气吞声）当鲁提辖拔刀相助的时候，他说"算了算了"，"别惹高衙内"。他想忍。但是高衙内能忍吗？（生摇头）非要把他妻子搞到手，非要置他于死地不可。高衙内的干爹，高俅，帮干儿子一起来干坏事儿。于是，林冲误入白虎堂，发配沧州。林冲在沧州，还认为自己是个"罪犯"，得罪了高衙内，要好好改造，刑满释放回家，团圆。这就是林冲。那么，是谁彻底让林冲觉醒了？

生 30：是陆谦的一番话。陆谦说："张教头那厮，三回五次托人情去说'你的女婿没了'，张教头越不肯应承，因此衙内病患看看重了。太尉特使俺两个央浼二位干这件事。不想而今完备了！"

师：抓得准。这话让林冲大梦初醒。林冲一直被蒙在鼓里。

生 30：通过这些事情能看出，林冲是胆小怕事儿的人。如果换成鲁智深，肯定要造反了。

师：你能通过对比来分析人物性格，很好。遗憾的是，鲁智深没有妻子。（生笑）

生 31：我觉得说林冲胆小怕事有点过。小说开头部分，李小二说陆虞候的时候，林冲说："若是撞到我，我就一定要将他剁成肉泥”。他还是坚持正义的，不只是胆小怕事。当时林冲恨的是陆虞候，并不恨高衙内，更不恨高俅。

师：说得好！林冲是八十万禁军教头，有着优越的社会地位，过着小康生活。他没有造反的要求，不像鲁智深，无牵无挂。同学们积极踊跃发言，非常好。最后一个问题：当林冲彻底明白了这一切之后呢？

生 31：林冲就不抱任何幻想了，他明白了，这不是他与陆虞候之间的关系，而是与更上层统治者之间的关系。

师：这是什么关系？你死——？

生 31：你死我活的关系。于是，他抛弃幻想，杀掉仇敌，造反上山。（板书：抛弃幻想，杀掉仇敌，造反上山）

师：好！用一个成语，叫“逼上梁山”！（板书：逼上梁山）林冲的道路就是“官逼民反”的道路。（板书：官逼民反）由此可以看出，林冲的性格是有发展变化的。（板书：发展变化）好，同学们，这节课的主要任务完成了：梳理了小说情节，分析了林冲的性格，这对你们阅读《水浒传》应该有意义。这节课就上到这儿。下课！

板书设计

林教头风雪山神庙

学习重点

1. 梳理小说情节（双线结构）

2. 分析林冲性格（发展变化）

明线：

沧州遇故（引子）→ 故人提醒 → 接管草料场 → 市井买酒 → 大雪塌屋（伏笔）→ 夜宿古庙（照应）→

（接管草料场 → 市井买酒 → 大雪塌屋 → 夜宿古庙：发展）

隔门听计 → 怒杀仇人（高潮）

暗线：

酒店约人（开端）→ 调包草料场 → 点火栽赃 → 罪有应得（高潮）

（调包草料场 → 点火栽赃：发展）

林冲性格：

不善防人；未认清高俅；随遇而安；天真；忍气吞声；抛弃幻想；杀掉仇敌，造反上山

官逼民反，逼上梁山

《小狗包弟》教学实录

年级：高一

课时：一课时

师：在上课之前，我要求同学们预习，读课文，至少两遍。已经读过的同学请举手。好，请放下。同学们先互相交流一下，你们读后有什么感受？说一说。

（生交流）

师：下面请同学说一说，你们读这篇课文最初步的感受是什么？

生：我觉得作者把内心的挣扎描写得淋漓尽致，读完了，我感觉很纠结。

师：这位同学说一说。

生：开头第一段，写批斗，让艺术家游行，当时的那些人很不人道，而且后面有一个小孩要杀那个小狗，很残忍。

师：好的。这位同学。

生：我觉得当时的人互相陷害，找别人的缺陷，来让自己获得一定的安宁。就像出卖包弟来保证自己的安宁一样，但是内心还是受到良心的谴责。

师：还有同学要说吗？

生：我觉得这篇文章写得挺真实，非常细致地表现了从得到小狗到失去小狗的过程。

师：通过这几位同学的表述，我已经初步了解到你们读这篇文章理解到了什么程度。是否达到了我们学这篇课文的目标呢？还是有距离的。当然，你们讲得已经很好了。我们要在现在的基础上达到更高的要求。刚才这位同学说了一个词语“纠结”。这位同学，我要问一下，你有没有读出文章里也有欢快的地方？你觉得哪里是欢快的？

生：就是“包弟在我们家待了七年，和我们一家人处得很好，它不咬人，见到陌生人，在大门口吠一阵，我们一声叫唤，它就跑开了”之类的。

师：你再往下读一读，看还有没有？

生（读）：“它在院子里和草地上的时候多些，有时我们在客厅里接待客人或者同老朋友聊天，它会进来作几个揖，讨糖果吃，引起客人发笑。”

师：还有吗？找一找。

生（读）：“它看见我们回来，特别是看到萧珊，不住地摇头摆尾，那种高兴、亲热的样子，现在想起来我还很感动”。

师：好的，请坐。同学们，把这些地方画一画。

师：读了这些地方后，我们有一种欢快的感觉，你会觉得这个小狗很乖巧。很好玩，特别可爱。于是，问题就来了。同学们，什么问题呢？

生：这些表现欢快的文字与“纠结”好像是不太协调的。为什么这样写？

生：我觉得作者前面先描写小狗给家中带来欢快的感受，再写送小狗的时候的纠结，反映他内心真实的变化，同时也暗示社会没有人道。

师：好！还有哪位同学要补充？你来把“纠结”的那一段读给大家听一听。

生：“在我眼前出现的不是摇头摆尾、连连作揖的小狗，而是躺在解剖桌上给割开肚皮的包弟。我再往下想，不仅是小狗包弟，连我自己也在受解剖，不能保护一条小狗，我感到羞耻；为了想保全自己，我把包弟送到解剖桌上，我瞧不起自己，我不能原谅自己！”

师：好，请坐。来我们一起读。

（生齐读）

师：读到这里，我们就会感觉到这是一种悲剧。好，同学们写下来。刚才的问题好像还没有解决，是不是有一点不协调呢？让人纠结，是悲剧，为什么要写得欢快呢？哪位同学再来讲？你来说一下。

生：我觉得这篇文章就是要体现这样一个悲剧性，为了在后文体现出悲剧性，前面有意写得比较欢快。鲁迅先生曾经说过，悲剧就是把有价值的、美好的东西毁坏给人看。

师：太好了！思路非常正确。正是因为有前面的欢快，所以才感觉到后面的悲剧可悲，以欢快来表现悲剧。她讲了鲁迅先生那句话“悲剧将人生的有价值的东西毁灭给人看”。是不是把有价值的东西毁灭给人看了？是这样的！这个意见非常好，接着老师又有问题了。这个悲剧是谁制造的？

生：作者。

师：我也认为这个悲剧是巴金制造的。同意我观点的请举手。不多。不同意我观点的请举手。比较多。请放下。哪位同学来谈一谈？

生：我觉得这个悲剧不是巴金制造的，因为联系这篇课文的背景看，悲剧发生在“文革”时期，巴金是受时代所迫才把小狗送走的，所以我觉得这个悲剧是时代造成的。

师：你讲到“文革”，我们说造成这个悲剧的人是巴金，他的行为是直接原因。对吧？但是直接原因不等于——（生答：根本原因）好！非常好，那么同学们，你们知道“文革”吗？知道的请举手（多数学生举手）。“文革”时期会发生些什么事呢？我给大家举几个简单的例子：同学们现在听英文广播，听英国、美国的广播电台，那是认真学英语的表现，老师会支持你的。但是在“文革”期间，你要是听国外的广播电台就会有人说你是特务，可能就要把你抓起来。还有一个例子，那个时候老百姓的家里都要贴毛主席的标准像，老百姓每到过年的时候都要打扫卫生。有一个人打扫卫生的时候就用扫帚扫墙，顺手把毛主席像也扫了一下，结果被人告发了，抓起来游街、示众，最后他不堪凌辱，自杀了。普通老百姓是这样，就连国家主席刘少奇也不能自保，最后含冤死去。开国元帅贺龙也是含冤死去的。“文革”是什么呢？从 1966 年到 1976 年发生一个颠倒黑白、混淆是非的政治内乱。打倒“四人帮”以后，党中央对“文革”的定性是：一场给党、国家和各族人民带来严重灾难的内乱。这就是“文革”，又叫“十年浩劫”。那么，同学们说，造成这个悲剧的根本原因是什么呢？是“文革”。我想请一位同学再来读一读这一段。

（生读）

师：读得很好。我想问一个问题：巴金不送走包弟不行吗？

生：不行。如果把狗留在家里，自己就会受牵连，还会影响到巴金的家人。

师：好，请坐。为什么一条狗就会使他和家人受到牵连呢？你说。

生：我觉得是它的品种导致的。

师：书里怎么说的？

生：课文中写包弟“是一条日本种的黄毛小狗”。

师：下面还有一句呢？

生：“还有一位瑞典旧主人”。

师：这小狗背景还挺复杂。有里通外国的嫌疑。同学们，你们怎么评价这个事情？

生：很荒唐。

师：对，很荒唐。“文革”扭曲了人性（板书：扭曲了人性）。大家记住这个。你看巴金的人性是不是被扭曲了？被扭曲的还有谁？你读书的时候注意到了没有？

生：还有孩子。“晚上附近的小孩时常打门大喊大嚷，说是要杀小狗。”国家未来的希望，这些孩子们都被扭曲了，我觉得这个时代真的已经完全给扭曲掉了。

师：说得非常好。同学们看第七段，开始画，红卫兵开始上街，晚上附近的小孩，后面还说“害怕这种叫声会把抄‘四旧’的红卫兵引到家里来”。同学们，你们知道红卫兵吗？

生：我好像听我妈妈讲过，就是小孩子。

师：多大年龄，知道吗？

生：就是十五六岁，和我们一样大。

师：对。就和你们一样大。他们在干什么？“抄家”是什么？就是打砸抢，迫害人。同学们你们能想象吗？原本都是善良可爱的孩子，戴上红袖章就去打砸抢，甚至去打自己的老师，有的把自己的老师打死了！被扭曲的不仅仅是巴金的人性，更可悲地还扭曲了一代孩子的人性。可怕不可怕？太可怕了。所以学这篇文章，对于你们的成长太有意义了。巴金写这篇文章是要呼唤什么呢？呼唤人性的复苏（板书：呼唤人性的复苏）。好，同学们，在这样的背景之下，巴金把小狗送走，你们能原谅他吗？

生：我觉得作者迫于时代对他全家人生命的威胁而不得不去牺牲小狗，我觉得是可以理解的一个行为。能不能原谅还得另外一说。

师：好的，你们原谅他吗？能原谅巴金的请举手。

师：多数同学认为能原谅他。我理解他，我也能原谅他。但是巴金原谅自己了吗？大家看书。请一位同学读。

（生读）

师：请坐。巴金不原谅自己。正是因为巴金不能原谅自己，所以才赢得了广大读者对巴金的什么？你说，这位同学。

生：我觉得正是因为巴金不能原谅自己，所以才赢得我们大家对他的尊敬，因为巴金有一种批判、自责的精神。

师：巴金有一种什么样的精神？一个词语，什么词？说得好——忏悔！这是他的一种反省，反思。巴金有良知。他的反思赢得了人们对他的尊敬。这篇文章选自哪里？

生：《随想录》。

师：《随想录》是巴金晚年伟大的作品，他以 76 岁的高龄写下了《小狗包弟》这篇文章，表达了自己深深的忏悔，他想要为自己赎罪。一个有反思精神的人，肯定是一个不断进步的人。那么一个有反思精神的国家，也一定是一个受人尊敬的国家。1970 年 12 月 7 日，那是欧洲一场大雪之后最寒冷的一天，联邦德国总理维利·勃兰特来到了二战时期华沙犹太隔离区起义纪念碑前，向纪念碑献上花圈。他肃穆站立，突然双腿跪下去，向天祈祷："上帝啊，饶恕我们吧，愿苦难的灵魂得到安宁！"勃兰特的千年一跪，赢得了全世界对他的尊敬。德国这个国家是一个懂得反思的国家。我们中华民族懂得反思，这篇文章就对"文革"进行了深刻的反思。当然，"文革"的痕迹在我们身上可能还没有绝迹，这是需要引起同学们高度警觉的。巴金写这篇文章目的之一，就是希望这种扭曲人性的事情不要在中华大地上重演。明白他老人家的写作用意吗？2003 年，"感动中国"人物评选，巴金当选。颁奖词中说，巴金先生的文字和生命中那种热情、忧患和良心，使他的作品永远闪烁着璀璨的光芒。同学们，这篇文章好就好在这里。

师：谁有问题？好，这位同学。

生：文章的第一段有一点不好理解。他写的是小狗包弟，为什么要写第一段艺术家和小狗的事情呢？

师：这个问题很好。同学们互相交流一下，一会儿来回答。

（生交流）

师：好了，哪位同学回答这个问题？请举手，我相信同学们的智慧。

生：是对比。就是认识他的人看见他半死不活都掉开头去，但是小狗还是非常高兴地朝他奔去。当时那些人连狗都不如。

师：说得很好。请坐。还有吗？

生：一个是跟那些人形成对比，还有一个就是当这个艺术家受到迫害的时候，这个小狗反而围到他的身边，最后导致它的腿都被打断了。后来巴金因为要保全自己的家人，把小狗送走了。我觉得这是表达他心中的一种忏悔。

师：很好。我的理解是这样：作者写艺术家和小狗，与作者和包弟之间是有联系的。写艺术家和小狗的故事，主要是在视觉上让人感觉到特别的惨烈，从而引发作者写小狗包弟，可以说是一个诱因。而作者写小狗包弟，主要是表现心灵上的灼伤、灵魂上的痛苦。还有问题的请举手。

生：我不太明白第十段最后一句，“我自己终于也变成了包弟，没有死在解剖桌上，倒是我的幸运……”这话什么意思？

师：同学们把这句话画下来。怎么理解？谁来回答？好，这位同学。

生：我觉得就是因为他天天想着包弟，总是想着包弟被解剖受痛苦的画面，就觉得心里也一起受苦一样，特别心疼包弟，表达忏悔。

师：他心疼包弟，就能变成包弟吗？

生：不是。

师：在“文革”期间，巴金先生也受到严重的冲击，被打倒了，就像包弟一样受到了摧残，只是没有死掉罢了。当时的报纸上发表了《彻底揭露巴金的反革命真面目》的文章。红卫兵用铜头皮带打他，他的妻子萧珊就用自己的身体保护丈夫。课后请同学们阅读巴金的《怀念萧珊》。他说“没有死在解剖桌上，倒是我的幸运……”，这个省略号可以去掉吗？

生：不可以，我觉得这个省略号可以引发思考，而且比较忧郁。

师：好，请坐。这个地方为什么加省略号？你们揣摩一下，这是在表达什么心情？谁来回答？好，你来说。

生：省略号表示话说不下去了，语气沉重，开始流泪，甚至低声哭泣。

师：所以，此处用了省略号，用古人的话来讲就是——

生：无声胜有声。

师：标点符号不仅仅是断句，还可以表达感情。这就是标点符号的作用。我参加人教社教材编写的时候，北京大学中文系教授、著名学者袁行霈先生说，把巴金先生的《小狗包弟》选到我们中学课本里来吧。我们一致同意。现在看，这篇文章选得太好了！就像鲁迅先生的《记念刘和珍君》一样。好，下课。

板书设计：

小狗包弟

巴金	纠结	欢快	良知
	人性	扭曲	
	原谅	忏悔	
	呼唤	人性的复苏	
	“文革”	冲击	

教学设计

《纪念白求恩》教学设计

（两课时）

计划两课时，具体划分可以根据情况灵活掌握。课前下发杨成武写的《回忆国际主义战士白求恩》，并且要求预习。预习中要了解白求恩的事迹。

一、整体感知，朗读课文，明确学习目标

朗读环节不可缺少，最好安排学生个体朗读。朗读完毕，其他学生可以进行评价，并示范朗读。处理字词。

本文是毛泽东为纪念白求恩大夫而写的。从纪念文章的角度，请学生思考：本文的写作有何特点。

全文共分四段，学生先给每段标出序号。一般的纪念文章，以记叙人物事迹为主，可是本文记叙的文字较少，议论的文字占了主体。

作者为什么这样写？这与作者的写作目的有关。如果按照一般纪念文章的写法来写，作者就要回忆白求恩的生平事迹，写成一篇记叙文，来缅怀白求恩。比如杨成武写的《回忆国际主义战士白求恩》，很感人。但是，毛泽东与白求恩接触较少，对白求恩的了解都是听别人介绍的，不是自己亲身经历的，那样写出来会有些隔膜。毛泽东想通过纪念白求恩来号召全党学习白求恩“毫不利己专门利人”的精神，号召全党以白求恩为榜样，对照检查自身存在的问题，从而指出前进的方向。这也是纪念白求恩的方式。两种写法都可以。毛泽东的身份、地位决定了他要按照第二种写法来写。因此，《纪念白求恩》一文就带上了浓厚的议论色彩，以至于有些老师把本文的文体定为议论文。这固然有一定道理，但是从根本上来说，本文是纪念文章，不能按照传统意义上的议论文思路设计教学。本文共四段，每一段都以“白求恩同志”开头，这就是纪念文章的体现。两节课的学习目标是：探究这篇纪念文章的写作特点和写作目的。

二、学习第一段，具体分析文章写作特点

文章有没有叙述白求恩的事迹呢？如果有，请学生找出来。

文中用了少许笔墨来记述白求恩的生平事迹。比如第一段开头两句话。学生读，教师评价。这个介绍虽然简单，但重点突出：“加拿大共产党员”“五十多岁”“帮助中国的抗日战争”“不远万里”“以身殉职”。为何要突出这些信息点呢？为下文的议论做铺垫。议论是与叙述紧密相关的。如果作者不这样叙述，而是换成杨成武《回忆国际主义战士白求恩》中的内容，行不行呢？比如换成“白求恩大夫身披土黄色粗布军袄……英国皇家医学院的院士呢”。你能说杨成武写得不生动吗？能不能换呢？不能。杨成武写的固然生动，但是不能与下文的议论对接，那就只能改为别的议论了。改成什么议论呢？可以是这样：“白求恩大夫真是艰苦朴素啊，他不搞特殊，与普通士兵打成一片，这怎能不让我感动呢？”如果这样写下去，就与毛泽东的《纪念白求恩》一文相差太远了，毛泽东不是这个思路。由此可见，怎样叙述取决于议论的需要。这就是记叙与议论的关系。板书：记叙为议论服务。看来这是本篇纪念文章在写作上的一个特点。那么下文作者是怎样议论的呢？学生读，教师评价。“一个外国人，毫无利己的动机，把中国人民的解放事业当作他自己的事业，这是什么精神？这是国际主义的精神，这是共产主义的精神，每一个中国共产党员都要学习这种精神。”这就把白求恩的精神实质写清楚了，同时也表明纪念白求恩的目的是号召全党学习他。

作者为何要引用列宁的话？不引用，文章似乎更加通顺。比如，本段写到“每一个中国共产党员都要学习这种精神”就结束，然后另起一段，写“白求恩同志毫不利己专门利人的精神，表现在……”文章不是更加紧凑吗？

毛泽东这样写是有背景故事的。不知道这个背景故事的人感觉不出来。有这样一个细节，白求恩来到中国后，去了延安，见到了毛泽东。毛泽东看着白求恩，风趣地说：“你长得像列宁。”白求恩说：“因为我是列宁主义的实践者嘛。”所以，毛泽东就把列宁的话放在了文章中。列宁关于无产阶级国际主义的论述，见于多篇文章，可以参考李爱敏写的《论列宁无产阶级国际主义思想的形成及其体系结构》一文（见《湖州师范学院学报》2017年第3期）。因为世界上的共产党是以马克思列宁主义的理论为指导思想的。白求恩是加拿大共产党员，白求恩的行为实践了列宁主义。文中哪一句话表达了这个意思？“白求恩同志是实践了这一条列宁主义路线的。”另外，中国共产党也是以马克思列宁主义为指导思想的政党，所以中国共产党人也应该实践这一条路线。否则，只顾自己国家，不关心别的国家，那就是狭隘的，应该反对的。这一部分是站在“全世界无产者联合起来”的高度来论述白求恩精神的，这是对白求恩的高度评价；同时，也体现了毛泽东对这个问题的深刻认识。所以这一段必须有。这在写作中属于“引用”的手法，教师联系学生写作实际，让学生思考可以受到怎样的启发。这是第二个写作特点。

三、分析第二段

第二段在写法上有何特点？作者为何要这样写？

运用“正、反、正”对比的手法。先写白求恩“毫不利己专门利人”的精神表现在两个方面：一是对工作，对工作极端负责；二是对同志对人民，对同志对人民极端热忱。这是正面。然后结合现实，指出我们党内“不少的人”存在的问题：一是对工作不负责任、拈轻怕重、先替自己打算、自吹；二是对同志对人民冷冷清清、漠不关心、麻木不仁。运用对比手法的好处是什么？鲜明，有说服力。这个层次可以划分到哪里？应该划分到“至少不能算一个纯粹的共产党员”。一般情况下，只有“正、反”对比就可以了，可是毛泽东在后面又来了一段正面写作：“从前线回来的人……无不为之感动”。形成了“正、反、正”的写作思路。这是为什么？这里有一个逻辑上的问题：如果先写“反”，后写“正”，只有一个“正、反”对比就可以了。但是作者先写的“正”，后写的“反”；“正”在前，“反”在后；如果写完了“反”就结束本段，感觉似乎没有说完，因为对“反”的情况没有提出解决的办法，容易给人造成迷茫的感觉。因此，有必要再写一次“正”，然后结束本段。这样写有利于强调白求恩精神的伟大，再次号召全党向他学习。这是本篇纪念文章第三个写作特点。教学本段过程中要安排学生讨论的环节。

四、分析第三段

第三段很短，可以不写吗？如果不写，上下文衔接会显得更加紧密。作者为什么要写第三段呢？

这一段仍然是运用对比的写法。但是角度变了。毛泽东从职业道德的角度评价白求恩，谈了一个很实际、具体的问题，就是一个人要有实际本领。没有本领，单凭喊口号是不行的。查阅相关资料得知：白求恩到任的第一周内就检查了500多名伤员，一个月内就使147名伤员重上战场。在一次激烈战斗中，白求恩连续工作69个小时，为115名伤员做了手术。他还两次为伤员输血，说："我是O型血，万能输血者，抽我的！"他挽救了许多战士的宝贵生命，使医疗死亡率大大降低。但他仍不满足，用尽全部力量把死亡率降到最低点。他还写了专著《游击战争中野战医院的组织和技术》，被称为"他一生最后心血的结晶"。这些，需要有扎实的医疗技术做基础。白求恩说过："这世界只要还有流血的伤口，我的内心就一刻不得安宁。"这是多么高尚的职业道德啊！这里，毛泽东充分肯定了白求恩作为一个医生的高超水平，批评了那些鄙视技术工作的人。白求恩是又红又专的典型。语文课负有德育的任务，但与德育课中的德育路径不同。不要把语文课上成德育课。语文课中的德育应该是"润物细无声"。上面所引相关资料可以印发给学生。安排学生讨论的环节，让学生去思考。

五、学习最后一段

最后一段写什么？排比句的作用是什么？

写与白求恩的交往，表达对白求恩之死的悲痛之情，再次号召全党向他学习，做一个有益于人民的人。这是本文第几次号召全党向白求恩学习了？第四次。由此可见，毛泽东写这篇纪念文章的目的是号召人们向白求恩学习。因为把白求恩的精神学到手是最好的纪念。这就与别人写的一般性的纪念文章不同了，这应该是本文最显著的特点，也是第四个特点。排比句是为了强调白求恩精神的意义，加强力度。能否把“一个人能力有大小，但只要有这点精神”这句话去掉呢？去掉的话，语言力度也没有减弱。其实，毛泽东这句话是照应上一段的。上一段说到白求恩“医术很高明”，那么，医术不高明的人就会想：我不如白求恩水平高，我做不到“变为大有利于人民的人”。于是，毛泽东加上一句“一个人能力有大小，但只要有这点精神”就行。毛泽东想得多周到啊，也强调了“精神”的伟大作用。这点“精神”指的是什么？是“毫无自私自利之心的精神”。请学生读，教师评价。排比句的顺序能否调整？比如把“一个有益于人民的人”提前，把“一个脱离了低级趣味的人”放在最后。行吗？毛泽东是文章大家，行文非常严谨。布置作业，结束两节课的教学。

《小王子》整本书阅读教学设计

（三课时）

《小王子》整本书阅读对我来说是新内容，我也在探索，有不当之处请读者批评指正。

整本书阅读固然很重要，但要防止走极端。那种把整本书阅读捧上天的说法不可信。阅读《报任安书》《赤壁赋》《记念刘和珍君》等单篇的意义不亚于长篇。

如果把整本书阅读仅限于长篇小说的话，那么，整本书阅读教学与单篇阅读教学相同的地方很多。至于不同之处，可能有以下几个方面：

第一，整本书不便于重复阅读。阅读整本书需要的时间长，不是几节课能够完成的。单篇阅读花费的时间少，一天之内可以读多遍。单篇阅读可以做到课内完成，整本书阅读则需要课内外结合。

第二，阅读整本书不容易记住，往往是读到后面，就忘了前面。单篇则好得多。

第三，对整本书的把握需要深厚的功力。语文教师如果不是专门研究某一本名著，很难全面准确深入地理解和把握它。大学中文系的老师在这方面的优势是明显的。

第四，单篇阅读，可以兼顾众多单篇短章，涵盖面广，就像吃菜，可以各种蔬菜都尝一点。读一遍《红楼梦》就得一周甚至数周，且没有太深印象，读上三五遍，没有一个学期是不行的。一学期不干别的，只读《红楼梦》，就像吃菜，只吃一样，固然也能吃饱，但总觉得变成了研究《红楼梦》的专业人士了，中学生毕竟是普通读者。

第五，长篇小说情节生动，人物众多，线索繁复、结构复杂。单篇文章，形制短小，内涵丰富，高度凝练，众体兼备，耐人咀嚼。读长篇小说，要理解核心人物，抓住关键情节，可以忽略次要人物及情节。读单篇，要善于抓文眼，不能忽略看似次要的内容。

第六，学生在单篇阅读过程中获得的能力可以支撑整本书的阅读，倒过来就不一定了。阅读整本书，效果主要体现在获得精神养料，丰富人生感悟上。短篇阅读在获得精神养料、丰富人生感悟的同时，还可以夯实学生语文的“双基”。

第七，“整本书阅读”的考试命题应注意以下问题：

（1）不要舍本逐末。“抓芝麻丢西瓜”的出题思路要不得。

（2）不要考查机械记忆。

（3）要考查理解，比如对主要人物、关键情节的理解。

（4）要考查鉴赏能力，比如给一段原文，进行文学鉴赏。

（5）要考查整体结构。

（6）适当考查一点文学常识。比如作者、国家、朝代等。

老舍先生在《怎样读小说》中写道：“写一本小说不容易，

读一本小说也不容易。”又说：“小说是讲人生经验的。我们读了小说，才会明白人间，才会知道处身涉世的道理。这一点好处不是别的书籍所能供给我们的。”又说：“看它怎么以最少的文字，形容出复杂的心态物态来；看他怎样用最恰当的文字，把人情物状一下子形容出来，活生生的立在我们的眼前。”又说：“断定一本小说内容的好坏……我们可以这样来决定：关心社会的便好，不关心社会的便坏。”

法国作家安德烈·莫洛瓦在评价《小王子》时说：“这本给成人看的儿童书处处包含着象征意义，这些象征看上去既明确又隐晦，因此也就格外的美。”普鲁斯特在《追忆似水年华》中写道：“真正的作品不会诞生于明媚的阳光和闲谈，它们应该是夜色和安静的产物。”

在学生课下阅读的基础上，《小王子》整本书阅读教学需要三课时。阅读时，要注意版本问题，不同译文差异明显。鼓励学生做一点探究学习，选出喜欢的版本。

第一课时

教学内容：

1. 了解作者及作品诞生年代。

2. 温习小说内容。

3. 将阅读中遇到的问题写下来，供老师参考。

第二课时

核心任务：理解小王子人物形象。

教学内容：

1. 梳理《小王子》整部书的故事情节。填写下面的空格：

第 1 章写现在的“我”回忆自己六岁时放弃学画，长大后改开飞机的经历。

第 2 章写现在的“我”回忆自己六年前因飞机故障迫降沙漠遇到小王子的往事。

第 3—26 章以“我”的视角来叙述小王子的故事。

第 27 章写现在的“我”表达对小王子的思念。

2. 概括《小王子》一书的主要内容。第 3—26 章是全书的主体，它包括以下内容：

① 小王子与玫瑰花的故事

② 小王子游历六个星球的故事。这一部分包括小王子与六个大人的故事。

③ 小王子游历地球的故事。这一部分又主要分为：小王子与“我”、蛇、狐狸的故事。

教学思路：

1. 从小王子与大人的关系的角度来理解小王子形象。

教师提问：作品中写了好几位“大人”，他们都能顺利与小王子沟通吗？

这几位大人分别是：我（飞行员）、国王、爱慕虚荣的人、酒鬼、商人、点灯人、地理学家。

小王子与“我”一开始不能沟通。第 7 章写“我”与小王子的对话，话不投机。两人对“要紧事”的理解不同。在后面的内容中，

“我”和小王子渐渐可以沟通了。“我”小时候曾经不被大人理解。“我”童心未泯，所以后来与小王子交谈，并且产生了很深的感情。

其他六个大人，无法与小王子沟通。国王看重的是权力；爱虚荣的人看重的是虚名；酒鬼麻木自欺；商人看重物质利益；点灯人死守规定，机械刻板；地理学家是个书呆子。这六个大人具有象征意义，象征着成人的世界。而小王子象征着童年世界。这两个世界不能沟通。大人都很功利，而小王子则没有功利心，他单纯、天真。那六个人代表的是世俗的、功利的、庸俗的成人世界，在小王子看来都“太古怪”。显然，作者借此讽刺了成人世界。这是该童话小说的主题之一。

思考：地球上有这样的人吗？同学们对比一下，你身上有小王子的特点呢？还是有大人的特点呢？

课堂延伸思考：同学们还处在儿童少年时代。你们与成年人（比如家长、老师）能沟通吗？在你的眼中，成年人是怎样的人呢？

2. 从小王子对玫瑰花的感情的角度来理解小王子。

玫瑰花是植物，小王子称呼玫瑰花时为什么用“她”，而不用“它”？

小说中的“玫瑰花”，是小王子时刻牵挂的对象，他与玫瑰花闹了别扭，生气后离开了玫瑰花。当他离开以后，又牵挂玫瑰花太弱小，经不起穿堂风的袭击，没有了自己的呵护，玫瑰花会孤单，会受欺负。他的玫瑰花会咳嗽。

读到这些内容时，你还认为这是一棵玫瑰花吗？

这与作者的生活经历有关。这里的“玫瑰花”代指人，即作者的妻子康素爱罗。“小王子”则代指作者自己（圣－埃克絮佩里）。

由此可见，本文表达了另一个主题：爱。小王子是一个懂得爱的形象。

那么，这种爱的本质是什么呢？

思考：小说情节的高潮在什么地方呢？

应当是第 21 章小王子与狐狸的对话。因为这一章揭示了爱的本质。狐狸的话使得小王子懂得了爱的本质是“负责”。本质的东西是肉眼看不见的，要用心才能看清楚。这是本小说最核心的一句话。狐狸用了“驯养”“驯服”一词，多数版本都是这样翻译的。但是有一个版本翻译成了“眷顾”。你觉得哪个好？根据狐狸的解释，无论译成哪个词，都包含以下几层意思：①“建立感情关系”。就是原本没有关系，现在建立起一种关系。② 独一无二，唯一。不是一般的关系，是与众不同的特殊关系。比如对你的脚步声有一种更特殊的好感。③ 有吸引力。只要有一点相关就能想起来，比如看到金发就想到你的头发。④ 有耐心，有付出。小王子为玫瑰花浇过水，挡过风，清除过蝴蝶。⑤ 付出过宝贵的时光。狐狸最后说，这是真理，要对你的玫瑰花负责任。这些道理，小王子原来不懂的，他生气离开自己的花，一个人很孤独，很忧伤。听了狐狸的话后，他后悔自己的行为，越发牵挂自己的花。于是他来地球一年后，决定回到自己的星球，回到花的身边。

从以上意义来看，是翻译成“驯养、驯服”好呢，还是“眷顾”好呢？如果让我翻译，我就要翻译成“投入”。

同学们，你受到了什么启发？想一想，谁对你来说是独一无二的？

父母、老师、同学、朋友，是不是独一无二的？当然是。相爱着的夫妻，彼此是不是独一无二的？当然是。当我们懂了这个道理后，你是否明白了作者为什么用“她”而不用“它”了呢？这里用了象征的手法，玫瑰花象征人。

由此可见，小王子还是一个懂得爱和责任的人。

这样，小王子这个文学形象，我们可以总结出来了：是一个孤独的、忧伤的、单纯的、天真的，明白爱的本质就是责任的文学形象。

第三课时

教学目标：

1. 从两个角度理解作品的主要人物——小王子。

2. 理解作品运用的主要写作手法：象征（隐喻）。本小说的象征分为三个层面：第一，浅表的象征，比如六个大人象征整个成人世界，小王子象征整个儿童世界。第二，含蓄象征，比如玫瑰花象征所爱的对象。第三，隐晦象征，比如蛇、狐狸。

思考：《小王子》中的“我”与作者圣-埃克絮佩里是一个人吗？

教学思路：

理解“小王子”文学形象及《小王子》主要写作手法。

第一，从小王子与“大人”的关系的角度来理解小王子这个形象。这些“大人”是：

1.______2.______3.______4.______5.______6.______7.______

这些“大人”的共同特点是：______________________________

小王子能与他们顺利沟通吗？为什么？回答：______________

相比之下，小王子具有____________________________的特点。

课堂延伸思考：同学们正处在少年时代。你身边的成年人（比如家长、老师）有上述“大人”的特点吗？你与他们能顺利沟通吗？

第二，从小王子对“玫瑰花”的感情的角度来理解小王子。

1. 小王子称呼自己星球的“玫瑰花”时为什么用“她”，而不用“它”？

回答：____

2. 小说情节的高潮在哪个地方？（确定小说情节高潮的依据是什么？）

回答：____

3. 一个词的翻译。在众多《小王子》译本中，法文单词 apprivoiser 多数译为“驯养”或“驯服”。但有一个版本译为“眷顾”。还有的认为应该译为“交给”。你觉得翻译成哪一个词好？理由是：____

____

____

____

课堂延伸思考：同学们，《小王子》这本书对你有哪些启发？想一想，谁对你来说是独一无二的？

总结：

小王子是一个____

____的文学形象。

《再别康桥》教学设计

（一课时）

1. 请学生认真读一遍，并谈一谈初步印象。

学生对诗歌的原始阅读非常重要，在此基础上产生的原始理解是教学的起点和依据。在此环节中，教师可以简介作者。徐志摩，中国现代著名诗人、散文家。“志摩”这个名是 1918 年作者赴美国留学前他父亲起的。据说小时候，徐志摩被一个叫志恢的和尚摸过头顶，于是就叫“志摩”，表现了父亲望子成龙的心情。

2. 诗歌可以分为叙事诗、抒情诗、哲理诗等，《再别康桥》属于哪一种？

抒情诗。这个问题很简单，但很重要。它是一个“切入点”。阅读教学非常重要的一点就是寻找恰当的“切入点”，也有人叫“导入”，但我以为二者有区别。“切入点”是对课文而言的，是为了把学生引入课文情境而寻找的突破口，属于阅读教学内部的有机组成部分。“导入”是对课堂而言的，是为了把学生从课前的无序状态引入课内的有序状态而设计的教学环节，属于阅读教学外部的组成部分。提出这个问题，目的在于引出下面的核心问题。

3.《再别康桥》是抒情诗，它是怎样抒情的？

这是一个核心问题，关系到本课的教学目标——诗歌意象的问题。初一的学生可能不会顺利地回答出“通过意象来抒发感情”。这不要紧，教师引导学生读诗歌的第二小节，抓住“金柳”这个词，让学生充分品味。“金柳”是这一小节表现的对象，作者为何如此表现它？我们来推测一下，是不是“金柳”包含了什么东西在里面？是的。作者写“金柳”是“新娘”。学生可能感到奇怪，由“金柳”怎么会想到“新娘”呢？如果让学生来写这首诗，估计是不可能想到新娘的。是不是与作者的生活有关系？会不会与作者的情感有关系？有可能。请学生说一说作者和剑桥大学是什么关系？简要介绍作者的生活经历。由此，学生明白了，原来由“金柳”联想到“新娘”是有原因的。不仅诗歌如此，其他很多作品，作者写什么、怎么写都可能与作者本身的生活经历和情感经历有关系。下面可以总结一下什么是“意象”了：意象就是作品中包含了作者感情因素的形象。理解“意象”，必然伴随着联想和想象。只有通过联想和想象，读者才能进入到作品的情境之中。接下来，作者写道：“波光里的艳影，在我的心头荡漾。”“艳影”是什么？美丽的影子；“荡漾”是什么意思？就是整天萦绕在心头，挥之不去，才下眉头，却上心头。所谓联想，就是和自己的生活结合起来。提问：同学们“荡漾”过吗？如果你也荡漾过，你才更深刻地感觉到作者用词之妙。提问：哪位同学“荡漾”过？不妨说一说。

请一位学生完整地朗诵这一小节。

4. 进入第三小节，作者的感情有没有变化？如果有变化，是加强了还是减弱了？

这个问题更深入了，引导学生在不知不觉中深入理解诗歌，进入作者的精神世界和情感世界。学生自由发言。教师灵活、及时地把握学生的感受。相机引导在此非常重要。先朗读，后回答。作者的感情有变化，是进一步了，感情更强烈了，从“我甘心做一条水草！”可以看出来这种变化。“青荇”啊“招摇”，整天与金柳相伴，朝夕相处，你低头看着我，我仰头看着你，说着别人永远听不懂的话，诉说着心曲。“相看两不厌，唯有敬亭山”，“我见青山多妩媚，料青山、见我应如是”。水草是这一节着意表现的“意象”，是在“柔波”里。在徐志摩的诗歌作品中，经常使用“柔波”一词，我想是有其特殊含义的。读“柔波”，能引起怎样的联想和想象？请学生说一说。就像孩子在妈妈温暖的怀抱，就像恋人含情脉脉的秋波，就像老师的甜美的微笑……多美呀，真的是“甘心”，不用叹号不行！感情进一步发展了，更加强烈了。学生感受到这种强烈的变化了吗？请学生来读一读。使劲喊，行吗？不行。要感情充沛，还得轻轻地读。

5. 请一位学生朗读第四小节。

可以问一个问题：“那榆阴下的一潭，不是清泉，是天上虹”老师觉得写得不好。怎么不是清泉呢？“那榆阴下的一潭”明明是清泉嘛，怎么成了彩虹呢？这个地方很多老师容易疏忽，这么一问，就问出趣味来了。彩虹，象征美好的事物，代表了作者的梦。

“揉碎在浮藻间，沉淀着彩虹似的梦。”噢，明白了，原来彩虹就是作者的梦呀！这个美好的梦怎么了？“揉碎”了，“沉淀”了，就是说，这个梦没有变成现实。正是因为没有变成现实，所以才在作者心中沉埋多年，不能忘怀，时不时地“荡漾”一下。读这样的句子，体会到了作者的什么情感？似乎有一点伤感。这种写法，叫作“移情”。景随情迁，以情入景，以我观物，则物皆着我之色彩。苏轼《水龙吟·似花还似非花》有这种句子：“细看来，不是杨花，点点是离人泪。”诗人唯恐读者把那一潭清泉只当作普通的泉水，看不出它的特殊之处，所以才用这样的写法来提醒读者。在作者眼中，这的确不是一般的泉水，那里面有作者的“梦”。作者 1918 年赴美留学，1920 年来到了英国，来到了剑桥。在这里，作者遇到了自己诗歌创作的启蒙者、同时也是自己倾心追慕的女子林徽因，并从此走向了诗歌创作的道路。他说，我的眼睛是剑桥叫我睁开的，剑桥是我的心灵泉源，是我精神的依恋之乡。所以，在别人眼里的清泉，在作者眼里就是彩虹，就是梦。

6. 一提到“梦”，人们常常回忆起往昔的生活，特别是那些铭刻心头的往事。作者也是这样，提到“梦”，他就好像回到了那个美好的时刻，让他难以自持。于是他就去寻找那昔日的梦。昔日的梦究竟是怎样的美好呢？作者告诉我们了吗？

“撑一支长篙”，什么是长篙？在《社戏》里出现过。你们撑过船吗？感觉如何？我们想象一下，长长的船篙，轻轻地拨动着水面。船上只有两个人，划呀划呀，往远处划，为什么？那儿人少。来到幽静的地方，心里高兴，那就唱吧，放开喉咙，尽情歌唱。你看，天上的星星闪闪发亮，好像在向我们眨眼睛。美不美？太美了。作者高兴得放声歌唱。他醉了——诗歌到这里达到了高潮。联系上一节，我们可以说，这里所写的就是作者那个美好的“梦”。荡漾在作者心头的也就是这梦中的情和景。那么，这一小节如何朗读？请学生展示一下。谁有过“放歌”的经历，那是多么美好的时刻！让学生展开想象：可以张开双臂，扬起头，沉浸在遐想中……“放歌”二字的读法可以变成“放——歌——”

7. 作者沉醉在里面，没有醒来。对吗？

不对。作者很快就醒来了。“但我不能放歌”，想唱歌而不能唱歌，是一种什么滋味？遗憾。既然不能放歌，怎么办？“悄悄”地离开。“悄悄”就是“我”的“笙箫”，憋在心里。此时无声胜有声。夏虫了解“我”的心，也不叫了。“我”“沉默”，整个康桥都“沉默”。“我”的那份感情，还是藏在心底吧，就让“我”一个人知道。从诗歌感情发展的脉络看，这就从高潮一下子滑落下来，形成了一个大的波折。那么，朗读的时候也要有所体现。

8. 为了突出“沉默”的特点，作者在开头和结尾两个小节中都写到了，怎么写的？

开头是“轻轻的我走了”，结尾写道“悄悄的我走了”。一片寂静。作者就这样走了，我们仿佛看到一个轻手轻脚走来，又轻手轻脚离开的身影。在他的内心深处，藏着无限的留恋。

9. 请学生把课文完整地朗读一遍。总结。

徐志摩是中国现代诗歌史上的重要诗人。以他为代表的“现代派”诗歌，为中国新诗的发展建立了功劳。他赞同闻一多先生的“三美”诗歌理论，认为诗歌要有韵律美、绘画美和建筑美。

他的诗歌集有《志摩的诗》《翡冷翠的一夜》《猛虎集》《云游》。他的诗广为流传，人们张口就可以朗诵。据说，1928 年 11 月，也就是作者再别康桥后，就去了印度，拜见了他朝思暮想的大文豪泰戈尔。泰戈尔当众朗诵了徐志摩的《莎扬娜拉》：“最是那一低头的温柔 / 像一朵水莲花不胜凉风的娇羞 / 道一声珍重 / 道一声珍重 / 那一声珍重里有着甜蜜的忧愁。”写得多好啊！如果感兴趣的话，可以找徐志摩的诗选来读一读。

《琵琶行》教学设计

（两课时）

一、介绍相关背景资料，进行整体阅读

请学生回答：《琵琶行》作为一首叙事诗，第一小节交代了什么？

时间、地点、人物、事件。事件是“送别”。古人写送别有“莫愁前路无知己，天下谁人不识君”，有“劝君更尽一杯酒，西出阳关无故人”，有“黯然销魂者，唯别而已”。中国人的传统，喜欢团圆。“何事长向别时圆”，分别总是令人伤感的。读古诗，要有一种对传统文化的敏感。诗人写这首诗时的处境是被贬官来到偏远的九江，本来心情就很痛苦，再加上分别之苦，无异雪上加霜。按照唐朝规定，被贬人员接到皇帝命令，必须马上动身。白居易来不及向朋友告别。来到九江，他对这难得的朋友格外珍惜和留恋。

二、学习第一段

除了交代“时间、地点、人物、事件”这些叙事要素外，这一段还写了什么？

渲染了一种悲凉气氛。一个“秋”字告诉我们，当时的环境也是悲凉的。“多情自古伤离别，更那堪冷落清秋节。”一句“举酒欲饮无管弦”点明了话别时的孤寂无聊。“醉不成欢惨将别”，一个“惨”字告诉我们以酒浇愁愁更愁，这小小的船儿如何载得动这许多愁！分别之时，只有那一轮明月浸泡在江水中，冷月无声，诗人内心悲痛、伤感、凄凉。

三、学习第二段

这一段描写音乐，具有怎样的特点？请学生找出自己喜欢的句子说一说。

就在这时，出现了转机：一个“忽”字表现了诗人内心的喜悦。理解作者创造的艺术氛围是读懂作品的关键。抓关键词语，体会感情色彩。第二段重点解决三个问题：① 大量地使用比喻。② 运用留白、烘托的艺术手法。“东船西舫悄无言，唯见江心秋月白。”音乐戛然而止，但是诗人的内心活动仍在继续。诗人沉醉在那美妙的音乐之中，音乐勾起了他对往事的回忆。用明月来填补声音留下的空白，这种手法在鲁迅先生的小说《药》中使用过：“听着的人的眼光，忽然有些板滞；话也停顿了。小栓已经吃完饭，吃得满身流汗，头上都冒出蒸气来。”③ 描写了琵琶女弹奏的全过程。从“转轴拨弦三两声”到“低眉信手续续弹”，从“轻拢慢捻抹复挑”到“大珠小珠落玉盘”，从“间关莺语花底滑”到“凝绝不通声暂歇”，从“银瓶乍破水浆迸”到“四弦一声如裂帛”，音乐经历了一个从舒缓到激越，从单纯到错杂，从欢快到艰难，从连续到间歇，从高昂到低沉的复杂多变的过程。音乐的旋律起伏跌宕，千回百转，回肠荡气。

更为动人的是，诗人对音乐的描写紧紧扣住一个“情”字：“未成曲调先有情”“弦弦掩抑声声思，似诉平生不得志。低眉信手续续弹，说尽心中无限事”“别有幽愁暗恨生，此时无声胜有声”。只有让情感伴随着音乐的起伏跌宕而变化，才能表现出诗人内心世界的痛苦悲哀，才能显示出音乐震撼人心的艺术效果。让学生说出喜欢的句子，课堂就活了。学生喜欢的句子如何与“三个问题”对接？顺序不是主要的，教师要因势利导，从学生喜欢的句子中引到“三个问题”上来。这是接榫的艺术。要注意板书设计。

自古以来，描写音乐的诗词歌赋很多，比如韩愈的《听颖师弹琴》、李贺的《李凭箜篌引》等，都是描写音乐的绝唱。给学生介绍刘鹗在《老残游记》中写“白妞说书”的一段，请大家欣赏。

> 王小玉便启朱唇，发皓齿，唱了几句书儿。声音初不甚大，只觉入耳有说不出来的妙境：五脏六腑里，像熨斗熨过，无一处不伏贴；三万六千个毛孔，像吃了人参果，无一个毛孔不畅快。唱了十数句之后，渐渐的越唱越高，忽然拔了一个尖儿，像一线钢丝抛入天际，不禁暗暗叫绝。那知他于那极高的地方，尚能回环转折。几啭之后，又高一层，接连有三四叠，节节高起。恍如由傲来峰西面攀登泰山的景象：初看傲来峰削壁千仞，以为上与天通；及至翻到傲来峰顶，才见扇子崖更在傲来峰上；及至翻到扇子崖，又见南天门更在扇子崖上：愈翻愈险，愈险愈奇。那王小玉唱到极高的三四叠后，陡然一落，又极力骋其千回百折的精神，如一条飞蛇

在黄山三十六峰半中腰里盘旋穿插。顷刻之间，周匝数遍。从此以后，愈唱愈低，愈低愈细，那声音渐渐的就听不见了。满园子的人都屏气凝神，不敢少动。约有两三分钟之久，仿佛有一点声音从地底下发出。这一出之后，忽又扬起，像放那东洋烟火，一个弹子上天，随化作千百道五色火光，纵横散乱。这一声飞起，即有无限声音俱来并发。那弹弦子的亦全用轮指，忽大忽小，同他那声音相和相合，有如花坞春晓，好鸟乱鸣。耳朵忙不过来，不晓得听那一声的为是。正在撩乱之际，忽听霍然一声，人弦俱寂。这时台下叫好之声，轰然雷动。

“白妞说书”也写了一个完整的过程。请学生思考：如果把“东船西舫悄无言，唯见江心秋月白”改成“叫好之声，轰然雷动”好不好？不好。即便改成“掌声响起来”也不好。特定的艺术境界决定了只有“东船西舫悄无言，唯见江心秋月白”才是最好的。贾岛的“敲”好还是“推”好？恐怕也是这个道理。进入到艺术欣赏的深层领域，估计学生比较感兴趣。

四、学习第三段

请学生读，然后思考问题：琵琶女自叙身世与上段的音乐描写是什么关系？

对应关系。教师板书：“描写音乐——自叙身世”。教师请学生先交流，然后找几位学生回答。教师说上句：“描写音乐一段，虽然没有写琵琶女的身世，但那优美动人的乐曲，实际上就是在叙述琵琶女坎坷的身世。”请学生接下句：“自叙身世这一段，虽然没有描写音乐，但那悲惨凄恻的身世经历，实际上就是一首悲凉的乐曲。”

启发学生思考：有人说，琵琶女的故事不真实。还有人说，诗人夜晚与一陌生女子交往，怎么就不避嫌疑呢？你们对此如何看待？

琵琶女的故事是否真实，并不重要。重要的是什么？请学生讨论。重要的是琵琶女高超的技艺怎样折射了诗人的艺术才华和美好人格；重要的是琵琶曲丰富的内涵如何反映了诗人内心的酸甜苦辣；重要的是琵琶女的悲惨身世如何映现了诗人遭受挫折的人生经历。琵琶女的悲惨遭遇无疑和诗人的坎坷人生非常相似，琴声勾起了诗人痛苦的回忆。当听了琵琶女的悲惨身世经历后，诗人仿佛找到了能够理解自己的知音，他再也控制不住长久以来积压在内心深处的感情——“我闻琵琶已叹息，又闻此语重唧唧。同是天涯沦落人，相逢何必曾相识！”他倾诉的闸门也一下子打开：“我从去年辞帝京，谪居卧病浔阳城。浔阳地僻无音乐，终岁不闻丝竹声。住近湓江地低湿，黄芦苦竹绕宅生。其间旦暮闻何物？杜鹃啼血猿哀鸣。春江花朝秋月夜，往往取酒还独倾。岂无山歌与村笛，呕哑嘲哳难为听。”对京城的事情，诗人一笔带过，重点表现的是贬谪之后的生活境况。凄凉落寞，孤独压抑。他如同一个无家可归的流浪汉，如同一个行走在茫茫黑夜里的过客，突然看到了一线光明——“今夜闻君琵琶语，如听仙乐耳暂明”。他恳求琵琶女“莫辞更坐弹一曲，为君翻作《琵琶行》”。琵琶女也被诗人感动了，“良久立”三个字把琵琶女内心翻江倒海般的复杂感情表现得含蓄蕴藉。至此，我们明白了：琵琶女的形象和诗人的形象原本就是一个有机的艺术整体。我中有你，你中有我。相同的命运构成了同一个艺术典型。这就是《琵琶行》深刻的思想内涵和独特艺术构思之所在，也是它千古传唱的根本原因。

五、总结

一千多年过去了，今天，我们捧读这首诗仍然心潮澎湃，情不自已。为什么？因为我们同情诗人的遭遇，因为我们热爱这位伟大的诗人，因为我们追求真善美，憎恨假恶丑。感谢诗人给我们留下了这么美好的精神食粮。“枫叶荻花何处寻？江州城外柳阴阴。开元法曲无人记，一曲琵琶说到今。”最后，让我们怀着对诗人的无限崇敬之情，把这首诗再朗读一遍。

（本教学设计借鉴了龙小勇《曲尽沧落苦，词传相知情》一文。）

《离骚》（节选）教学设计

（两课时）

一、阅读注释，导入文本

让学生认真阅读课文注释①。了解以下内容：1. 屈原曾任左徒和三闾大夫，曾是楚国栋梁。2.《楚辞》是《诗经》之后的又一部诗歌总集。3.《离骚》是《楚辞》中的杰出代表，是我国古代最长的抒情诗，全诗373句，2490字。4.“离骚”二字的含义。

二、介绍生平，做好铺垫

这个环节不是可有可无的。它是理解《离骚》诗句的基础。对屈原生平事迹的介绍，要注意把握好角度，突出他原本是国家重臣，才能卓越，但受奸臣陷害，被楚怀王疏远，后又被顷襄王流放，最后投汨罗江而死。中国传统节日端午节就是为纪念屈原而设立的。

三、初读课文，进入文本

可能有少数学生课前读过《离骚》，但绝大多数学生是首次阅读。这是原始阅读。因此，让学生认真阅读课文就显得非常重要。学生读完了，教师让学生说一说阅读体会。比如，能读懂多少？

有多少生字？节选的这两段，有以下字词会感到生疏：姱、鞿羁、谇、蕙纕、茝、诼、攘诟、偭、忳、郁邑、侘傺、溘、鸷、圜、芰荷、岌岌。要结合注释，会读，并理解在诗中的意思。在此基础上，集体朗读一遍。以上属于“疏通式朗读”。

四、研读文句，深入文本

理解文句含义是本课的基本任务。“长太息以掩涕兮，哀民生之多艰。”这是说自己内心有辛酸事，受到了严重伤害，于是掩面擦拭泪水。这里的“民”不要理解为“百姓”。民，人也。民生，就是人生。“兮”字在诗中大量出现，是一个虚词，相当于“啊”。屈原为什么认为人生多艰呢？下面他做了解说：“余虽好修姱以鞿羁兮，謇朝谇而夕替。”我对自己的道德修养要求很高啊，可还是因为“谇”被贬斥。谇，读 suì，是谏诤的意思，可以解释为“直言规劝”。替，就是贬斥的意思。屈原对国君直言规劝，不留情面，国君无法接受。有的学生可能会说，为什么直言规劝，委婉一点不行吗？可先请学生回答。俗话说“爱之深，责之切”。引导学生思考父母批评自己的时候，一般是委婉呢，还是直言呢？我相信是直言。直言规劝是屈原忠君爱国的表现，反而遭贬斥。司马迁为屈原抱不平，他在《屈原列传》中写道：“信而见疑，忠而被谤，能无怨乎？”屈原被冤枉，所以才“长太息以掩涕兮，哀民生之多艰”。

接下来，他写道：“既替余以蕙纕兮，又申之以揽茝。”这两句的意思请学生翻译成白话：既因为我用香蕙当佩带而贬黜我啊，又因为我采集芳芷而给我加上罪名。屈原弄这些东西干什么呢？是不是有点怪癖？这是屈原在诗歌中创造的一种手法，即“香草美人”的手法。诗中的蕙、茝是香草，比喻美好的品德和才干。美人，代表美好的理想，也比喻君王。可以说，“香草美人”是文学符号，有特定的含义。既然别人反对你这样做，那你屈原就别弄这些花花草草不行吗？屈原说：“亦余心之所善兮，虽九死其犹未悔。”屈原很执着。这两句是千古名句。请学生说一说。做人要有所追求，有执着的追求。“灵修”是国君，指楚怀王。国君是什么态度呢？“怨灵修之浩荡兮，终不察夫民心”，“浩荡”就是没有准则，来回变。从这句诗中，我们推测，怀王对屈原时好时坏，坏的时候多。大臣是什么态度呢？“众女嫉余之蛾眉兮，谣诼谓余以善淫。”这显然是用了比喻的手法，拿宫女之间互相嫉妒争宠比喻众臣嫉妒屈原的美德和才干。“蛾眉”，用来比喻女子的美貌。谁最貌美，谁就最遭嫉妒；谁的才干最突出，谁就最可能被嫉妒。而败坏美女最有效的方法就是说她淫荡，打击有才干的人最有效的方法就是说他骄傲自大。在这里，屈原以形象的手法，用宫廷女子争宠作比喻，表达了对奸佞小人诬陷攻击的强烈愤慨！我们翻开司马迁写的《史记·屈原列传》，会读到这样一段内容：“上官大夫与之同列，争宠而心害其能。怀王使屈原造为宪令，屈平属草稿未定，上官大夫见而欲夺之，屈平不与。因谗之曰：‘王使屈平为令，众莫不知。每一令出，平伐其功，曰以为“非我莫能为”也。’王怒而疏屈平。”这不就是“众女嫉余之蛾眉兮，谣诼谓余以善淫”最有力的证据吗？这些小人用最卑劣的手段来打击自己，屈原感到极大的愤怒。楚王是非不分，更让他求助无望。他就在这样的心情下开始写作《离骚》。

国君和臣子是这样令屈原失望和愤怒，那么一般人是什么态度呢？“固时俗之工巧兮，偭规矩而改错。背绳墨以追曲兮，竞周容以为度。”先请一位学生来翻译。世俗之人本来就善于投机取巧啊，人们违背规矩而任意改变措施。背离准绳而追逐邪曲啊，竞相把苟合取悦于人奉为法度。“偭规矩”“背绳墨”“追曲”“竞周容”这就是世俗社会的表现，邪恶充斥着这个社会，令屈原十分失望！屈原就生活在这样的环境之中，他在《渔父》中说：“举世皆浊而我独清，众人皆醉而我独醒，是以见放。”启发学生思考：老师读这些句子有时想哭，同学们有没有这种情感？有的举手说一说。屈原生活在这样恶劣的环境中，他感到“忳郁邑”“侘傺”。这里要注意，屈原善于运用双声、叠韵、叠字词语，以增强诗句的表达效果。屈原感到“穷困”了。什么叫“穷困”？走投无路。一般人遇到这样的情况就会改变自己。屈原也可以改变自己，有人就这样劝他：“夫圣人者，不凝滞于物，而能与世推移。举世混浊，何不随其流而扬其波？众人皆醉，何不餔其糟而啜其醨？何故怀瑾握瑜，而自令见放为？”屈原在《离骚》写他的姐姐女媭劝他说：“女媭之婵媛兮，申申其詈予。曰鲧婞直以亡身兮，终然殀乎羽之野。汝何博謇而好修兮，纷独有此姱节？”再次启发学生：老师读这些句子又想哭，同学们有没有这种情感？有的举手说一说。

屈原面对人生的困境，可以选择同流合污，而且肯定会得到国君的欢心。但是，他没有那样选择。他这样说：“宁溘死以流亡兮，余不忍为此态也！”他非要坚持自己的追求，哪怕毁灭也在所不惜。孔子在《论语》中说过一句话，“不曰坚乎，磨而不磷；不曰白乎，涅而不缁”，意思是真正坚硬的东西磨了以后不变薄，真正洁白的东西染了以后不变黑，比喻意志坚定的人不会受环境影响。屈原《橘颂》中说：“苏世独立，横而不流”，就是其光辉人格的写照。人的生命意义分为两种：生物意义和人格意义。屈原的穷困，不是生物意义上的，而是人格意义上的。屈原的选择同样是人格意义上的。他选择了一条最为艰难的道路，这是一条通往毁灭的道路。他没有选择明哲保身，没有选择向权力低头，没有选择向世俗屈服，没有选择苟且偷生。他选择了“站立”！屈原的一站，就成了中国古代伟大人格永恒的泰山！他的选择使得中国文学有了灵魂！李白这样评价屈原：“屈平辞赋悬日月，楚王台榭空山丘。”

请学生朗读后面的几句，练习“感情式朗读”。“鸷鸟之不群兮，自前世而固然。何方圜之能周兮？夫孰异道而相安？屈心而抑志兮，忍尤而攘诟。伏清白以死直兮，固前圣之所厚。”朗读时注意高低、疏密、虚实、升降、颤音、延长音的处理。

五、个性阅读，交流解惑

“悔相道之不察兮，延伫乎吾将反。”悔，就是悔恨。前一段写“九死未悔”，这里却写“悔”。屈原后悔什么？相道之不察，就是没有看清道路，结果走错了路。错在哪里？不该那么执着吗？请学生从课文中找到根据来回答。参考各家注本，对此解释众说不一。从“进不入以离尤兮，退将复修吾初服”可以推知，悔的是“进”，就是从政。不该从政，这条路不适合自己。屈原觉得自己陷得深不深呢？不深。“回朕车以复路兮，及行迷之未远。”他没有同流合污。这话我们好像在哪里见过？陶渊明《归去来兮辞》中有：“实迷途其未远，觉今是而昨非。”陶渊明化用了屈原的句子。既然这样，那就独善其身吧，回到最初的我。请学生选出自己喜欢的句子，与同桌交流，然后请代表发言谈一谈。可选的句子有：

1.“制芰荷以为衣兮，集芙蓉以为裳。”“高余冠之岌岌兮，长余佩之陆离。”从屈原的奇装异服看他对特立独行品格的追求。

2.“不吾知其亦已兮，苟余情其信芳。”“芳与泽其杂糅兮，唯昭质其犹未亏。”不求别人理解，只求内心美好。谈屈原做人的原则和审美标准。

3.“忽反顾以游目兮，将往观乎四荒。”似乎有留恋，又决心离开，内心很复杂。

4.“佩缤纷其繁饰兮，芳菲菲其弥章。民生各有所乐兮，余独好修以为常。”坚持独立人格。

5.“虽体解吾犹未变兮，岂余心之可惩？”宁死不屈的精神。

询问学生有没有不懂的问题。“芳与泽其杂糅兮”中的“泽”，历来有两种解释：一是“芳”与“泽”都比喻美好品质；二是“芳”比喻美好品质，“泽”比喻污浊的东西，形成对比。

学生朗读第二段。

对本段的学习，以学生自学、交流为主。教师不必串讲。鼓励学生提出问题，教师点拨。

六、拓展讨论，开阔思路

拓展内容：① 在朗读本诗的时候，有没有感动？② 你愿意做这样的人吗？③ 屈原以死抗争，你觉得值得吗？

教师的关注点不能只限于感动的学生，还要关注不感动的学生。在这个时候，不感动的学生可能是体现语文教育作用的对象。对于不感动的学生，教师可与其进行对话，了解不感动的原因，然后适当引导。教育的艺术在此体现得最为明显。教师要允许学生不感动，也要允许学生不做屈原这样的人。但是要让学生对屈原心怀崇敬，估计有的学生会说“不值得”。教师先不要发表意见，而是把讨论引向全体学生。估计会有激烈的争论。通过争论，教师引导学生全面把握和理解屈原。然后，教师做如下讲解：屈原之死叫作殉道，不是一般意义上的自杀。在中国古代诗人中，有一类比较旷达，像苏东坡，当他遭到打击时，他说：“莫听穿林打叶声，何妨吟啸且徐行。”像张孝祥，他说：“尽挹西江，细斟北斗，万象为宾客。”这一类诗人无论遇到怎样的苦难，总能使自己从精神上解脱出来。还有另一类诗人，与此相反，他们宁肯忍受苦难也不肯放弃，明知无济于事也要坚持，哪怕牺牲生命也不改初衷。比如李商隐说：“春蚕到死丝方尽，蜡炬成灰泪始干。”比如韦庄说：“妾拟将身嫁与，一生休。纵被无情弃，不能羞。”比如柳永说：“衣带渐宽终不悔，为伊消得人憔悴。”他们在用情的态度上固执到了极点，使人感动，使人无可奈何，使人肃然起敬。如果对这两类诗人作品的感情态度追根溯源的话，我们就会发现，前一类诗人大概出于《庄子》，后一类诗人大概出于《离骚》，出于屈原。屈原追求高远完美的理想，但是难以达到，然而正是因为有了这样的追求，人类才有希望。最可悲的莫过于所有的人都放弃了追求，就像陶渊明在《桃花源记》结尾所说的那样，“后遂无问津者”，那才是最可怕的事情！在中国历史上，没有哪一位诗人能够像屈原这样具有如此强大的精神感召力。他在《离骚》中写道：“路曼曼其修远兮，吾将上下而求索。”这已经成为中华民族的伟大精神，千百年来一直激励着我们披荆斩棘，勇往直前！

《方山子传》教学设计

（一课时）

从传统的“教案导学”，发展到“学案导学”，再发展到“问题导学”，最后实现“自我导学”，这些年来课堂教学模式的变化体现了教学理念的不断更新，为实现从“预设—讲述”到“预设—生成”的飞跃奠定了基础。在四种导学模式中，“问题导学”模式是关键，笔者在《方山子传》的教学设计中就采用了这种课堂模式。以下是操作流程。

环节一，深入文本，产生问题。

首先是问题的提出。谁来提出问题？可以是教师，也可以是学生，还可以二者结合。比较三者的实际效果，还是以学生提出问题为主、教师提出问题为辅更好一些。学生想要提出问题，必须深入阅读。学贵有疑，学贵质疑，学生的问题意识和质疑品质就是在阅读过程中慢慢养成的。也许最初提出的问题比较幼稚，甚至可笑，但它是真实的，应该得到教师的尊重。久而久之，在教师的正确引导下，学生的提问质量会提高。这里就形成了“问题导学”模式的第一个构成环节：深入文本—产生问题。

翻转课堂也很重视提问。目前人们对翻转课堂的理解是，教师创建视频，学生在家中或课外观看视频中教师的讲解；回到课堂上，师生面对面交流和完成作业。这种课堂形式可以强化课堂讨论，而我们传统的课堂教学最薄弱的部分恰恰就在课堂讨论上。我们习惯了以讲为主，习惯了教师把准备得近乎完美的教案内容直接传授给学生。这固然有其有利的一面，但也削弱、抑制了学生的问题意识、探究力和批判性思维。以讲为主之所以有广阔的市场，是因为在一定程度上适合了目前还比较传统的应试模式。一旦考试模式有了大的改革，以讲为主的授课方式就岌岌乎殆哉。因此，“深入文本—产生问题”以及翻转课堂的讨论也就成了培养创新型人才不可缺少的教学形式，每一个教师都要掌握这种形式。

笔者教学《方山子传》的第一个步骤，就是让学生读课文，至少读三遍，扫除文字障碍。然后学生提出问题，同组间交流。

环节二，筛选真问题。

在交流汇总的过程中，那些看似幼稚可笑的问题在组内就解决了，剩下的应该是“真问题”，由每组推举代表提出来。这是第二个环节。学生提出了以下五个问题：

1. 方山子为什么抛弃了富贵生活到山中隐居？

2. 方山子文武双全，为什么到山中隐居？

3. 方山子的“妻子奴婢”为什么会“有自得之意”？

4. 方山子衣着服饰“方耸而高”说明了什么？

5. 方山子“俯而不答，仰而笑”说明了什么？

环节三，教师引导，补充问题。

环节二中的五个问题都是学生提出的，应该说，问题的质量不低，都是围绕方山子这个“传主”提出的，说明学生产生了想要彻底了解方山子其人的欲望。为什么没有提出字句理解上的问题呢？笔者分析是因为本文属于浅显文言文，学生可以自主解决。再者，对一篇文言文的学习，不一定要求字字句句都解释一遍。但是，学生的问题显然有所遗漏，比如，没有就《方山子传》的写作特点提出问题，也没有就“精悍之色，犹见于眉间”这个重点句子提出问题。这就需要教师辅助一下。于是补充提出三个问题：

6. 本文在构思上有什么特点？

7. “精悍之色，犹见于眉间”这句话有何深刻含义？

8. 你读了这篇文章后对方山子其人有何评价？

环节四，解决问题。

接下来，进入第四个环节：解决问题。这是“问题导学”模式的主要环节。在这个环节中，教师要关注学生在解决问题时暴露出来的思维缺陷，要提醒学生意识到这种缺陷，并加以改正。总之，教师要关注学生思维展开的过程。

笔者先让学生以组为单位进行交流讨论，各抒己见，然后选出代表发言。学生回答问题时的口头表达能力也应该是教师关注的内容，教师可以随时进行提醒、纠正。

在回答以上问题时，既要考虑到客观因素，又要考虑到主观因素。依据客观因素得出的正确答案，可以视为“标准答案”。文本解读是有规律的，虽然有见仁见智之说，但不等于天马行空，更不等于信口开河。对于那些基于主观因素得出的答案，教师要允许其多样化，不要求有一个所谓的“标准答案”。

问题 1，方山子为什么抛弃了富贵生活到山中隐居？这是一个可以依据文本客观因素得出答案的问题。原文中有“弃车马，毁冠服，徒步往来山中”，有“用财如粪土”，又有“然方山子世有勋阀，当得官，使从事于其间，今已显闻。而其家在洛阳，园宅壮丽与公侯等。河北有田，岁得帛千匹，亦足以富乐。皆弃不取，独来穷山中，此岂无得而然哉？”这些文字说明方山子是一个蔑视富贵、超尘拔俗的隐者，也反映出他对当时社会的不满。

问题 2，方山子文武双全，为什么到山中隐居？文本中也有客观依据，即“欲以此驰骋当世，然终不遇”。“驰骋”和“终不遇”大有文章，它说明方山子怀才而不遇，报国而无门，所以选择了隐居。

问题 7，“精悍之色，犹见于眉间”这句话有何深刻含义？此题对以上两个题有补充作用。在方山子内心深处，燃烧着一团火。虽然方山子压抑着自己，但是这团火仍然透过眉宇间表现出来。这是对传主精神的刻画，十分深刻。

以上问题把学生的思维导向文本内部，做到答有所据，不离文本。但是，这样做还不够，没有触及作者的心灵。在中学生的阅读习惯中，有文本意识，但往往缺乏作者意识。这个时候就需要教师相机诱导了。教师提醒学生：苏轼为何要为这样的人立传呢？除了想要表现传主之外，还有没有其他的目的呢？聪明的学生立刻就明白了：作者苏轼借他人之酒杯，浇自己胸中之块垒。不过教师不要让聪明的学生一句话就结束思考，而是要留给全体学生更多的思考时间，让学生悟出思维上的不周密，进而走向周密。这样，从“文本意识”导向“作者意识”，理解的空间扩大了，思维的品质提高了，从而体现“问题导学”模式中“用问题导、导思维方法”的本质特点，从而体现台阶状的课堂流程，如下图：

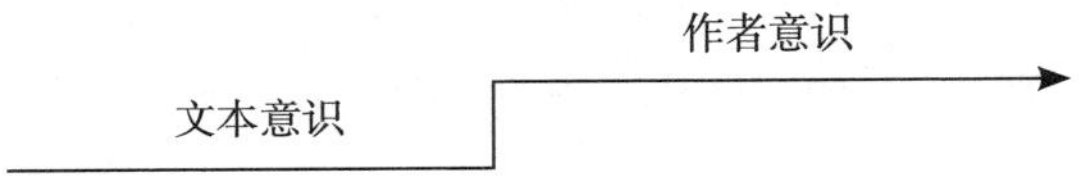

“问题导学”模式，目的在于学生的学，在于让学习发生，在于掌握学习方法和规律，在于提高学习能力，它区别于教案导学、学案导学的本质之处是注重生成的过程，问题是生成的，答案也是生成的。

如果说问题1、2都有文本客观依据的话，那么问题3、4、5、7就没有明确的文本客观依据，需要凭借生活的、逻辑的依据来回答。如果学生缺乏这方面的训练，教师就要加强一下，使学生的思维品质再上一个台阶。比如回答问题7，必须借助生活积累，借助对人性的理解，借助逻辑判断。

下面笔者再以问题3、4、5为例，详细解说一下。

问题3，方山子的“妻子奴婢”为什么会“有自得之意”？换句话问，他们为什么不是愁眉苦脸、牢骚满腹呢？生活中，丈夫的思想、情感以及价值追求会影响家人，尽管也有朱买臣之妻这样嫌贫爱富的女人，但也有相呴以湿、同甘共苦的夫妻。我们由此推知，方山子的价值观得到了妻子奴婢的认可，方山子之妻是一位贤德之女，并不像后来民间传说的河东狮吼那么可怕。中学生可以根据一般的生活逻辑进行推测判断。比如有的学生说“我爸爸的价值观影响了我”，就是很好的例证。

问题4，方山子衣着服饰“方耸而高”说明了什么？简单回答就是：体现了方山子特立独行的性格特点。如果学生能再扩大一点，援引屈原“带长铗之陆离兮，冠切云之崔嵬。余幼好此奇服兮，年既老而不衰”的诗句，阐明人的外在服饰与其内在精神是有密切关系的，则说明学生的思维更加缜密而深刻。学生能否凭借已有知识解决当前问题，能否举一反三、触类旁通、下学上达、融会贯通，能否让以前积累起来的知识或经验发挥作用，会直接反映出学生学习力的高下，教师的教学应该促进学生学习力的提升。

问题5，方山子“俯而不答，仰而笑”说明了什么？“俯”和“笑”是精彩的细节描写，原文的语境是这样的：

> 余谪居于黄，过岐亭，适见焉。曰：“呜呼！此吾故人陈慥季常也，何为而在此？”方山子亦矍然，问余所以至此者，余告之故。俯而不答，仰而笑，呼余宿其家。环堵萧然，而妻子奴婢皆有自得之意。

“矍然”一词表现了方山子的惊讶，但听苏轼讲过之后，先“俯”后“笑”。“俯”是在思考，思考世道，思考苏轼的遭遇，联想自己的经历；“笑”是思考之后的结果，他理解苏轼的遭遇，世道就是这样，不值得大惊小怪，这样也好，远离官场小人，落得个心灵自由。一“俯”一“笑”胜过千言万语，表现了方山子大彻大悟，看透人生和社会。他家中“环堵萧然，而妻子奴婢皆有自得之意”则从侧面折射出方山子邈远旷达的胸襟，也把对陶渊明人格的向往之情含蓄地诉诸笔端。

学生想要回答好这个问题，不仅要对关键字、词、句有敏感，还需要对社会和人生，以及人性有所参悟，难度比较大，对思维品质的要求也就比较高。学生的回答可能是你一句、我一句，东一句、西一句，教师要及时让学生总结、归纳，生成比较完整的答案。

对以上三个问题的分析解答呈现出“用问题导、导思维方法”的台阶状课堂流程，如下图：

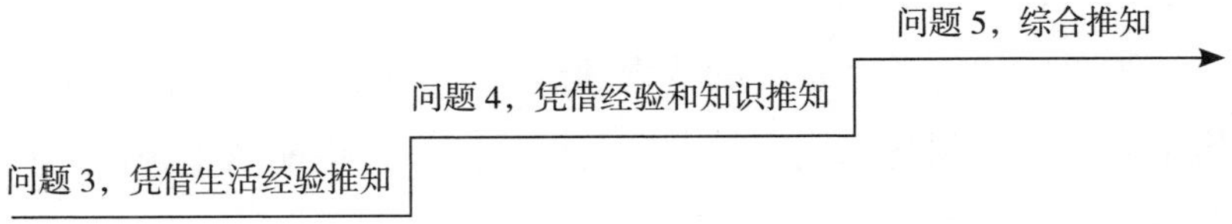

问题6，属于文章学的范畴，学生有一定的积累，可以做简单回答：① 制造悬念；② 倒叙手法；③ 结尾含蓄。但这是比较表面化的。教师可以将此题放到课下，让学生到图书馆或上网查阅有关《方山子传》构思艺术的资料，回到学校再与老师交流；也可以写成一篇短小的文艺评论，探究本文的构思特点，做一点研究性学习。

苏轼的这篇文章在构思上颇具特色。第一段用“少时”“稍壮”“晚”三个词粗线条勾勒了方山子的一生，点明“方山子”是其绰号。这就有了传奇色彩，制造了悬念。第二段写岐亭邂逅，点明是“故人”，形成一个波折，富有戏剧性。第三段写“独念方山子少时”，采用倒叙手法，地点是岐山，重现方山子当年的侠士风采，与今日方山子形成对照，表达感慨，形成第二个波折。

第四段插叙方山子家世，虽然富等公侯，却独来山中，推测一定是“有得”。“得”为何者？作者并不明说，而是用问句引发读者思考，是第三个波折。结尾一段再次使用问句，把方山子与光、黄间“异人”并提，引人遐想，为第四个波折。苏轼写《方山子传》，没有按照一般人物传记的写法去表现传主完整的一生，而是摘取几个典型片段，集中表现传主的侠和隐，时间上今昔错综，空间上交错穿插，情节上一波三折。最突出的是作者把自己与传主糅合在一起，你中有我，我中有你，打破了传记的一般写法，形成了一种传记变体，体现了苏轼散文的风格特点。

如果学生能够有这样的认识和理解，其欣赏水平就达到了一定的高度，即便达不到，有教师的引导，学生也能从中领悟欣赏叙事文本的一个方法：看波折。

问题8，你读了这篇文章后对方山子其人有何评价？这个题侧重考查学生的批判性阅读能力，没有“标准答案”，学生可以根据自己的价值判断来评判方山子。回答这样的题，要从“作者意”跨越到“读者意”上来，体现读者的批判性阅读能力。如下图：

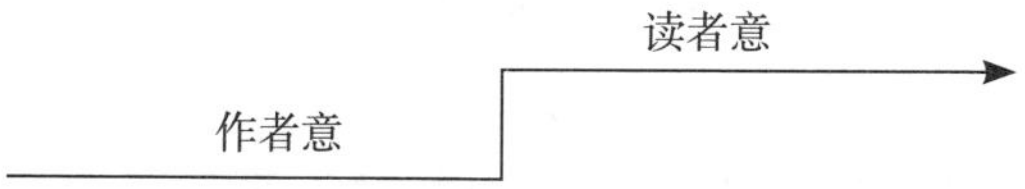

区分“作者意”和“读者意”是阅读理解的重要内容。学生在课堂上阅读一个文本，首先要理解作者意，完成基础任务。但是，学生在文本面前不是被动的，会有个性化的感受，会有与作者不同的看法和体会。阅读教学不仅培养学生准确把握作者意的能力，同时也培养学生表达读者意的能力。从某种意义上讲，后者更加重要。

评价方山子，不是一件容易的事情。评价者要对侠士文化和隐士文化有所了解，能结合方山子所处的时代进行评价，能有纵向的史的观念；还要对苏轼写本文的特殊心境有所了解，具有横向联系和比较的观念。除此之外，还要从人与社会的关系上有所观照。

批判性阅读能力是一种重要的阅读能力，甚至是一种核心的阅读能力，它超越文本，超越作者，体现读者视角。培养学生的批判性阅读能力，就是超越传统的以鉴赏为主的阅读教学模式。传统的鉴赏教学固然包含一定的批判性阅读因素，但其主体还是鉴赏，批判是附庸，是不自觉的。批判性阅读中的批判则是独立的，自觉的。要批判文本，就要站在一定的文化高度上。在阅读能力中，批判性阅读能力是最高级的。当然，我们不能简单地把“批判”二字理解为口诛笔伐，而是指用一种比较成熟的价值观、文化观、文章观、阅读观去评判文本的优劣、得失、正误、是非，进而深入到作者层面去评判作者的思想和情感。它超越了狭窄的语文学范畴，进入到更加广阔的社会学、文化学、哲学领域。这样，“问题导学”就显示了它的终极关怀，指向了学生的精神文化成长。

《归去来兮辞》教学设计

（两课时）

一、学习《序》

思考以下问题：1. 陶渊明从哪里“归去”？归到哪里？ 2. 他“归去”的原因是什么？ 3. 他“归去”是在什么时间？

陶渊明从彭泽县令的职位上“归去”到家中、田园。他写过《归园田居》。陶渊明以前多次做官，又多次辞官，但没有写过类似作品。这次是他一生中最后一次辞官，从此以后，他再也没有出来做官，彻底打消了做官的念头，归隐田园。那么，他辞官的原因是什么呢？用他自己的话说就是“质性自然，非矫厉所得。饥冻虽切，违己交病”。谁来翻译一下？意思就是：我本性率真，不能靠虚假伪装勉强自己。挨饿受冻虽然痛苦，但如果违背自己的本性，那就会使自己的人格受辱。“交病”，就是“取病”，受辱。萧统在《陶渊明集序》中写道：“（陶渊明）不以躬耕为耻，不以无财为病。”陶渊明“归去”的时间是十一月，当属冬季。有学者据此认为本文写于晋义熙元年（一说义熙二年），即公元405年，陶渊明41岁。

二、朗读并学习正文第一段

思考：本文属于什么文体？第一段主要写了什么？

本文属于“辞”，古代一种文体。辞，作为一种文体，其定义在中学语文教学中一直语焉不详，而《归去来兮辞》的文体归属自宋至今聚讼纷纭。有学者认为，陶渊明在《序》中并未说明文体，后人在题目上加了一个“辞”字。所以，有人认为是“辞”，有人认为是“赋”。笔者以为，“辞”以抒情为主，必须押韵，本质上是诗；“赋”以铺陈为主，常用答问对话形式，押韵不严格，本质上是散文。陶渊明的诗歌深受楚辞影响，尽管没有标明“乱曰”，但“已矣乎”一段其实等同于楚辞“乱曰”一段，即结尾段。“归去来兮辞”的“辞”应该指的是“楚辞”这种诗歌体裁。学生若不同意，可以进一步探讨。

正文第一段陶渊明主要写了自己人生的重大选择：弃官归家。可以分为三层意思：第一层，开头连用两个问句，强烈表达自己对人生的反思。第一个问句“归去来兮，田园将芜胡不归？”这是沿用《楚辞》诗句发出内心的呼喊（乐府诗中也有此习语）。《楚辞·招魂》中有大量“归来兮”和“魂兮归来”的句子，呼唤楚怀王的灵魂归来。“胡不归”则是沿用了《诗经》中的句子“式微，式微，胡不归？”开头就发出呼唤，这是向谁呼唤呢？向自己内心发出呼唤。所以这是深切的呼唤。呼唤什么？心灵的回归。请学生思考并回答，有没有过呼唤自己的心灵回归的生活体验？那是在什么情况下发出的呼唤？人在迷惘的时候往往会这样。你们迷惘过吗？那么，陶渊明迷惘过吗？迷惘过。看第二个问句。他说：“既自以心为形役，奚惆怅而独悲？”意思就是，既然当初是自己愿意为了生计而让心灵受委屈，为什么还惆怅而独自悲伤呢？其实就是说，我陶渊明出仕为官是不得已而为之，是违心的，是痛苦的。他就此提出了“心”和“形”的关系。他说自己“心为形役”，即心被形体役使。原本应该“形为心役”，为什么颠倒了？人在什么情况下才会“心为形役”呢？不同的人可能有不同的情况。根据陶渊明在《序》中的交代，我们知道他是在温饱问题遇到困难的情况下去做官而感到“心为形役”。

陶渊明受前人的影响。《庄子》里有“物物而不物于物，则胡可得而累邪？”意思是，利用外物，而不被外物所役使，这样怎会受到牵累呢？《管子》也说：“君子使物，不为物使。”《荀子》中说：“君子役物，小人役于物。”这些言论都是教导人们不要为外物所役，要做物的主人，而不是奴隶。

据《晋书·陶潜传》记载：“（陶渊明）素简贵，不私事上官。郡遣督邮至，县吏白应束带见之，潜叹曰：‘吾不能为五斗米折腰，拳拳事乡里小人邪！’义熙二年，解印去县，乃赋《归去来兮辞》。”原来，陶渊明是一个清高率性之人，无法做到在上司面前阿谀逢迎、低三下四。李白说“安能摧眉折腰事权贵，使我不得开心颜！”也是这个意思。苏轼说“长恨此身非我有，何时忘却营营？”也是这样的感慨。陶渊明在《序》中有一句“于是怅然慷慨，深愧平生之志”。陶渊明的平生之志是什么？人们印象中，陶渊明是一个闲适纯净的田园诗人，殊不知，青少年时期的陶渊明也是满怀宏图大志。“刑天舞干戚，猛志固常在”（《读山海经》）；“燕丹善养士，志在报强嬴”（《咏荆轲》）；“有志不获骋”（《杂诗其二》）；“丈夫志四海，我愿不知老”（《杂诗其四》）；“忆我少壮时，无乐自欣豫。猛志逸四海，骞翮思远翥”（《杂诗其五》）。这些诗句说明，陶渊明的“平生之志”是建功立业，与中国古代仁人志士是一样的。因此，他说出来做官是为了温饱问题，可能只是表层原因。

“质性自然”是性格问题。陶渊明在诗文中多次提到“自然”一词，这个词体现了陶渊明的哲学思想。一个建功立业的陶渊明，一个崇尚自然的陶渊明，这两个陶渊明走到了一起，于是矛盾就产生了。要想建功立业，就必须先在官场站稳脚跟；而要在官场站稳脚跟，就必须适应官场的规则；或者隐忍，韬光养晦，等待时机，大展宏图。而这恰恰与陶渊明的率性天真相违背，那样做会使自己的人性异化。于是他陷入了痛苦之中。大概每个人都会有痛苦，陶渊明的痛苦是中国古代率性文人普遍存在的痛苦，即“坚持人性”和“异化人性”的矛盾。是为了达到目的将自己变得不像自己呢，还是宁肯抛弃官位而坚持自己的人性呢？经过反复慎重的思考，陶渊明选择了后者。这也充分证明陶渊明本质上是个读书人，不是政治家。大量事实证明，人性一旦被异化，所谓“建功立业”的志向可能就是自我欺骗的借口罢了。加之时局的动荡，让陶渊明难以看到希望。大概这就是陶渊明所说的“深愧平生之志”的含义。这就是第一层丰富又深刻的内涵。

第二层写什么？“悟已往之不谏，知来者之可追。实迷途其未远，觉今是而昨非。”表达深深的后悔之意以及觉悟后毅然回归的欣慰。这些句子是化用前人的。请学生说一说。前两句化用

《论语》中的句子。《论语·微子》中有这样的记载：

> 楚狂接舆歌而过孔子曰："凤兮凤兮！何德之衰？往者不可谏，来者犹可追。已而，已而！今之从政者殆而！"孔子下，欲与之言。趋而避之，不得与之言。

后两句化用《离骚》中的句子："回朕车以复路兮，及行迷之未远。"当一个人做出最后的选择，原来纠缠于心中的阴云就立刻烟消云散，内心会变得轻松愉快。

第三层中"舟遥遥以轻飏，风飘飘而吹衣"形象地描写出轻松愉快的情景。遥遥，就是漂荡。"问征夫以前路，恨晨光之熹微。"这两句表达归心似箭的心情。由此总结，所谓"归去"，就是从不自由回归自由，灵魂回来了。下面请学生读一遍，注意韵脚：归、悲、追、飞、衣、微。

以上第一课时。

三、学习正文第二段

第二段写回到家中情景。请学生先读一遍，然后回答：1. 韵脚是什么？ 2. 句式有何变化？ 3. 作者写了回家后怎样的情景？你最喜欢哪个句子？为什么？

先用四字句，后用六字句。四字句的韵脚是奔、门、存、樽。四字句显得紧促，表达回家后亲切、激动的心情。六字句的韵脚是颜、安、关、观、还、桓。六字句相对舒缓从容。学生看课文注释，小组互相翻译。回家后的情景有多处，请学生说出自己喜欢的句子，并用自己的话加以描绘，构成一幅图画，并点明所包含的思想情感。比如：

（1）“三径就荒，松菊犹存”运用典故，借物喻人，表达坚毅的品格。

（2）“引壶觞以自酌，眄庭柯以怡颜。倚南窗以寄傲，审容膝之易安。”写回到家中安闲、清高的神情。“容膝”是个典故，见《韩诗外传》卷九：

> 楚庄王使使赍金百斤聘北郭先生。先生曰：“臣有箕帚之使，愿入计之。”即谓妇人曰：“楚欲以我为相，今日相，即结驷列骑，食方丈于前，如何？”妇人曰：“夫子以织屦为食，食粥毚履，无怵惕之忧者何哉？与物无治也。今如结驷列骑，所安不过容膝，食方丈于前，所甘不过一肉。以容膝之安，一肉之味，而殉楚国之忧，其可乎？”于是遂不应聘，与妇去之。诗曰：“彼美淑姬，可与晤言。”

（3）“云无心以出岫，鸟倦飞而知还。景翳翳以将入，抚孤松而盘桓。”借物喻人，含蓄蕴藉。读以上句子，要驱遣想象。在理解的基础上，让学生选择自己喜欢的句子进行赏析。注意：这些句子所描绘的情景与所表达的思想感情，处处与官场形成了鲜明对比。典故、对比、意象是鉴赏的三个要点。

四、学习正文第三段

第三段写什么内容？哪些句子引起了你的共鸣？你有没有产生问题？

第三段写田园风光。也可分为三层。第一层，直抒胸臆，表达自己孤傲的情怀；第二层写田园风光，表现回归田园的愉悦；第三层由物及理，表达对人生短暂的感喟。“息交”“绝游”，这话说得有些决绝，表达了一种决心。告别昨天需要下定决心。“世与我而相违”，这话使我们想起了屈原的名言：“举世皆浊而我独清，众人皆醉而我独醒。”请学生思考：你有没有这样的感觉，你和这个社会不太合拍，甚至你觉得你不喜欢这个社会，不愿意和世俗社会交往？谁来讲一讲？注意：社会是复杂的，充满了虚假，陶渊明做人率真，这就很难适应社会。勉强自己去适应，是很痛苦的事情。朱自清在《荷塘月色》中有一段话：

> 像今晚上，一个人在这苍茫的月下，什么都可以想，什么都可以不想，便觉是个自由的人。白天里一定要做的事，一定要说的话，现在都可不理。这是独处的妙处，我且受用这无边的荷香月色好了。

朱自清与陶渊明在精神上是相通的。陶渊明写诗文，发自肺腑，没有虚假，殊为可贵。这启发我们，好的文学作品，一定是表达真情实感。

第三层写“善万物之得时，感吾生之行休”。此句由物及理，表达了一种人生感悟：在大自然面前感觉到人生的短暂，希望在有生之年更多地享受大自然，而不是宝贵的生命被官场扭曲。读这一段，请学生思考一个问题：“农人告余以春及”和“木欣欣以向荣，泉涓涓而始流”写的是春季风光，可是在《序》中，写的是冬季，对不上号。怎么解释？先让学生回答。前人早就发现了这个问题，并进行了回答。钱锺书认为，对回家及田园风光的描写是想象之景，并非实写。这体现了作者在构思上的独特之处。朗读这一段。

五、朗读并学习正文第四段

提问：你是否感受到最后一段作者的感情达到了高潮？请你来分析一下。

“已矣乎”，就是“算了吧”。人在什么情况下才说这样的话？在看透了的情况下。作者看透了什么？看透了人生。他说：“寓形宇内复几时，曷不委心任去留？”人活在世上如白驹过隙，转瞬即逝。既然人生这么短暂，为什么还要做违背本性的事情呢？何不顺应自己的本性，任凭去与留？“去留”就是死生。“胡为乎遑遑欲何之？”为什么还要急急忙忙地追这追那呢？“富贵非吾愿，帝乡不可期。”这话很厉害，说到了人生的根本问题上来了。人活着，是为了富贵吗？大概很多人是为了富贵，还有很多人想长生不老。人生的痛苦来自欲望，一般人最大的欲望无非就是富贵与长寿。陶渊明想透了，既不追求富贵，也不企求长寿，而是顺应天命。当一个人把这些想透了，就一身轻松，不会做违背本性的事情了。欲寡精神爽。

“怀良辰以孤往，或植杖而耘耔。登东皋以舒啸，临清流而赋诗。”与大自然融为一体。“聊乘化以归尽，乐夫天命复奚疑！”乐天知命，就没有什么困惑了。这是人生的觉悟，彻悟。学生所处的这个年龄可能还远远不能理解，甚至不能接受。因为他们人生经验有限，还没有形成自己的成熟的哲学思想。教师相机引导，陶渊明是有哲学思想的。哲学思想是一个人的灵魂。在这一段中，作者的思想感情达到了高潮。本段运用了三个典故。第一个是“富贵非吾愿，帝乡不可期。”陶渊明写过一篇自传《五柳先生传》。传中写了一个叫黔娄的人，战国时齐国人，很有学问，国君要给他高官厚禄，他拒绝了。黔娄的妻子说：（丈夫）“不戚戚于贫贱，不汲汲于富贵。”陶渊明说，五柳先生与黔娄是同一类人。第二个典故是“植杖耘耔”，见《论语·微子》：

> 子路从而后，遇丈人，以杖荷蓧。子路问曰：“子见夫子乎？”丈人曰：“四体不勤，五谷不分。孰为夫子？”植其杖而芸。子路拱而立。止子路宿，杀鸡为黍而食之，见其二子焉。明日，子路行以告。子曰：“隐者也。”使子路反见之。至，则行矣。

丈人是一位隐士。陶渊明用荷蓧丈人的典故，来寄寓自己的志趣：自由躬耕，自得其乐。第三个典故“登东皋以舒啸”，见《晋书·阮籍传》：

> 籍曾于苏门山遇孙登，与商略终古及栖神导气之术，登皆不应，籍因长啸而退。至半岭，闻有声若鸾凤之音，响乎岩谷，乃登之啸也。遂归著《大人先生传》。

陶渊明用苏门山隐士孙登长啸如鸾凤之声的故事，寄寓自己的志趣：寄情山水，吟诗自乐，何其自由自在！提问：同学们有过这样的生活体验吗？不妨说一说。大凡文人在经历重大人生选择之后，总会诞生杰出作品，《归去来兮辞》就是如此。因为只有在这种特殊情况下，作者才能深入思考人生，才尽情表达。最后，请一位学生朗读这篇文章。本文影响极大，后世仿作甚多。苏东坡等人都仿写过。学生们若有兴趣，也可以仿写一篇。

写作课设计之一：脉络句训练法

（两课时）

中学生的写作训练主要由三部分组成：立意训练、语言训练和章法训练。立意训练主要是寻求好的命意，做到新颖深刻。目前的作文立意训练普遍存在着“成人化”的倾向，积弊深固，殊难改观。语言训练需要长期实践，不能短时奏效。相比之下，只有章法训练可以在短时间内见效。

文章的章法指的是文章的结构艺术，其内容非常丰富。本文主要介绍一种最为基本的，同时也是容易见效的章法训练模式：脉络句训练法。

无论何种体裁的文章，都有一个贯穿始终的脉络，我们把它叫作“文脉”。体现文章脉络的句子就叫作脉络句。有体现整篇文章的脉络句，也有体现一个段落的脉络句。脉络句有两种表现形式：显性脉络句和隐性脉络句。显性脉络句，往往是一个个具体的句子，把这些句子摘出来，连接在一起，可以看出它们起着贯通全文或者全段的作用。这些句子有的长，可能有几十个字；有的短，可能只有一二个字。在叙述性的文章中，脉络句交代时间的变化；在议论性的文章中，脉络句体现思维的逻辑性；在说明性的文章中，脉络句表现空间的转换。隐性脉络句不能直接摘出来，它隐含在文意的转换之中，但可以总结归纳出来。

脉络句的使用在我国古代文章中是十分普遍的。钱锺书先生在《管锥编》中谈到《左传·昭公五年》使用“可乎”“可”“何故不可？”“何不可之有？”时指出：“此节文法，起节呼应衔接，如圆之周而复始。”刘勰《文心雕龙·附会》中说：“何谓附会？谓总文理，统首尾，定与夺，合涯际，弥纶一篇，使杂而不越者也。若筑室之须基构，裁衣之待缝缉矣。”他又说：“凡大体文章，类多枝派。整派者依源，理枝者循干。是以附辞会义，务总纲领。驱万涂于同归，贞百虑于一致；使众理虽繁，而无倒置之乖，群言虽多，而无棼丝之乱；扶阳而出条，顺阴而藏迹，首尾周密，表里一体。此附会之术也。”可以说，刘勰是我国文章学史上第一个系统论述文章结构的文章学家，也是第一个涉及脉络句的学者。

古代文章中运用脉络句的例子比比皆是。以《过秦论》为例，其表示时间的脉络句为：

① 秦孝公据崤函之固，拥雍州之地，君臣固守以窥周室，有席卷天下，包举宇内，囊括四海之意，并吞八荒之心。

② 孝公既没，惠文、武、昭襄蒙故业，因遗策，南取汉中，西举巴、蜀，东割膏腴之地，北收要害之郡。

③ 及至始皇，奋六世之余烈，振长策而御宇内，吞二周

而亡诸侯，履至尊而制六合，执敲扑而鞭笞天下，威振四海。

④ 始皇既没，余威震于殊俗。

这些句子体现了贾谊构思文章时的思路。作者沿着这样的思路去写，有条不紊；读者顺着这样的思路阅读，清楚明白。这是显性的脉络句。

《兰亭集序》一文中，作者用了“乐”“痛”“悲”三个字，就把全文的感情发展脉络表现得清清楚楚。当然，这三个字容易被忽略，这可算是半隐性的脉络句。

再看《赤壁赋》。开头一段写江月美景，然后用“于是饮酒乐甚，扣舷而歌之”承接过来。然后写吹洞箫者“其声呜呜然”，转入悲戚，由此引出“苏子愀然”后的问话，接着引出了客人之语，由此进行了主客对话。这就好比有一根藤贯穿下来，这根“藤”就是“美景—乐甚—歌之—和之—对话—苦短—人生相对论”。这就是作者的写作思路。

在近现代文章中，使用脉络句也是很普遍的，而且更加成熟。比较典型的，如鲁迅的《记念刘和珍君》：

① 我也早觉得有写一点东西的必要了……

② 可是我实在无话可说。

③ 忘却的救主快要降临了罢，我正有写一点东西的必要了。

④ 我还有什么话可说呢？

⑤ 但是，我还有要说的话。

⑥ 呜呼，我说不出话，但以此记念刘和珍君！

这六个脉络句向来为读者所称道，表达悲愤感情，犹如万里江河水，首尾贯通，一泻而下。

朱自清的《冬天》，写了三幅生活画面，用脉络句巧妙而轻松地串联起来，就像一支糖葫芦：

① 说起冬天，忽然想到豆腐。

② 又是冬天，记得是阴历十一月十六晚上，跟S君P君在西湖里坐小划子。

③ 在台州过了一个冬天，一家四口子。

④ 无论怎么冷，大风大雪，想到这些，我心上总是温暖的。

三幅生活画面分别表现了父子情、朋友情、夫妻情，就像一条潺潺的小溪，清澈明净。

中国的文章是如此，国外的文章也是如此。恩格斯的《在马克思墓前的讲话》就是典型代表。下面是该文的脉络句：

① 正像达尔文发现有机界的发展规律一样，马克思发现了人类历史的发展规律……

② 不仅如此。马克思还发现了现代资本主义生产方式和它所产生的资产阶级社会的特殊的运动规律。

③ 一生中能有这样两个发现，该是很够了。即使只能做

出一个这样的发现，也已经是幸福的了。

④ 他作为科学家就是这样。但这在他身上远不是主要的。

⑤ 因为马克思首先是一个革命家。

⑥ 正因为这样，所以马克思是当代最遭忌恨和最受诬蔑的人。

⑦ 他的英名和事业将永垂不朽！

这篇文章以其强大的逻辑力量成为悼词中的名篇，并且一直入选教材作为中学生的必修之文。

下面我们再来看选入中学语文教材的海明威的《老人与海》中的脉络句：

① 它把我的鱼叉和所有的绳子也带走了，他想，况且我这条鱼又在淌血，别的鲨鱼也会来袭击的。

② 可他没有办法不让鱼的气味散到水里去，老人心里清楚就要大难临头了。

③……因为还会有鲨鱼来袭。

④ 我什么也不能想，就等着别的鲨鱼来吧。

⑤ 直到太阳快落下之前，鲨鱼才再次来袭击。

⑥ 要是夜里来了鲨鱼，该怎么办？

⑦ 但是，到了半夜，他又上阵了，而且这次他心里明白，搏斗也是徒劳。

这些脉络句，既暗示了情节的发展，又很好地体现了意识流的创作特点。试想一下，假如没有这些脉络句，作者如何将故事连缀成篇呢？

另外，罗曼·罗兰《〈名人传〉序》也使用了脉络句，只是这些脉络句显性和隐性并存罢了：

① 整个欧洲笼罩着物质主义的气氛（第一段）

② “不甘于平庸凡俗的人”在这种气氛下的生活状况（第二段）

③ “为了援助他们，我才在他们周围集合了一般英雄的友人……”（第三段）

④ 具体解释“英雄”的内涵（第四段）

⑤ 传记中的英雄都是担当患难的人（第五段）

⑥ 英雄的“首席”是贝多芬（第六段）

⑦ 号召人们重新鼓起对生命对人类的信仰（第七段）

这些脉络句环环相扣，因果关系明确，使得全文浑然一体。

在今天，人们写文章仍然离不开脉络句。下面看毕淑敏写的一篇小文章：

我所喜爱的女性

毕淑敏

我喜欢爱花的女性。花是我们日常能随手得到的最美好的景色。从昂贵的玫瑰到卑微的野菊。花不论出处，朵不分大小，只要生机勃勃地开放着，就是令人心怡的美丽。不喜欢花的女性，她的心多半已化为寸草不生的黑戈壁。

我喜欢眼神乐于直视他人的女性。她会眼帘低垂余光袅袅，也会怒目相向入木三分。更多的时间，她是平和安静甚至是悠然地注视着面前的一切，犹如笼罩风云的星空。看人躲躲闪闪、目光如蚂蚱般跳动的女性，我总怀疑她受过太多的侵害。这或许不是她的错，但她已丢了安然向人的能力。

我喜欢到了时候就恋爱、到了时候就生子的女人，恰似一株按照节气拔节分蘖结粒的麦子。我能理解一切的晚恋、晚育和独身，可我总固执地认为逆时辰而动，需储存巨大的勇气，才能上路。如果是平凡的女子，还是应珍爱上苍赋予的自然节律，徐步向前。

我喜欢会做饭的女人，这是从远古传下来的手艺。博物馆描述猿人生活的图画，都绘着腰间绑着兽皮的女人，低垂着乳房，拨弄篝火，准备食物。可见烹饪对于女子，先于时装和一切其他行业。汤不一定鲜美，却要热；饼不一定酥软，却要圆。无论从爱自己还是爱他人的角度想，“食”都是一件大事。一个不爱做饭的女人，像风干的葡萄干，可能更甜，却失了珠圆玉润的本相。

我喜欢爱读书的女人。书不是胭脂，却会使女人心颜常驻；书不是棍棒，却会使女人铿锵有力；书不是羽毛，却会使女人飞翔；书不是万能的，却会使女人千变万化。不读书的女人，无论她怎样冰雪聪明，只有一世才情，可书中收藏着百代精华。

我喜欢深存感恩之心又独自远行的女人。知道谢父母，却不盲从；知道谢天地，却不畏惧；知道谢自己，却不自恋；知道谢朋友，却不依赖；知道谢每一粒种子、每一缕清风，也知道要早起播种和御风而行。

通过上面的诸多例子，我们可以看出，使用脉络句是古今中外文章写作的一个最为基本的章法上的要求。叶圣陶说：“作者思有路，遵路识斯真。”朱自清在谈到文脉时也说过，写文章时，心中要有“假想的读者”，要让读者知道你的思路。当代语文教育家章熊先生对脉络句进行了具体深入的研究，他在《语言的连贯性》一文中说：“语言的衔接要借助衔接性词语。常用的衔接性词语有些就是复句所用的关联词语，有些是不常用于复句之中而多用于句与句之间、甚至段与段之间的，包括某些实词和固定词组，如‘这’‘那’‘那么’‘总而言之’‘由此看来’‘一言以蔽之’‘事实证明’等等。”古代文章中则用“至于”“若夫”“既而”“乃有”“又若”等连接性词语。这些衔接性词语可以归入脉络句之列。总起来看，使用脉络句可以使文章气韵贯通，体现其整体性和连贯性。因此说，使用脉络句是写作训练的基本内容。

那么，如何来训练学生使用脉络句呢？

第一，要结合不同的文体。传统意义上的三大教学文体，对于脉络句的要求是有明显不同的。在记叙文体中，脉络句往往是表现时间线索的句子；在议论文中，脉络句往往是表现逻辑关系的句子；在说明文中，脉络句往往是表现空间转换的句子。可以分开训练，一次只练一种文体。训练中，教师把学生的文章和经典文章加以对比，从而让学生发现问题，找出差距，明确改进方向。

第二，注意横式结构和纵式结构两种不同结构的文章的训练规律。以叙述为主的文章，往往采用纵式结构法；以描写和议论为主的文章，经常采用横式结构法。纵式结构的文章，脉络句往往是表现情节线索或递进趋势的句子；横式结构的文章，脉络句往往是表现发散思维或并列段落的句子。

第三，训练应该从显性脉络句入手，熟练了，再写隐性脉络句。显性脉络句的使用可以归入程序性写作知识，因此，要求教师要明确训练步骤和方法，要具体，具有可操作性。比如，我们可以先把一篇样文中的脉络句抽掉，然后与还原后的文章进行对比，让学生切身感受脉络句在作者表达和读者理解上的重要作用。我们也可以选一篇写得很混乱的文章当反面教材，让学生试着给它添加脉络句并使之条理清楚。经过了这样的训练之后，教师再要求学生写一篇有脉络句的文章，并且把脉络句标出来。经过一段时间的训练后，再去训练隐性脉络句。

第四，可以通过段落写作来进行脉络句的训练。从全息生物学的角度讲，任何一个局部，都包含了事物的整体信息。我们发现，即便在一个段中，也有脉络句。还是以《在马克思墓前的讲话》为例：

> 一生中能有这样两个发现，该是很够了。甚至只能做出一个这样的发现，也已经是幸福的了。但是马克思在他所研究的每一个领域，甚至在数学领域，都有独到的发现，

这样的领域是很多的，而且其中任何一个领域他都不是浅尝辄止。

这是一个句句递进的段落，思路非常清晰。我们的训练可以以段为单位来进行，这样更好把握。

第五，脉络句的训练可以理解为写提纲。提纲写好了，文章的思路也就出来了。因此，传统意义上的提纲写作练习是行之有效的做法。

第六，脉络句有时候就是过渡句，写好过渡句也是训练脉络句的方法之一。过渡句主要有两种：一是由开篇向中心过渡的句子。很多同学在材料作文时不会使用“始发叙述”，原因之一是不懂得把对原材料的复述与命意进行对接。对接需要脉络句。比如：“……这则材料可以给我们很多启发，本文只想就……谈点感受。”二是行文过程中内容有转换时要用过渡句。比如《项脊轩志》中“然余居于此，多可喜，亦多可悲”表明文章内容由“喜”转“悲”。

以上六个方面的训练都是很具体的，具有可操作性，教师可以尝试去做。

当然，脉络句毕竟是一种表面的语言形式，掌握好了，可以使文章主次清楚，文意连贯，脉络分明；掌握不好，可能会走向形式主义，甚至写成八股文。因此，对脉络句的写作练习要从实际出发，注重实效。但它毕竟可以在短时间内奏效，可以在一定程度上提高学生写作的成绩，充分重视它是必要的。一般说来，通过一个学期的集中训练，学生基本上可以掌握脉络句的表现技法，再用一学期的时间进行巩固，效果就很好了。特别是对那些作文成绩在中下游徘徊的学生，掌握此技法，可以起到强行引导写作思路的效用，从而使这部分学生的写作成绩有明显提高。

写作课设计之二：“分歧式”构思法

（一课时）

一、设计缘起

本课的教学缘起是执教莫怀戚的散文《散步》时突然萌生的一种想法。《散步》是一篇好散文。究竟好在哪里？学生未必很清楚。我觉得，写亲情固然是《散步》的看点，但它的构思也是很值得称道的。构思好在哪里？好就好在产生分歧上。原文写道：

> 后来发生了分歧：母亲要走大路，大路平顺；我的儿子要走小路，小路有意思……不过，一切都取决于我。我的母亲老了，她早已习惯听从她强壮的儿子；我的儿子还小，他还习惯听从他高大的父亲；妻子呢，在外面，她总是听我的。一霎时，我感到了责任的重大，就像民族领袖在严重关头时那样。我想找一个两全的办法，找不出；我想拆散一家人，分成两路，各得其所，终不愿意。我决定委屈儿子了，因为我伴同他的时日还长，我伴同母亲的时日已短。

我说：“走大路。”

如果《散步》没有写这一段，没有产生分歧，只写正常的散步过程的话，那么，这篇文章就没有什么特别之处了。散步是极为普通的事情，但作者加入了不普通的事情后，使得文章顿然生色。就在这样的分歧中，将亲情演绎得生动感人。文章写道：

> 但是母亲摸摸孙儿的小脑瓜，变了主意：“还是走小路吧！”她的眼睛顺小路望过去：那里有金色的菜花、两行整齐的桑树，尽头一口水波粼粼的鱼塘。“我走不过去的地方，你就背着我。”母亲对我说。
>
> 这样，我们在阳光下，向着那菜花、桑树和鱼塘走去了。到了一处，我蹲下来，背起了母亲，妻子也蹲下来，背起了我们的儿子。我的母亲虽然高大，然而很瘦，自然不算重；儿子虽然很胖，毕竟幼小，自然也很轻：但我和妻子都是慢慢地，稳稳地，走得很仔细，好像我背上的同她背上的加起来，就是整个世界。

这就是本文最感人的地方。但是如果没有上文的“分歧”，也就不会有这两段。可见，从构思的角度看，“分歧”是文章情节发展的一个“拐点”。正是这个拐点，使得文章有了波澜。如果说《散步》的前半部分是在平静的湖面上悠然荡舟的话，那么，出现“分歧”之后，就是在急流险滩中奋勇前进了。这就是作者的构思之妙。

二、交流讨论"分歧式"写作

当我们明白了这个道理后，是否受到了某些启发呢？引导学生写文章应该具有"分歧"意识。下面，出一个题目：碰撞。请学生从自己的日常生活中找素材，然后进行加工，写一篇文章。请学生先交流一下。

学生交流。教师参与交流。其实，碰撞，不一定是吵架。对这个题目的理解能反映出学生的思维品质。教师引导学生从表现亲情的事例中寻找素材。比如吃饭。现在的小孩子喜欢吃西式快餐，肯德基、麦当劳等。但老年人未必能接受，即便接受也需要一个过程或者某种机缘。在一个家庭中，如果是祖孙三代在一起吃饭，很可能遇到饮食习惯上的差异。这本来是很正常的，即便没有西餐也会有这种差异。但是，如果作者的头脑中有了一种创作的意识的话，借助人们饮食习惯的差异，表达中西方饮食文化的碰撞，写出来的文章就高一个层次了。所以，这个交流的过程，就是寻找素材的过程，就是从平常的生活中提炼表达中心的过程。之所以先用"碰撞"这样比较直白的词做题目，就是想引起学生的中心提炼意识。如果已经确定了写作内容，完全可以用一个比较含蓄的题目。后面的教师"下水文"就用了"一顿饭的故事"做题目。

三、小组汇报，确定写作内容

请学生以小组为单位，汇报交流的结果，然后确定写作的内容。

交流的过程是一个互相启发的过程，很重要。每个小组的汇报肯定有所不同，可以进行比较。然后确定一个多数同学比较认可的内容来写。可以全班写同一个内容，也可以提供几个内容分别来写。教师可以把小组汇报的内容概括成简练的短语，写在黑板上。这样的好处是便于比较。比较的过程可以是自由发言。这个过程对于锻炼思维品质很有好处。学生模糊的认识由此可以变得清晰了；肤浅的认识由此可以变得深入了；疑惑的问题由此可以变得明白了。传统的写作教学，缺的就是这个过程。在这个过程中，教师的引导很重要。尽管教师对各组的意见还不是非常熟悉，但是在前面的小组交流过程中，教师已经心中有数了，在短时间内要做出分析判断，要有一点倾向性意见。这也是对教师业务功底的挑战。

四、教师出示“下水文”，布置写作任务

确定了一个或几个写作内容并且对立意有了考虑之后，接下来就是写的过程了。可以另外安排一节课的时间来完成。

教师出示“下水文”：

一顿饭的故事

十月三日，天气格外晴朗，空中刮着一丝微风，不冷不热，很舒适。我和妻子、儿子，还有我父母，一家五口开始了愉快的旅游。妻子开着车，我坐在前面当导游，儿子在后排，坐在爷爷、奶奶的中间。

我们来北京十多年了，每年只有春节才能回家与父母团圆，总感觉家庭生活中缺少了点什么。没有老人的家庭生活是不完整的。现在，儿子在爷爷、奶奶的怀抱中，是一件多么幸福的事情呀，我珍惜这难得的时光。妻子似乎懂得我的心思，把车开得比较慢，大概也是在细细体验着有老有小的幸福时刻吧。

按照计划，我们先来到鸟巢参观。这里游人很多，中国的、外国的都有。站在宏伟的鸟巢前，我们拍照合影。这可忙坏了儿子。他是一个摄影爱好者，是学校摄影协会成员。别看他年龄小，还真拍了不少好作品。在学校学生摄影作品橱窗里，就展出过儿子的作品。今天，他可是英雄大有用武之地了。

我们参观了鸟巢，又参观了水立方。时间已经快中午了。妻子担心父母太累，就说："我们先去吃午饭吧。中午休息一会儿再看别的景点。"我非常赞同。我们开车去了前门大街。

前门大街有很多饭馆。我知道父母喜欢吃面，特别是母亲，因为牙不好，总喜欢吃软一点的食物。我对父母说："咱们吃面吧。"父母点点头。我紧走几步，赶在前面，领着他们直奔一家老字号面馆。我们来到面馆门前，刚要进去，儿子突然兴奋起来："我要吃披萨！"我顺着儿子手指的方向看去，原来在面馆的隔壁新建了一家披萨店。

我很不高兴，脸色立刻变得严肃起来："什么披萨，垃圾食品，不去。"儿子兴奋的表情顿时低落下来，低下头，显得很不情愿。

如果在平时，我们一家三口出来吃饭，儿子要进披萨店，我是不会阻拦的，但今天绝对不可以。妻子知道我不会答应儿子的，但如果这样僵持下去，大家会觉得很尴尬，原本愉快的旅游就会变得不愉快。妻子说："你们先进面馆坐下，我给孩子买张披萨饼带过来。"

我很感激妻子的灵机一动，化解了尴尬的局面。母亲说："我和你一块去买。我也想看看披萨长什么样。"

儿子笑了。我的心里也宽松下来。这样，我们仨先走进面馆坐下喝茶，等待他们的到来。

不长时间，妻子和母亲回来了，她们买了一张大的披萨饼。这时，我们这边的面也端上来，我们便开始午餐了。

父亲说：“这面条做得好。不过，我吃了一辈子中国饭，还没有尝过外国的饭呢。”儿子说：“请爷爷品尝一下披萨的味道。”我拿出事先准备好的刀子，给父母分别切了一小块。我母亲尝了一口，说道：“味道不错。老头子，你尝尝吧。”

我父母年纪大了，平日饮食很简单，也很单一，但习惯了也就不觉得怎样。他们对洋食品总是小心翼翼的。我出国带回来的外国食物，他们只是尝一点就不再吃了。我劝父母多吃一点，父母总是笑笑，说道：“洋玩意儿，享受不了。你们吃吧。”所以，我一直以为父母不喜欢吃“洋玩意儿”。今天，我担心父母吃不惯披萨，所以只切了很小的一块儿。没想到父母几乎同时说：“我还想吃。”我和妻子都惊讶了，父母的胃口何时变了？我突然高兴起来，又切了一大块儿放进父母的碗里。

“好吃！我咬得动。”母亲说。

“味道真不错！”父亲说。

儿子高兴了，说道：“明天咱们去吃披萨，怎么样？”

“好啊！”

我们几乎齐声回答，然后你看看我，我看看你，都笑了。这样，我们吃完了这顿午饭，高高兴兴地继续下午的游览。

学生讨论（略）。

写作课设计之三：学写咏物作品

说明：

1. 本写作单元共六课时。

2. 授课年级为高中一年级。

3. 训练重点：联系自己的生活，选择一个实物，运用描写和象征的手法，托物言志。通俗说法就是间接抒情散文（咏物作品）的写作训练。

第一课时

一、列举咏物作品

提问：同学们在日常生活中，有没有用来寄托自己心灵和情感的“实物”？你能不能对其加以吟咏呢?

估计有的学生对这句问话不能理解。其实，这里指的是写“咏物作品”。老师和学生一起背诵以下作品。

陆游的《卜算子·咏梅》：

驿外断桥边，寂寞开无主。已是黄昏独自愁，更著风和雨。

无意苦争春，一任群芳妒。零落成泥碾作尘，只有香如故。

周敦颐的《爱莲说》：

予独爱莲之出淤泥而不染，濯清涟而不妖，中通外直，不蔓不枝，香远益清，亭亭净植，可远观而不可亵玩焉。

刘禹锡的《陋室铭》：

山不在高，有仙则名。水不在深，有龙则灵。斯是陋室，惟吾德馨。苔痕上阶绿，草色入帘青。谈笑有鸿儒，往来无白丁。可以调素琴，阅金经。无丝竹之乱耳，无案牍之劳形。南阳诸葛庐，西蜀子云亭。孔子云：“何陋之有？”

梅花、莲花和陋室这样的“实物”，寄托了什么？寄托了陆游、周敦颐和刘禹锡的心灵与情感。寄托了什么情感？请学生讨论。再提示几个例子。比如于谦的《石灰吟》：

千锤万凿出深山，烈火焚烧若等闲。粉骨碎身浑不怕，要留清白在人间。

再比如王冕的《墨梅》：

吾家洗砚池头树，朵朵花开淡墨痕。不要人夸颜色好，只留清气满乾坤。

王冕还写过《白梅》：

冰雪林中著此身，不同桃李混芳尘。忽然一夜清香发，散作乾坤万里春。

在流行歌曲中，也有大量的托物言志之作，比如大家很熟悉的《小白杨》：

一棵呀小白杨，长在哨所旁，根儿深，干儿壮，守望着北疆，微风吹，吹得绿叶沙沙响罗喂，太阳照得绿叶闪银光……同我一起守边防，一起守边防。

关于《小白杨》，有一个很动人的故事。歌词中的“哨所”是中哈边界中国境内新疆塔城裕民县塔斯提哨所。20 世纪 80 年代初，哨所的伊犁籍锡伯族战士程富胜回家探亲，将哨所官兵卫国戍边的故事讲给母亲听，母亲鼓励他在部队好好干，别想家，还让他带十株白杨树苗回哨所种上，叮嘱他要像白杨树一样扎根边疆，为祖国守好边防。于是程富胜就把树苗栽在了营房边。由于哨所干旱缺水，战士们吃水都要在一公里外的布尔干河去挑，尽管战士们每天用洗脸刷牙节省下来的水精心浇灌，但是小白杨难以忍受干旱、风沙、严寒的肆虐，相继枯死。最终，十棵小白杨中只有一棵活了下来。这棵小白杨在战士们的精心呵护下茁壮成长，日夜伴随着守卫边疆的战士们。1980年，著名诗人、词作家，中国人民解放军总政治部歌舞团创作组的梁上泉同志到新疆采风，在塔斯提边防连黑板报上，他看到那个战士关于小白杨的日记，了解了小白杨的感人故事，心灵受到强烈震撼，于是写下了歌词《小白杨》。作曲家士心为之谱曲。词精曲美，朴实感人，《小白杨》不胫而走。在1984年中央电视台春节晚会上，著名歌唱家阎维文饱含深情地演唱了这首歌。塔斯提哨所从此被称为"小白杨"哨所。这很容易让我们联想起茅盾写的《白杨礼赞》。

二、分析"咏物作品"的特点

"咏物作品"必须有描写。陆游和周敦颐分别对"梅"和"莲"进行了"描写"，描写其"形"。同时，"咏物作品"又是托物言志的，要抒发感情，这就是"神"。"形"为"神"服务。描写要生动传神。这就是中国古代"比兴寄托"的写作传统。（教师板书：描写：形　抒情：神）请学生对前面背诵的诗文进行分析，看哪些是"形"，哪些是"神"。

学生任选两个写。提示如下：

《卜算子·咏梅》：

形："零落成泥碾作尘"。神："只有香如故"。

《爱莲说》：

形："出淤泥而不染，濯清涟而不妖，中通外直，不蔓不枝，香远益清，亭亭净植"。神："可远观而不可亵玩焉"。

《石灰吟》：

形："千锤万凿出深山，烈火焚烧若等闲"。神："粉骨碎身浑不怕，要留清白在人间”。

《墨梅》：

形：“吾家洗砚池头树，朵朵花开淡墨痕”。神：“不要人夸颜色好，只留清气满乾坤”。

《白梅》：

形：“冰雪林中著此身，不同桃李混芳尘”。神：“忽然一夜清香发，散作乾坤万里春”。

《小白杨》：

形：“根儿深，干儿壮，守望着北疆，微风吹，吹得绿叶沙沙响罗喂，太阳照得绿叶闪银光”。神：“同我一起守边防”。

三、请学生归纳“形”与“神”之间的关系

这一环节很重要，是写作知识导引的关键。①“形”与“神”有某些相似点。比如石灰“千锤万凿出深山，烈火焚烧若等闲。”这与人的“粉骨碎身浑不怕，要留清白在人间”的精神很相似。表面上写石灰，实际上是写人。② 多用描写的表达方式，采用比喻、拟人、象征的修辞手法（或写作手法）。比如《爱莲说》中的莲花具有象征意义，象征了人的品质。③“形”为“神”服务。写“形”不是目的，写“神”才是目的。为了更好地传“神”，一定要让“形”为“神”服务。

第二课时

一、学习间接抒情的特点

间接抒情，除了借助物之外，还可以借助“事”。这里的“事”不是普通的事，而是有象征意义的“事”。回忆初中学过的课文，有没有具有象征意义的“事”？

有的，《珍珠鸟》就是。请学生想一想，作者写《珍珠鸟》，是为了表达爱护小鸟的主题吗？难道作者不懂得真正爱护小鸟就是把它放归大自然的道理吗？作者在文中并没有表达放归小鸟的意思，而是表达“信赖往往可以创造美好的境界”这一主题。这就是借助“事”来抒情的例子。

二、联系生活进一步思考

生活中，有哪些“事”具有象征意义呢？古人用得比较多的是“男女爱情”象征“君臣关系”。比如屈原在《离骚》中写“众女嫉余之蛾眉兮，谣诼谓余以善淫。”唐代张籍写的《节妇吟》很有意思，请学生欣赏：

君知妾有夫，赠妾双明珠。感君缠绵意，系在红罗襦。妾家高楼连苑起，良人执戟明光里。知君用心如日月，事夫誓拟同生死。还君明珠双泪垂，恨不相逢未嫁时。

这首诗表面看是写一位有夫之妇拒绝一位男子的追求，但真正的意思是拒绝李师道的拉拢，男女爱情只是凭借而已。现实生活中，有些事情往往具有象征意义。比如“摆渡”一词，其含义是可以引申的。请学生讨论，怎样引申？“摆渡”不仅仅指用船把人从此岸送到彼岸，可以象征伸出援助之手帮助困境中的人渡过难关，可以引申为帮助别人的思想、精神和心灵进步，也可以象征用美好的东西引导人们走向美好的境界，等等。俄罗斯作家屠格涅夫写的《门槛》就是典型范例。

请学生交流阅读体会。

有的学生可能会说，这些文章都是虚构的。这个认识很好。既然“事”具有了象征意义，那么一定是真人真事吗？不一定。可以虚构。虚构不等于虚假，写真人真事也未必能反映生活的本真。当我们写作的思路打开之后，写一篇间接抒情散文就不是什么难事了。

第三、四课时　书写成文

作文题目：灯

要求：① 写一篇“咏物作品”，即间接抒情散文；②“灯”为实物，要有描写；③ 字数不少于 800 字。

第五课时　作文讲评

学生写作情况分析：120 名学生，得 80 分的有 20 位。70 分至 78 分的有 90 位。60 分以下的有 10 位。总体看，绝大多数学生的作文合乎要求。

存在的突出问题：① 没有写实物灯，只写了精神灯。② 虽然写了实物灯，但没有成为主要表现对象，被其他的人或事淹没了。我们这次作文重点训练“寄托”手法，要求必须写实物灯。③ 要有描写。有的学生没有描写，或者描写不够理想。描写要为抒情服务，应处理好形与神之间的关系。这一点我们在第一节课中就提出了。

有的学生写雷锋是一盏灯，写海伦·凯勒是一盏灯，照亮了人们的心灵。这样立意本身是可以的，但却不符合这次作文的要求。而且写雷锋、海伦·凯勒实际上是写屈原、司马迁、苏轼等写作模式的翻版。这些中外名人被学生充分利用，似乎写任何文章都要提到这些人才行。这是才思枯竭、思维僵化的表现。过去，我们认为这样的文章似乎有文化品位，会给这样的文章一个高分，结果导致了千篇一律。更为重要的是，这次作文明确要求，必须写实物灯。只写精神灯，不写实物灯，是不合要求的。

学生以组为单位，对下列“优秀作文”进行评析，并填写“评析意见”；对“问题作文”提出修改意见。教师一共选了三篇优秀作文，一篇问题作文。范文（略）。

第六课时

欣赏巴金著名的散文《灯》。老师发《灯》的文字稿。请学生一边听录音，一边看这篇散文。

老师也写了一篇《灯》，作为“下水文”，请学生阅读并交流。

灯

我上幼儿园的第一天，妈妈就给我买了一盏台灯。那是一盏制作很精美的灯，红红的灯罩，白白的灯泡；圆圆的底座上有一个旋转开关，轻轻一转，灯就亮了，发出明亮而又柔和的光。我就在这盏灯下开始了新的生活。

起初，我觉得那盏台灯像是一个玩具。我喜欢听旋转开关时发出的清脆声音。我连续地打开、关上，“啪嗒”“啪嗒”，那声音像小锤敲在铜器上，很好听。这时候，妈妈就说：“孩子，它嫌疼。温柔点，好吗？”我笑了：“妈妈说错了，它怎么会感觉到疼呢？”后来，我把其他玩具拿到灯下来玩，我特别喜欢把水晶做的小动物放在灯光下映照，水晶发出耀眼的七色光，很好看。我还在灯下和妈妈玩跳棋。有一次，我眼看就输了，便想耍赖。我趁妈妈不注意，很快地关上了灯。就在黑暗到来的一刹那，我挪动了一个关键棋子的位置。当我再打开灯的时候，棋盘上局势就变得对我有利了。妈妈笑了：“这鬼丫头。”现在想一想，那盏灯给我带来了多少童年的快乐呀。

我上小学后，爸爸给我买了一套《十万个为什么》。于是，我每天晚上在完成老师布置的作业后，就在灯下阅读《十万个为什么》。天文、地理、物理、化学、历史、人类、社会、艺术，等等，那是一个多么丰富美妙的世界呀！在明亮而又柔和的灯光下，我吸吮着知识的精华，那盏灯就成了我和知识之间的一道桥梁。到了初中，作业多了，在那盏灯下，我认真完成老师布置的作业，一道一道的练习题做完了，一张一张的卷子做完了，一篇一篇的优美课文背过了……寒来暑往，物换星移，那盏台灯始终陪伴着我，送走了一夜又一夜，迎来了明朝又明朝。

中考前夕，我连夜奋战，常常很晚才睡。妈妈看在眼里，疼在心里，每夜都陪伴在我的身旁。每当我学累了，妈妈就端来一杯水。这时，我望着妈妈的笑脸，在灯光的映照下，显得既美丽又疲惫；我们母女俩的身影映在墙壁上，简直就是一幅剪影。

我顺利地考上了重点高中，那盏灯是立了功的。开学前，妈妈对爸爸说：“女儿桌上的那盏灯太陈旧了，应该换新的了。”于是爸爸买来了一盏新台灯，旧的台灯顺便送给了院内收旧家具的王师傅。新台灯很时髦，底座是一台收音机。爸爸说："学累了，可以听听歌，放松放松。"我打开收音机，里面正在播放歌曲，那是一首我们全家都喜欢听的李春波唱的《小芳》："村里有个姑娘叫小芳，长得好看又善良。一双美丽的大眼睛，辫子粗又长。"我见过妈妈年轻时扎长辫子的照片，那是爸爸最喜欢的照片。每当听到这首歌，妈妈和爸爸总要互相深情地望一望，眼神里传达出我不知晓的秘密。我只能仔细地去感受歌词里的含义，试图从中明白些什么。

"谢谢你给我的爱，今生今世我不忘怀。谢谢你给我的温柔，伴我度过那个年代。"多美的歌词呀，我的心中突然一动：灯，那盏被扔掉的灯，伴我度过几度春秋，怎么说扔就扔了呢？不行，我必须把它要回来。我起身就往外跑，我知道王师傅住在哪里。我一边跑着，脑子里一边闪现着灯下一幕一幕的往事。我找到了王师傅，要回了那盏旧台灯。我把它紧紧抱在怀里，觉得愧疚于它。妈妈说："孩子，你为什么把它要回来呢？"我眼里含着泪说："妈妈，我感受到它的疼痛了。"妈妈紧紧把我抱在怀里，眼里也含满了泪水。

"好孩子。"爸爸和妈妈几乎同时说。

我把那盏旧台灯放在了窗台上，天天都能看见它。它虽然不再发出明亮而又柔和的灯光了，但它在我的心中却永远明亮着。

本单元上到这里就结束了。鼓励学生修改或重写一遍《灯》。

课后记：

这六节课是一个比较完整的写作单元，可以叫作“一点三步写作单元教学模式”。一点，就是“咏物作品”。三步：第一步是写作的准备阶段，两课时；第二步是书写成文的阶段；第三步是讲评、总结提高的阶段。三个步骤各有侧重，缺一不可。这与传统的写作教学有了区别。

第三个步骤用了两节课：前一节展示学生的作文，后一节展示巴金的散文，最后展示教师“下水文”。

本单元涉及诸多诗文作品，为学生提供了较为广阔的阅读空间。

写作课设计之四：联想·分类·层进

（一课时）

说明：

这是一堂写作课的教学思路，只是一个大体思路而已。该课之前学生按照教师要求写了《说“曲”》一文，教师批阅后进行了讲评。讲评之后，教师写了一篇“下水文”，意在启发学生能够按照“联想、分类、层进”的思维方式来构思本文。这种课型对于规范学生写作思路有好处。计划用一课时，适宜高二学生。

一、布置写作题目

教师板书写作题目：说“曲”。启发思考：这里的“曲”指“曲折”之“曲”，不是“歌曲”之“曲”。学生已经写过了，但问题不少。下面再请学生认真思考，应该怎样构思呢？

很多学生可能会想到，“曲”字在这里具有引申意义，即人生挫折，于是准备从这个方面构思立意。这当然可以。不过从“说”来看，单纯地写人生挫折，似乎把“曲”字丰富的内涵窄化了。既然用“说”字，那就应该谈天说地，古往今来，古今中外，凡与“曲”字相关的内容，都可以充分联想。

二、启发联想

请学生思考：你能联想到哪些与“曲”相关的内容呢？

学生可以分小组交流，把联想到的内容写下来。有的学生想到了“曲水流觞”，有的想到了心电图的曲线，有的想到了梅花弯曲的枝条，有的想到了体现曲线思维的田忌赛马，有的想到了弯曲的水管，有的想到了刘邦曲（屈）身赴鸿门宴，有的想到了司马迁的曲折人生……

三、引导学生把内容分类

学生联想到的内容是比较丰富的，但是没有经过梳理，写作思路还不明晰。因此，对联想到的内容条分缕析，进行归类，就显得很有必要了。

对材料进行分类的练习，平时很少进行，所以学生对写作的材料，特别是对联想到的材料缺乏归类意识，这不能不说是传统写作教学构思训练中的一个遗憾。写作思路的清晰依赖于分类。当我们把材料分门别类地梳理之后，写作的思路就会清晰起来。那么，对以上材料如何分类呢？曲，可以给人们带来乐趣，具有实用价值，具有美学价值，可以表现人生智慧，具有悲壮美。于是教师引导启发学生把思路划分为“曲之乐、曲之用、曲之美、曲之智、曲之壮”。

四、进一步梳理写作思路

分类之后，思路清晰了，但思维的逻辑性是否体现出来了呢？还不一定。接下来，教师要引导学生把分类后的这些内容按照一定的逻辑关系加以排列。请学生思考：以上内容，有无层次上的递进关系？如果有的话，怎样排列呢？

前三点是写“物之曲”，着眼于“曲”的表面含义；后两点是写“人之曲”，着眼于“曲”的深层含义。“人之曲”应该放在“物之曲”的后面。这样，层进的逻辑关系就显现出来了。教师可以用阶梯图示意如下：

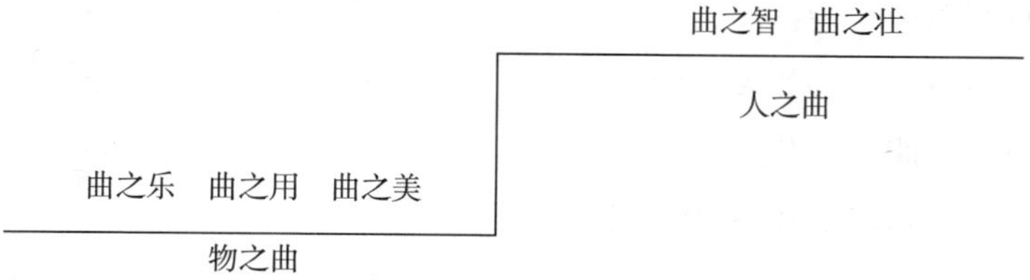

形成了这样的阶梯思维后，下一步的写作就会有更加明确的思路。

需要特别指出的是，由写“物之曲”到写“人之曲”，能体现作者的思悟能力与思维品质，是认识上的一个飞跃。这个飞跃有无理论依据呢？我认为是有的，那就是中国古代哲学中的“观物取象”和“立象以尽意”（《周易·系辞》）。叶朗在《中国美学史大纲》中指出，观，就是对客观事物的直接观察、感受；取，就是在观的基础上提炼、概括、创造。观和取都离不开“象”。“象”是具体的、切近的、显露的、变化的。“意”则是深远的、幽隐的。教师要引导学生善于观察物，然后提炼加工。确定物象之后，再借此表达深刻含义。这就是从“物之曲”到“人之曲”的思维飞跃，体现了写作与阅读上的一个普遍原理。中学生想要理解并掌握这一原理是有一定困难的，需要教师的启发引导。学生一旦明白了这个道理，写作的思路就被打开了。

下面展示的是教师“下水文”，分段呈现，中间穿插解说。

说“曲”

说起“曲”字，我首先想到的是王羲之在《兰亭集序》里写的“曲水流觞”。有一年，我去绍兴，来到弯曲的水道，漂了一只杯子在里面，觉得很好玩。我还去过圆明园的迷宫，和孩子玩起了捉迷藏，那弯曲的路线着实好玩。有一种舞蹈，专门表现人体的弯曲技巧。表演者把胳膊伸直，然后从一只手开始弯曲，一直弯曲到另一只手，就像蚯蚓一样，很有意思。大概曲里拐弯的形状给人以游戏的感觉，而游戏可以给人带来无穷的乐趣。曲，可以带来乐趣。

教师开了这个头，可以启发学生续写。但本课因时间关系，没有安排学生写。下面继续展示教师的“下水文”。注意，先用一个过渡句连接上下文。

曲不仅能带来乐趣，还具有实用价值。小时候，我不明白卫生间面盆下的管道为何做成“S”形，直的不是下水更畅通吗？大人说：“那叫翻水弯，用来阻隔臭味。”原来曲有这样的实用价值啊。后来，我参观一个大的工厂，发现那里的管道很多，粗的细的，长的短的，高的低的，都是弯曲的，像无数的“曲别针”排列在一起。于是我开始留心生活中曲形的事物，发现还真的很多：比如曲形拱桥、电话机曲线、田径场曲形跑道……我明白了，就像方与圆各有其功能一样，直与曲也是各司其职。

到了这个时候，学生的思维可能会被激活。思维被激活，学生写作的积极性就会被调动起来，他们思维的火花就会一个接一个地闪亮登场。

下一段写“曲之美”。如果时间允许，可以放给学生写。此课略。下面展示的仍然是教师的写作思路，仅供学生参考。

美学上因为曲线比直线柔和而且富于变化而被称作“曲线美”。从审美的角度看，那些具备“曲”的意境的事物，颇能引发人们美好的联想和想象。古人说“曲径通幽处”，又说“山重水复疑无路，柳暗花明又一村”，就包含了人们对这种意境的喜爱之情。上海有一座江南名园豫园，到过那里的游客必然不会忘记“九曲桥”。“九曲印月”和“曲桥泛鲤”已是著名的奇景。假如九曲桥变成了直桥，就索然无味了。颐和园里的长廊固然可爱，但总感觉有点缺憾，原来就是少了一点“曲”。无论是地上的曲池，还是天上的月牙，那弯曲的线条都会引发人们无限的遐思，勾起溪流一样的诗心。正可谓“曲尽其妙”。

注意，下面要写“人之曲”了。

当考察了自然之曲具有的乐趣、实用和美感之后，我的思绪不由自主地伸向了曲的深层意蕴，或者说曲的引申含义——智慧与壮烈。

这个过渡段很重要，实现了由“物之曲”向“人之曲”的递进，体现写作思路。

谁能否认曲往往体现一种人生智慧呢？楚汉相争时，刘邦智走鸿门宴，向比自己小得多的项羽俯首称臣，从而麻痹了项羽，获得发展的转机。试想，如果刘邦强硬逞能，无异于以卵击石，历史恐怕就是另一种写法了。这里的曲，就是男子汉屈曲之曲，就是审时度势的智慧之曲。曲的壮烈表现在人生的挫折坎坷上。人的一生，就像九曲黄河，会遇到急流险滩，会经历磨难打击，会经受严峻考验。然而，正是这曲折历程成就了辉煌人生。屈原、司马迁、苏东坡、曹雪芹等古代文人不必说了，就是毛泽东、周恩来、邓小平等当代伟人，也都是经历了无数磨难。《西游记》这部小说，好就好在写出了取经路上九九八十一难。我们可以举出一串串的名言警句来表现曲的壮烈，但此时会显得有些多余。一句话，曲可以造就人们高贵的灵魂。

五、总结

需要总结的关键之处有三点：（一）联想。以“说……”为题目的作文，往往需要联想，调动生活积累，把与“曲”有关的事物尽可能地想到，即“观物取象”。这一点，难度并不大，但学生的习惯和意识会有欠缺。（二）分类。学生会联想到许许多多的内容。这些内容，在学生头脑中可能像一堆杂草，没有头绪。因此，需要分类。把联想到的内容条分缕析、分门别类。这一步太重要了。但是学生分类的意识和能力可能比较欠缺。分类，是将模糊繁杂的事物清晰化的过程，教师一定要培养学生具有这种意识。其次是培养分类的能力。本课中曲之乐、曲之用、曲之美、曲之智、曲之壮的划分，是对“曲”深入认识的体现，学生不是很容易就分出来的。（三）层进。就是“立象以尽意”。这一步是按照一定的逻辑关系对分类后的材料进行排列的过程。很多学生把“曲之智、曲之壮”放在开头写，结果使得文章缺少了层进关系。要知道，“曲之乐、曲之用、曲之美”可以看作一大类，都着眼于“曲”的客观物体，是形而下的；“曲之智、曲之壮”则是对“曲”的引申意义的理解，着眼于“曲”的主观含义，是形而上的。由客观到主观，往往体现层进关系。这样“客观—主观”“自然—人生”，便构成了一种具有普遍意义的写作构思模式。学生如能掌握这个模式，就可以“登堂”了；如能运用自如、左右逢源，就可以“入室”了。

本课上到这里就可以结束了。

六、教学反思

笔者一直认为，教师最好能写一点“下水文”。教师只有切身体会写作的甘苦，才能有针对性地指导学生写作，否则，只能隔靴搔痒。每一类文章，都有其规律，教师要善于以“类”引导。写作教学如能按“类”构建体系，则功莫大焉。

本课“说曲”属于“说”类文章，与《马说》《师说》《捕蛇者说》《爱莲说》《黄生借书说》《问说》《少年中国说》等经典美文属于同类。引导学生掌握该类文的写作规律十分重要。另外，本课是从物说起，由物及人，是一种较为普适的写作思路，应该让学生了解并掌握。

学生的思路需要教师启发拓展。传统的“下水文”，只是简单地展示教师的文章，并不重点展示写作思路。该课则重点展示写作思路。首先是联想，其次是分类，最后是层进。笔者以为，学生善于联想，但不善于分类，更不善于层进。教师应该抓住学生思维上的弱点进行引导和指导，从而使学生受到启发，学有收获。“联想—分类—层进”的写作思路具有普遍意义，学生掌握起来并不困难。

语言的组织是一个复杂而细致的心智活动，教师对此要有要求，但不可急于求成。对语言的训练应该贯穿写作教学的始终。初期训练时，文通字顺即可。本课重在启迪学生思路，语言训练不在范围之内。

本课放在什么位置呢？笔者以为放在“总结提高”课上比较妥当。叶圣陶先生十分重视“写作全程训练”，即写前有准备步骤，写后有总结、讲评、提高的步骤。每一步骤都属于写作课的范畴，共同构成了“全程训练”的过程。过去，我们的写作教学走两个极端，一是随意性、主观性比较突出，一是高考应试痕迹浓重。作为常规写作，写作过程应该是三个步骤缺一不可。本课即属于第三个步骤中的内容。当然，第三步骤的教学内容和设计又是丰富多彩的，本课只是其中一种，即“教师下水展示课”。

笔者感到遗憾的是，如果能够让学生当堂动手写一段，或者分组各写一段，则更能体现课堂的生成效果。因为本课没有将学生写作生成作为重点，因而也就无法体现外显的生成效果。

写作课设计之五：学习分析

（一课时）

请学生考虑：一篇议论文，有观点，也有论据，是否就是一篇合格的议论文呢？不是。如果不把道理讲清、讲透彻，不讲清论据与论点之间的关系，就很容易写成“观点＋例子”式的文章，就可能是不合格的议论文。议论文的本质特点在于分析，在于讲道理，不在于举例。论证就是讲道理。那么，怎样讲道理呢？

这个问题谈到了中学生议论文写作的“通病”：“观点＋例子”。教师要转变学生对议论文的错误理解，要引导学生提高讲道理的能力。所谓讲道理，就是针对所提出的观点讲清“是什么”“为什么”“意义”和“途径”。这是一般议论文写作的思路。当然，中学生思维的深刻性受到很大局限，不可能讲出太深刻的道理。这不要紧，一点一点地练，为将来的发展奠定基础。

请学生阅读下面材料，根据材料内容，写一篇议论文。

一个小孩子在地上发现了一个蛹，把它带回了家。过了几天，蛹上出现了一道小裂缝，里面的蝴蝶挣扎了好几个小时，似乎卡住了，一直出不来。小孩子看着于心不忍，便用剪刀剪开蛹壳，帮助蝴蝶脱蛹而出。可是蝴蝶身躯臃肿，翅膀干瘪，根本飞不起来。

请学生分别说说自己的写作思路。教师展示自己的“下水文”：

小议“帮助”

看了这个故事，我受到了深刻启发，对“帮助”二字有了一点新的体会和认识，我这篇文章就想简单议论一下“帮助”这个话题。

我想，故事中的小孩子很可能从幼儿园起就开始接受“助人为乐”的教育了。是的，帮助他人作为一种美德，已经成为我们思想品德教育中的重要内容，我们每一个人都接受过这种教育，可谓深入人心。这种教育肯定是正确的。

但是，我从这个故事中体会到，“帮助”搞不好会帮倒忙。你看，小孩子看着蝴蝶痛苦挣扎的样子于心不忍，就帮助它脱蛹而出。这本是好心，结果适得其反，蝴蝶根本飞不起来，还很可能会因此而死去。如果说小孩子是不懂得蝴蝶的生长规律帮了倒忙的话，那么，在新中国的历史上，因为不懂得事物发展规律而好心帮倒忙的教训是非常深刻的。在20世纪50年代，我们国家上演过一出消灭麻雀的闹剧。麻雀吃庄稼，于是有关部门号召人们消灭麻雀，帮助农民稳定庄稼产量。结果麻雀没有了，各种虫子却猖狂起来，庄稼遭到害虫的猛烈进攻；就连杨树叶子也被虫子吃光，树上布满了皮虫，呈现出冬枯现象。消灭麻雀的运动带来了严重后果，后来这出闹剧不得不停下来。这充分说明，不懂规律的“帮助”，很可能会帮倒忙。帮助，是需要资格和能力的。所谓资格，就是懂得规律，富有经验，不盲目帮助，比如想要帮助病人，就必须懂得护理病人的常识；所谓能力，就是有把握，能取得理想效果，比如想要下水帮助落水者，就必须自己会游泳。

我从这个故事中还体会到，“帮助”要建立在对被帮助者充分尊重的基础上。故事中的小孩子用剪刀剪开蛹壳，帮助蝴蝶脱蛹而出，这是无视蝴蝶自生能力的行为。我们不必去责备那个小孩子，但不等于说帮助别人就可以无视被帮助者的自尊。帮助他人之前，一定要考虑到被帮助者的心理。一般说来，需要帮助的人，多是一些生活、学习、工作上的弱者，他们或者身体有残疾，或者年事已高，或者暂时处于落后位置。这些人的自尊心会比较敏感，他们不愿意被人怜悯，愿意表现自己独立、平等的人格。如果我们不考虑这些细微的因素，只是从一种善良的帮助心理出发的话，那么我们的帮助就有可能遭到拒绝。远的不说，就以北京残奥会为例，我们有的志愿者好心好意地去帮助残疾运动员，他们非但不感谢，反而加以拒绝，令志愿者十分尴尬。志愿者的帮助肯定是真诚的，但为什么会遭到拒绝呢？在残疾运动员看来，我完全有能力独立通过马路，不需要任何帮助，你不能因为是来帮助我的就可以不征求我的意见。由此看来，在某些情况下，帮助也有一个是否被对方许可的问题，即便我们有资格、有能力去帮助他人，如果没有得到对方的许可，我们的“帮助”行为就不要轻易发出。“嗟来之食”的故事就是最好的证明。

我得感谢故事中的那个小孩子。他单纯幼稚的行为虽然导致了一个不好的结果，却给了我深深的思考，如果没有这个故事，也许我对“帮助”二字的理解仍然是简单的、肤浅的。现在，我懂得了“帮助”并不是一件简单的事情，它会在我以后的人生道路上产生积极的影响。我也希望凡是读了这个故事的同学，都能够从中受到启发和教益。

教师“下水文”抓住材料中的关键词“帮助”，这是立意的切入点，也是论述的核心。原材料中的小孩子好心办坏事，帮了倒忙。现实生活中，此类事情并不少见。因此，“小议帮助”就可以作为题目。

文中分析、讲道理的句子是：

① 这本是好心，结果适得其反，蝴蝶根本飞不起来，还很可能会因此而死去。

② 不懂规律的“帮助”，很可能会帮倒忙。帮助，是需要资格和能力的。所谓资格，就是懂得规律，富有经验，不盲目帮助，比如想要帮助病人，就必须懂得护理病人的常识；所谓能力，就是有把握，能取得理想效果，比如想要下水帮助落水者，就必须自己会游泳。

③ 小孩子用剪刀剪开蛹壳，帮助蝴蝶脱蛹而出，这是无视蝴蝶自生能力的行为。我们不必去责备那个小孩子，但不等于说帮助别人就可以无视被帮助者的自尊。

④ 一般说来，需要帮助的人，多是一些生活、学习、工作上的弱者，他们或者身体有残疾，或者年事已高，或者暂

时处于落后位置。这些人的自尊心会比较敏感，他们不愿意被人怜悯，愿意表现自己独立、平等的人格。如果我们不考虑这些细微的因素，只是从一种善良的帮助心理出发的话，那么我们的帮助就有可能遭到拒绝。

如果没有了这些分析、讲道理的句子，只是举例，那么文章的说服力就会削弱许多。

写作课设计之六：议论文病例分析

（两课时）

第一课时

题目：战胜自己最重要

要求：1. 写一篇议论文；2. 不要写成“观点＋例子”式的文章；3. 加强分析说理；4. 不少于 800 字。

一、明确本课主要任务：分析学生作文中的突出问题

学生的作文交上来后，老师发现问题比较突出。可以说，学生还不会写议论文。请看两篇问题比较突出的作文，看后小组讨论，指出存在的问题。

战胜自己最重要

人生中难免遇到困境，当我们陷入困境时，不应胆怯，而应该勇敢面对困难，战胜困难，战胜心中的阻碍，战胜自己，获得成功。因此，我认为战胜自己最重要。

中国古代伟大的史学家，司马迁，他在遭遇宫刑后，凭借着坚忍的意志，忍受了巨大的屈辱，忍受了巨大的身心创伤，仍然写就了“史家之绝唱，无韵之离骚”的《史记》。他是十分不幸的，他生活在那样一个黑暗的年代。不过他又是幸运的，他用他的意志力赢得了名垂千古的美誉。他用他的坚强，战胜了困境，战胜了自己，获得了巨大的成功，他从未想过放弃，而是一直努力，一直前进。

著名的音乐家贝多芬，他的一生有许多优秀的作品，但有许多作品都是在他失聪后创作的。他通过自己的才华以及努力，不断地创作，完成了《命运》交响曲。他战胜了自己，是他顽强的意志帮助了他，即使他的身躯有残缺，即使他没有优越的条件，他仍然战胜了自己。

著名的运动员桑兰，由于在一次比赛中的失误，不幸成了一名残疾人。人们都认为她将从此失去希望，失去前途，可她却用微笑面对了全世界。她凭借着自己的努力，成了一名出色的记者，她告诉了我们人生的道路要靠自己去闯，人生的未来需要自己去努力，于是她战胜了自己。

战胜自己才能愈发生命的活力，无论是健全的身躯还是残缺的臂膀；无论是优越的条件还是困窘的环境，我们都要战胜自己。

战胜自己最重要

漫漫历史长河中，多少英明的君主励精图治，创造了前所未有的辉煌；又有多少昏庸的国君亲手毁灭了先祖创下的大好河山。这其中的奥妙不言而喻，那就是能够战胜自己的人，才能成功。

春秋五霸之一的楚庄王当政的前三年，成天饮酒作乐，不理政事，还不听贤臣进谏。可在日月的磨砺之下，他逐渐显露锋芒，终于一飞冲天，一鸣惊人，创造了“问鼎中原”的霸业。这全要靠他自己战胜内心的懒惰和阴影。只有能够做到不懒散，不惧怕自己内心阴暗面的人，才能够创造辉煌的成就。试想假如当年楚庄王继续活在个人的混沌之中，不厉兵秣马，又怎么会青史留名，流芳千古？所以，自己的内心一旦战胜了自己的意志，后果不堪设想。相反，一个人的意志强大到可以攻克自己内心的阴暗面，那么这个人会非常强大。

著名的隋文帝杨坚年少时，只是北魏的小官吏，无名无势，成天只是闷闷不乐，胸中志气难以实现。而后北魏动荡时，杨坚终于不甘人后，奋发而起，从将领到丞相再到大丞相，独揽朝政，杨坚战胜了自己的怯懦，并在建立大隋后战胜了原西魏势力的叛乱并统一天下。能做出这样的事迹，靠的可不仅仅是运气，更不是星相家的阿谀之言，而是杨坚不甘人后的心和战胜自己的勇气。如果当年他没有勇气战胜自己所处的困境，或许在历史上具有里程碑式意义的大隋便不会存在了。

著名的NBA球星迈克尔·乔丹当年完成三连冠的伟业后，陷入了父亲死亡的低谷中无法自拔。他一度自甘堕落，垂头丧气不敢迎接新的生活。但是在闭关一年之后，他走出了阴影，战胜了自己的心魔，再次带领球队完成三连冠的伟业，为后人所称颂。而乔丹之所以能完成这样的事迹，全凭他困难时没有自暴自弃，而是卧薪尝胆，在经历了一系列苦痛之后，他终于坚持下来，没有放弃，战胜了自己。如此可见，无论遇到什么困难，都不要惧怕自己内心的魔障，就能成功。

如此一类的事例数不胜数，多少曾经辉煌不可一世的人败给了自己，多少不起眼的小角色因为战胜自己而走到了成功的巅峰。所以，战胜自己是每个人心中必须渡过的难关，只有这样，才能获得成功。

二、小组讨论，交流意见，明确问题

这两篇文章的毛病是共同的，很有代表性，占到了同学们作文的二分之一。不改正这些毛病，就写不好议论文，我们要出“重拳”，下大力气。问题主要有以下几方面。

第一，两篇作文的共同毛病是“观点 + 例子”，不是真正的议论文。议论文的关键是讲道理，进行分析。为什么说战胜自己最重要？这个道理一定要讲清楚，例子不是关键，道理才是关键。第二，两篇作文重复举例，没有变化。例子是来凑数的。如果把例子去掉，文章还有什么呢？第三，例子不够恰当。楚庄王少年即位，面临朝政混乱，为了稳住事态，他表面上三年不理朝政，实则暗地里在等待时机，与“战胜内心的懒惰和阴影”不相关。其他的例子也有问题，都是历史著名人物的例子，司马迁、贝多芬、桑兰都是残疾人，楚庄王、杨坚都是君王，迈克尔·乔丹是著名球星，他们远离学生，属于比较极端的例子。还有，这些人物究竟是怎样战胜自己的？战胜的过程是怎样的？并没有写清楚。

三、提供一个基本的写作思路，请学生修改或重写

要想写好本文，应该从以下三个方面入手。第一，“是什么”，即讲清“战胜自己”的含义。第二，“为什么”，即讲清“战胜自己最重要”的道理，这是核心部分。第三，“怎么办”，即讲请“如何战胜自己”。这三个方面体现了文章内在的逻辑关系。议论文是有逻辑构成的，它的内部是有机的整体，缺少了其中任何一环，文章就不完整。看到一个议论文的题目，就应该很快构建出它的内在逻辑框架。这种建构能力是写好议论文的基础。当然，中学生不可能一步到位，但只要加强训练，这种能力就会逐步建立起来。文章结构如下：

是什么——讲清“战胜自己”的含义

↓

为什么——讲清“战胜自己最重要”的道理

↓

怎么办——讲清“如何战胜自己”

或许有学生怀疑，这是不是写作的“套路”？我的回答是：套路很重要。所谓“套路”就是思维的规律。议论文要求思路严谨，思辨性强，必须遵循一定的规律，不能随意发挥。不要简单地否定“套路”，就像不要简单地否定“八股文”一样。

四、讨论一个更加具体的问题

在议论文中，一个典型的议论段是由几个层次构成的？先讨论，后交流。

是由四个层次组成的，即论点、阐述、举例、小结。开头提出论点，接着阐述论点，即分析，然后举例证明论点，最后分析例子并照应论点。表示如下：① 提出论点；② 阐述论点；③ 举例证明论点；④ 分析照应论点。

五、启发学生反思

在学生的作文中，对“自己”做了窄化理解，认为自己就是指个体的人。其实，“自己”可以指个体人，可以指一个单位，也可以指一个民族或一个国家，还可以指人类自己。启发学生想一想，人类自己有没有问题？有，比如人类为了满足自身的欲望，无休止地掠夺地球资源，使得我们居住的地球不堪重负。人类要想在地球上长期生存下去，就要战胜自身的贪婪，与地球上的一切和谐共处。

请学生回去后，把这个题目重写一遍。明天交给课代表。

第二课时

一、明确这节课的两个任务

第一，老师写了一篇“下水文”，先读，后以组为单位进行交流，把你感受最突出的地方写到笔记本上。第二，互相批改重写的作文。

下发“下水文”：

战胜自己最重要

人们习惯于“战胜敌人”“战胜对手”，对于“战胜自己”可能有点不解，甚至要问，战胜自己？什么意思？

“战胜自己”包括三个方面的含义：第一，战胜自身性格或习惯上的弱点，比如贪婪、懒惰、嫉妒、骄傲、懦弱、马虎，等等。第二，超越自己，超越已有的成绩，勇敢开辟新的天地，不断创造“新我”。第三，战胜命运带给自己的不公，比如坎坷、残疾和严重疾病等，能高扬生活的风帆，披风斩浪，笑对人生。

清楚了“战胜自己”的内涵后，接下来要回答一个核心问题：为什么战胜自己最重要？人在前进的道路上，战胜“敌人”“对手”固然重要，但是最重要的是战胜自己。人最大的敌人往往不是别人，而是自己；打败自己的，往往不是别人，而是自己。因此，要想战胜别人，首先要战胜自己；要想事业成功，就必须战胜自身阻碍成功的弱点。在每个人身上，都有两个自我，一个是高尚的自我，一个是渺小的自我。这两个自我始终在进行斗争。高尚者之所以高尚，是因为高尚的自我不断地战胜渺小的自我；渺小者之所以渺小，是因为渺小的自我不断地战胜高尚的自我。人在成长过程中，一定要清醒地认识到，自身的弱点往往就是自己最大的敌人。作为一名学生，抄别人的作业，固然省事，却失掉了独立完成作业的能力；逃避值日，固然省劲，却丧失了忠于职守的责任感；乘车逃票，看似沾光，却丢掉了诚信的做人原则。一个没有能力、责任感和做人原则的人，是没有立足之地的。这不就是自己打败了自己吗？有的成年人从事学术研究，小有成就，便自高自大，墨守成规，最终被时代淘汰。

有的学者，剽窃他人成果为己有，以为别人发现不了，最终受到严厉惩处。这不就是自己打败了自己吗？有的人在生活中遭受了一点挫折，就垂头丧气，一蹶不振，甚至连生活下去的勇气都没有了。这不就是自己打败了自己吗？无论是学生，还是成年人，连自己的弱点都不能战胜，又如何去战胜别人呢？又如何取得事业的成功呢？因此说，战胜自己最重要。

既然如此，那么怎样才能战胜自己呢？首先要保持清醒的认识。要认清自己的优点和缺点，要正视自己的问题，理性客观地分析、解剖自己。鲁迅先生说，他时常无情地解剖自己，发现自身的弱点，以便疗救。认清自己，才能克服自己，才能战胜自己。其次要有勇气。战胜自己，意味着否定自己。敢于否定自己是需要勇气的。孔子说："知耻近乎勇。"护短，是缺乏勇气的表现。最后，要有坚强的毅力。战胜自己是艰难的、痛苦的，没有毅力就战胜不了自己，古今中外许许多多的事例充分证明了这一点。

《尚书》中讲："天作孽，犹可违；自作孽，不可活。"我们提出"战胜自己最重要"这个观点，是希望人们了解人性的弱点，警惕自身的毛病，不要让自身的弱点成为阻碍进步的绊脚石，更不要让自身的弱点成为葬送自己的陷阱。

二、学生以组为单位交流讨论

学生讨论后认为，"下水文"结构完整清晰。先写"是什么"，再写“为什么”，最后写“怎么办”。这也是本单元的训练重点。教师给学生一个基本思路，等学生达到一定程度之后，就可以突破这个思路。现阶段，掌握这个思路是必要的。“下水文”中的举例，与学生的写法不同，比较简洁，紧扣论点。教师不是去叙述故事情节，而是为论点提供佐证。教师并没有举很多古今中外名人的事例，而是结合当前实际，尤其结合中学生的实际来论述，这就有了亲切感。

三、学生将自己感受最深的点写到自己的笔记本上

四、互批作文，教师总结

学生重写的作文比第一次有了明显进步，这是可喜的，也是我们期待的。

师：有的同学写得很充实了，最多的达到了2000字。经过了以上几节写作课后，老师相信每个同学对于写好本文已经有了一个比较清晰的认识。现在，就请你们用这个认识去批改别人的作文。肯定优点，指出不足。用红笔批改。写旁批、总批，最后要签上自己的姓名。改完后，每个组推选出一篇优秀之作。

学生批改得很认真，对批改标准理解和掌握得也比较准确。检查了一部分，效果良好。重写，在传统的写作教学中不多见，在单元写作教学中，它是重要一环。作文，不能打一枪换一个地方，蜻蜓点水，隔靴搔痒，不解决问题。写不好就要重写。有的学生重写了三遍，这种精神值得表扬。批改结束，将作文本交还本人。

师：本人若有不满意的地方，可找老师交流。如果有的同学还想把自己的作文请老师当面批改，也请同学们找老师。同学们的第一次作文得分按实际得分记入过程性评价中，重写的统一增记 6 分。希望同学们在下一个议论文单元的写作中取得更好的成绩。

作文是“抄袭”的

——一堂作文讲评课

尊重学生，不是一句空话，它体现在教师的一言一行中，体现在每一堂课上。尊重学生，不但要尊重那些学习好、纪律好的学生，也要尊重那些学习有困难、纪律有问题的学生，即便是对那些犯了错误的学生，也要尊重。此文记录了我爱护有缺点、错误的学生的人格的做法，内容如下。

我经常在作文课上朗读学生的优秀作文，因此，谁的作文被读的次数多，谁就成了班里的“小作家”，成为大家羡慕的对象。在这样一种机制下，有个别同学为了能让自己的作文被老师宣读，就采取了“特殊”方式。

这是一节作文讲评课，我先读了语文课代表的作文，接着读下一篇，这篇作文的题目是《一块手帕》。我在批改作文的时候，便被这篇作文深深地吸引住了。文章构思精巧，立意美好，读后令人回味无穷。我想把这篇作文推荐给文学杂志，并先与全班同学分享。

不料我刚一读完，一位男生立即举手，说：“这篇文章是抄的！”他的话音刚落，全班哗然，刚才平静的教室就像沸腾的锅水一样。同学们议论纷纷，把目光投向了那位同学，他则羞愧得低下了头。

这样的场面我还是第一次遇到，怎么处理这个“意外”呢？我的头脑飞快地转着，我想起了雨果的名著《悲惨世界》中的一个情节：冉阿让偷走了教堂里的两个烛台，被抓住后，神父非但没有惩罚他，反而慷慨地把烛台送给了冉阿让。神父的举动使冉阿让的良心受到了深深的谴责，他突然明白了做人的道理。从那以后，冉阿让以拯救灵魂堕落者为己任，帮助穷人，宽恕了与他作对的沙威。我深受雨果作品的影响，特别是他作品中表现出来的人道主义。现在，面对学生指出同学抄袭作文的尴尬局面，我应该怎么办？对这件事情的处理，不仅仅是作文课的问题，而且直接关系到学生的人格尊严。

经过短暂的思考后，我说：“同学们，这篇文章写得好不好？”

“好是好，可是……”

“我问的是这篇文章写得好不好，不管其他。”

“太好了。”大家齐声回答。

“那就请同学们谈谈这篇文章好在哪里。请发言的同学到讲台上来说。”

一位、两位、三位……共有八位同学发言。大家高度评价了这篇文章。我看同学们的注意力已经顺利转移，而且发言水平很高，便接着问：“同学们，这样好的文章我以前读得不多，可能同学们读得也不多。以后多给同学们推荐一些优秀的文章，在班上宣读，你们以为如何？”

“太好了！”众口一词。

“那么，对今天第一个给我们推荐优秀文章的同学，大家说，怎么办？”

“非常感谢！”

同学们似乎一下子明白了我的用意，齐声欢呼。

“从今天开始，每周推荐一篇优秀作文，全班同学轮流推荐。可以拿原文来读，也可以抄写到自己的作文本上。不过，抄写的时候别忘记注明作者和出处。”同学们会心地笑了，那位抄袭作文的同学也如释重负地笑了。

从那以后，我所教的班就建立了每周一次推荐优秀文章并朗读的制度，一直坚持到他们毕业。学生阅读了大量的课外作品，丰富了他们的知识，陶冶了他们的情操。

这是一个意外收获。试想，如果当时我把那位抄袭作文的同学叫起来质问一番，批评一顿，也许是应该的，但会给他造成很大的精神压力，也许他会从此就抬不起头来。

几天以后，那位同学写了一篇作文，其中有几句话是这样写的：“当我听到同学指出这篇作文是抄袭的以后，我的头脑‘轰’地一下，我立即陷入极度的后悔之中。我的脸‘腾’一下子烧了起来，火辣辣的难受。我想，这下全完了，我把人丢尽了。当时的我，恨不能从地上找个缝儿钻进去。可后来老师并没有批评我，而是引导同学们感谢我推荐了一篇优秀的文章。我的天哪！老师救了我一命，替我挽回了面子。当时，我不知该怎么感谢老师。我将永远记住这次教训。”

这篇“感受”写得很生动，表达了学生的真实想法。教师要爱护学生的人格，不是挂在口头上的，而是体现在教师的一言一行之中。一个好教师，应该是学生心灵的带路人，是学生的精神导师，同时还是其人格的呵护者。学生在学校所学的文化知识有些也许很快便会忘记，有些也许在社会上根本就用不上。但教师对学生的尊重、爱护和引导，将永远使学生牢记在心，终生受用——这就是教育的真谛。

掌声响起来

在我的班主任工作经历中，有这样一个学生：长得瘦瘦的，走路一瘸一拐，因小时候生病打针影响了大脑发育，他记忆力差，学习吃力，成绩在全班倒数第一。在我的记忆中，他从来没有完整地背诵下一篇课文，即便是一首五言绝句他也很难顺利地背下来。有一次，开家长会，他父亲对我说："程老师，以后您就不要让他背课文了吧。"听了他父亲的话，我心里很难过，当时我答应了他父亲的要求，但我并不甘心，总盼望着奇迹出现，甚至连做梦都梦见他顺利地背过了一篇课文。由于他学习成绩差，同学们瞧不起他，还拿他开玩笑，使他的自尊心受到了伤害，他整天一个人闷闷不乐，没有哪位同学愿意和他交朋友，甚至没有人愿意和他同桌。我看在眼里，急在心上，想办法改变这现状。

有一天，我把他叫到办公室，让他坐在我的旁边。我说：

"同学们瞧不起你，你感觉到了吗？"

他点点头。

"你甘心吗？"

他摇摇头。

“明天的语文课上，我要检查背诵课文。我现在提前告诉你，我要检查你，你有没有决心背过？”

他低下了头。

长期的失败，他已经对自己失去了信心。同学的冷落，也使他对成功漠然了。但我相信在他心灵深处仍然有希望的火种，只要能碰到火花，这火种就会燃烧起来。我记得在一次校运动会上，他两眼紧盯着田径场上跑在前面的同班同学。当那位同学第一个跑到终点时，他高兴得手舞足蹈。我清晰地记得这个细节，因此我对他有信心。

“老师相信你经过努力一定能够背过这首诗。你要争口气，让同学们瞧得起你！”

他的眼睛一亮。他看着我。

“放学后回到家里，其他什么事情也不要做，只管背课文。让爸爸妈妈帮你。有决心吗？”

“有！”他点了点头。

期待，我期待着奇迹出现。我的尝试能否成功，就看他的表现了。第二天的语文课上，我先叫语文课代表背，目的是让他喘口气、稳稳神，别太紧张。语文课代表背得很熟练。不管什么时候检查语文课代表背课文，我都不用担心，他保准早就背过了。课代表背完了，我叫他背。语文课代表看了我一眼，意思是，老师怎么叫他呢？那不瞎耽误工夫么？我心里明白，但装作没看见，把目光投向了他。

他还是有些紧张，背得磕磕巴巴。我直为他担心，但仍用信任的眼光看着他，我的眼睛告诉他，你一定能背下来！

“……半匹红绡一丈绫，系向牛头充炭直。”

他终于背下来了！全班同学睁大了眼睛，面面相觑。我带头鼓掌，接着，教室里响起了一片热烈的掌声。

我对全班同学说：“有一首歌，题目是《掌声响起来》。今天的作业就是用这首歌的题目写一篇文章，就写今天背课文的经过。”

这个尝试让我明白了一个道理，就是在我们看来即便是没有什么希望的学生，他们内心深处那种想要强大起来的念头一点也不比其他学生差，如果我们的教育能够给他们创造一些条件，激励他，调动他的积极性，是可以鼓起他们的信心并取得一定成绩的。最害怕的是，他自己失去了信心，老师和家长也失去了信心。作为教师，什么时候也不要对学生失望。杰出的教师就是要不断地强化学生的自信心，让学生认识到自己能行！

教师对学生要期待到永远！

教材研读

我教《背影》

我很喜欢朱自清的《背影》，教过很多遍，每次都会被感动。随着年龄的增长、阅历的丰富，我对此文的感受就越来越深切。我认为，《背影》对于中学生的成长非常有益，是“教文育人”的典型课文。我最近一次教《背影》是2018年12月，用了三个课时。下面我把自己的教学过程向大家做一汇报，以就教于各位方家。

我先让学生自己读课文。这是我的一贯做法，我把它叫作“原始阅读”。我教学36年了，除了刚参加工作的头几年喜欢放录音外，后来就一直坚持让学生自己读书。我也不主张学生课前预习；就在课上读。我认为，学生认真读课文是语文课堂的组成部分，不是可有可无的。课上阅读与课前预习是两种读法，我更加注重课上阅读。课上阅读有一个“场”，一种特定的氛围，我很喜欢这种氛围。很多学生晚上不喜欢在家中自习，偏偏愿意大老远跑到学校上晚自习，要的就是这个氛围。

学生读毕。我说：“内心受到触动的举手。”有几位举手了。我又说：“没有受到触动的举手。”也有几位举手。我叫了一位学生，让他说说为何没有触动。他说："作者太夸张了。短短一篇文章，作者哭了好几回。太夸张了！"我问学生："和他一样感觉的举手。"有几位学生也举手了。我说："不同意见的举手。"一位学生说："我觉得语言很质朴。"于是，我在黑板上写了两个词："夸张""质朴"。同一篇文章，学生的最初感受明显不同，我把这种现象叫作"原始理解"。学生的"原始理解"是教师教学的逻辑起点。

我叫说"夸张"的学生读开头一段，然后让他说说感觉。他说："很普通，我们写作文就常这样开头，一点也不绕弯子，开门见山。"我问他："夸张吗？"他说："不夸张。"他有了最初的转变，于是我和学生开始讨论。作者说自己"与父亲不相见已二年余了"，第二段的"那年冬天"指什么时间？学生说是两年前。我更正道，"已二年余了"是从写《背影》的时间算起，即 1925 年 10 月的前两年；"那年冬天"则是指八年前，即 1917 年冬天。前后相隔八年。这样，时间概念清晰了。

"那年冬天"，朱自清家祸不单行，祖母死了，父亲失业。父亲在徐州的家中一片狼藉，作者不禁流下眼泪。请学生回答，谁遇到这样的情形不难过呢！流泪是不是自然的事情？夸张吗？学生说：自然，不夸张。学生发生了进一步的转变。作者写道："父亲说：'事已如此，不必难过，好在天无绝人之路！'"我问学生："父亲似乎很想得开，似乎不怎么难过。对吗？"父亲的话很值得玩味。父亲为什么不说"人死不能复活，已经尽孝了，没有遗憾"呢？作者为什么流泪？作者看到满院狼藉又想起祖母去世才流泪的。祖母去世很可能与父亲失业有关。

父亲说“不必难过”，主要是针对自己失业，意思是反正工作已经丢了，难过也无济于事，干脆就不必难过，车到山前必有路。这是朱父无奈之语，宽慰自己，同时也宽慰儿子。儿子看到父亲失业，由原来有身份、有地位的头面人物沦落到这般境况，为父亲感到难过。这是第一次流泪的主要原因。

第三段写回到老家扬州的情况。变卖典质，还亏空，又借钱办丧事，境况凄惨。作者写道：“这些日子，家中光景很是惨淡，一半为了丧事，一半为了父亲赋闲。”由此可见，父亲失业对这个家庭来讲是一件大事，顶梁柱折了。至于朱父失业的原因，朱自清应该清楚，但文中没有明讲。不讲也等于讲了，1928 年朱父看到这篇《背影》，“手不住地颤抖”，其心情一定是复杂的。朱父有没有自责的成分在里面呢？或许多少有点吧。但是，当时的朱父没有被击倒，他为了这个家庭，要继续谋份差事，去南京找工作；朱自清也要回北京念书，到南京浦口车站乘火车，于是同行。这样，作者的路线图就很清楚了：北京—南京—徐州—扬州—南京—浦口车站。

第四段的开头很费解。作者写道：“到南京时，有朋友约去游逛，勾留了一日。”这句话与全文很不协调。按说，家有丧事，父亲又失业，作者哪有闲情逸致去游逛？我问学生：“这话是不是多余？可否删掉？”学生说不能删，因为能够说明朱自清对父亲很不在乎，与父亲对自己的关心形成了对比。我觉得有点道理，不过，我认为这样写可能与交代时间有关。会不会是当年浦口至北京的车次不是每天都有的原因呢？我没有考证。叶圣陶先生在《文章例话》中说，因为此处与“背影”关系不大，所以就一笔带过，并没有解释究竟是闲笔还是另有深意。

接下来写父亲送我到浦口车站。浦口车站在长江北岸，去浦口乘车需过江，要花费一些时间。因为朱父“事忙”，本说定不送儿子到车站，让茶房去送。但是朱父踌躇了一会儿，还是决定亲自送。注意，此处的茶房，与火车上的茶房当为两人。朱父后来改变主意，亲自去送，表现了对儿子的关心。可是，父亲的关心并没有得到儿子的理解。第五段主要写这层意思。对于讲价钱，作者嫌父亲说话“不漂亮”。这是什么意思？大概嫌父亲太计较，不够大方。父亲嘱托茶房“好好照应我”，作者就暗笑父亲“迂”，并且觉得自己长大了，能独立生活了。我问学生：“聪明过分”“太聪明”是什么意思？学生说“反语”，可以这样理解；但理解为“自嘲”更好。我又问：“作者为什么花一段的笔墨写自己不理解父亲呢？”学生回答：“表达后悔之情。”很好。作者写本文时，已经为人父，理解了做父亲的一片爱心，对两年前自己的不懂事表示了后悔。这里就产生了一个问题：当年 20 岁的朱自清真的不理解父亲么？我以为，很可能是当年朱自清对父亲心有不满。因为父亲的失业是自作自受，好好的局长职务被撤了，体面的工作弄丢了，家庭乱成一团糟，祖母因此悲伤过度而死。也就是说，正在北京接受高等教育的朱自清心中对父亲有些埋怨。带着这样的心情，看着父亲讲价钱，托茶房，暗笑其“迂”，就是正常的了。

如果文章按照这样的情绪写下去，《背影》就不会如此感人了，毕竟怨诽父亲不是一件光鲜的事。

第六段集中写背影。我先让学生读这一段，然后问：“这是怎样一个背影？”一位学生说：“这是一个让我心酸的背影。”我马上肯定她的回答：“很好！”我接着问：“心酸，这不是作者说的，而是你感觉到的。作为一个读者，你有自己的阅读感受，非常好。那么，作者笔下的背影是怎样的呢？”我让学生抓住课文中的关键词来加以概括。学生总结为：这是一个肥胖的背影、黑色的背影、蹒跚的背影、努力的背影。我又引导学生抓住几个动词，发挥想象，体会作者白描手法的生动感人效果。然后我问学生：“作者看着父亲这样的背影流泪了。这里的流泪与前面流泪的原因一样吗？”学生说：“不一样。前面是为祖母去世、父亲失业、满院狼藉而流泪，这里是看到父亲为自己艰难地上下月台买橘子的背影而流泪。”我接着问：“这里的流泪是夸张吗？”学生说：“不夸张。因为作者看了父亲的背影也感到心酸，父亲遭受了沉重的打击，却仍然疼爱儿子，亲自送自己上火车，还为自己买橘子，内心感动了。”我接着问：“作者内心还埋怨父亲吗？”学生说：“可能不埋怨了，开始心疼父亲了。”如此理解才能读懂“我赶紧去搀他”这个动作的含义。上段写到一件“紫毛大衣”，这是一件皮大衣，很贵重，是父亲给朱自清做的，因为北京冬天寒冷。所以，这时的作者，心中极不平静，情绪难以自持，等到父亲的背影混入来来往往的人群看不见的时候，就又流泪了。这时的流泪，包含着对父亲的理解和原谅。这一段写朱自清感情的微妙转变，转变的原因是出现了象征父爱的背影。

阅读这一段，我很重视学生的阅读感受。学生说感到“心酸”，这叫“读者意”。作者在这一段中并没有直接抒发“心酸”的感受，而是用白描手法再现父亲的背影，那肥胖的背影、黑色的背影、蹒跚的背影和努力的背影是作者表现的重点，这是“作者意”。“读者意”和“作者意”可以相吻合，也可以不相吻合。“读者意”有可能超越“作者意”，因为读者在文本面前不是被动的，可以根据自己的生活经历和阅读感受，产生个性化的理解。教师不要因为学生的“读者意”不符合“作者意”就予以否定。但是“心酸”在这里体现了“读者意”与“作者意”的高度契合，即共鸣。产生共鸣往往是一种高峰体验，在读者内心深处会产生强大的情感冲击。我们可以据此揣摩、想象一下，朱自清的两眼自始至终没有离开父亲的背影，就像一台摄像机，紧紧盯住父亲，看他上下月台，看他“穿过铁道”，看他“蹒跚”，看他“探身下去”，看他“两脚向上缩”，看他“身子向左微倾”，看他“两手攀着上面”，看他“努力的样子”……这画面太感人了，没有一点渲染、夸张，全是客观的描述，但是作为读者你不能不心酸，作为儿子的朱自清也不能不心酸。人的情感具有共性，即人性。心酸就容易流泪——朱自清流泪了，读者流泪了，这就是共鸣！

“心酸”促使朱自清转变了对父亲的情感态度，这是朱自清内心柔软的地方，是他善良的表现。我问学生：“既然心酸了，既然心疼父亲了，似乎不应该仅仅写一个背影。应该重点写父亲的正面，比如满脸皱纹、饱经沧桑等。可是作者偏偏只写了父亲的背影。为什么？”学生七嘴八舌，兴趣高涨。最后，我引导学生接受了一个写作的观点：写作要善于选取感情的“聚焦点”。写父亲的正面固然可以，但是作者心酸进而心疼父亲并流下眼泪，是由背影触发的，于是“背影”就成了感情的聚焦点，是一个特殊的视角。抓住背影，便于集中表达这种感情。提示学生写作时，要善于选取感情的聚焦点。

朱自清写到这里，内心的情感再也控制不住了，于是有了最后一段的感情抒发。如果说上一段主要是叙述、描写的话，那么，这一段主要是抒情和议论，作者内心的感情一涌而出。“近几年来，父亲和我都是东奔西走，家中光景是一日不如一日。”这话符合实际。朱家的败落始自朱父失业，再也没有重振辉煌。朱自清北京大学毕业，寄托着父亲的希望，可是朱自清偏偏选择了当教师。父子之间摩擦不断，一度十分尖锐。近两年来，朱父开始主动示弱，想缓和父子之间的矛盾，于是写信给朱自清，惦记儿子，问候孙子，还说自己“大去之期不远矣”。这话深深打动了朱自清，毕竟是自己的父亲，血浓于水！作者写道：“他少年出外谋生，独立支持，做了许多大事。”这是敬佩父亲，没有父亲就没有这个家！“哪知老境却如此颓唐！”这是同情父亲。“他触目伤怀，自然情不能自已。情郁于中，自然要发之于外；家庭琐屑便往往触他之怒。”这是理解父亲、原谅父亲。“唉！我不知何时再能与他相见！”这是思念父亲。至此，作者感情达到了高潮，然后戛然而止。

最后这段写得非常感人。我问学生，你们写作文，有这样大胆暴露自己家庭矛盾的吗？学生说：“没有。”我接着问：“同学们与自己的父亲发生过矛盾冲突的举手。”一多半举手。我又问：“后来理解了父亲、原谅了父亲的举手。”很多同学举手。“不原谅的举手。”竟然有一名学生举起了手。我说：“我不让你来解释，我会单独找你谈。”我一直认为，教师要拉近课文与学生的距离，使学生感觉到，虽然课文诞生的年代离我们很远，但是课文所表达的情感、思想离我们很近，甚至就是对我们现实生活的观照。也只有这样，学生才会觉得，课文和我有关系，我从课文中得到了教益，这是一篇好课文。比如我让学生读晏殊的《浣溪沙》，在品味“无可奈何花落去”一句时，我问学生：“你们谁对此句有共鸣？”一位学生举手说：“我。”我问她：“能说说吗？”她说：“我不能说。”我理解她：“好的，咱们不说。你有共鸣就足够了。”我接着说：“同学们，下一句是‘似曾相识燕归来’，充满了希望。其实真正的希望不在别人身上，而在自己身上，在于自己的努力奋斗。”我想，这就是在课文与学生之间建立了联系。我们阅读课文，心中要有学生，我们学习课文的主要目的是为了学生的健康成长。要知道，家庭影响对于一个学生的成长太重要了。俗话说“家家有本难念的经”，托尔斯泰说“不幸的家庭各有各的不幸”。这都是说，每个家庭都会有这样或那样的问题，这些问题对未成年人来讲，可能会摧毁他（她）对生活的希望。有些学生对人生失去信心，对社会产生怀疑，甚至仇恨这个社会，包括仇恨父母，首要原因来自家庭。教师的责任在于，用课文的阳光去照亮学生，用自己内心的阳光去温暖学生，鼓励学生强大起来，引导学生懂得用写作去书写自己的人生，取得人生的成功。

于是，我问：“同学们，朱自清先生为什么要写《背影》呢？”学生七嘴八舌回答。我说：“你们说得有道理，但是，你们没有从写作的触点上来回答。写作，要写触动心灵的事情，要写心灵的疼痛，不要写不疼不痒的东西。不要简单地粗浅地歌功颂德。古今中外，优秀作品大都是心灵受到触动之后的产物。‘盖文王拘而演《周易》，仲尼厄而作《春秋》，屈原放逐，乃赋《离骚》……《诗》三百篇，大抵圣贤发愤之所为作也。'白居易写《琵琶行》，是在贬官江州之后，苏东坡写《赤壁赋》，是在贬官黄州之后。古人讲'文章憎命达'。同学们，内心受到折磨，人生遭受苦难，才会产生表达的欲望，才会产生感人的文章。朱自清先生也是这样。家庭的变故，亲人间的矛盾，使作者内心悲痛、感伤，尤其是对父亲，从不理解到理解，到心疼，到原谅的这个过程，具有启迪人生的重要意义。"

我问学生："这样的课文是夸张呢，还是质朴呢？"

开头说"夸张"的学生站了起来，说："老师，我改变了自己的看法。这篇文章非常质朴。"我接着问："如果与散文《春》相比，哪一篇语言华美？哪一篇语言质朴？"学生回答："《春》华美，《背影》质朴。"我问："为什么？"学生说："因为本文表达的是真情实感。"我说："很好。表达亲情的文字不需要华美的语言。越质朴的文字，越能表达真情实感。"这样，教学实现了对课文的"基本理解"。这个"基本理解"是在经历一系列"后续理解"的基础之上实现的。当然，"基本理解"不是"唯一理解"，更不是"绝对理解"。在未来漫长的人生道路上，学生会对《背影》继续理解下去，生命有多长，理解就会有多长。

最后我想说的是，在整个教学过程中，学生的"原始理解"和"后续理解"给了我诸多触发。如果没有学生的触发，我就没有这些深切的体会；同样道理，没有我的引导、启发，学生就不会有诸多个性化的理解，就不会闪现思维的火花。所以，在教学过程中，教师和学生都是“主体”。教师的主导作用并不排斥教师的主体地位，恰恰是主导作用构成了教师作为教的主体地位。学生是教师教授的对象，是学习的主体，与其内因作用共同奠定了学的主体地位。

以上就是我教《背影》的基本情况。

我教《哦，香雪》

人生早期经历与其一生有什么关系？特别是受过伤害的经历是否会像基因一样嵌入人的心灵，影响着人生未来走向呢？这是我读《哦，香雪》受到的启发。这篇小说发表于改革开放初期，我不否认揭示了现代文明对封闭、传统生活方式产生的冲击，但是，优秀作家不只是时代脚步的记录者，更是穿越时代的恒久人性的思考者与表现者。当时代嬗变成为彰显恒久人性大背景的时候，时代的色彩才格外醒目，恒久的人性才格外深刻。

课堂上，我说，读了这篇小说内心受到触动的同学请举手。四十八位学生中只有一人举手。我接着说，喜欢这篇小说的举手。没有人举手。我由此知道了学生与作品之间的隔膜，也由此决定了我教学的逻辑起点。

我让几位女生到讲台上梳理《哦，香雪》的情节。她们边讨论边写在黑板上，概括出了八个情节片段，竟然把“香雪在学校受到伤害”一段遗漏了。我让其他同学提修改意见，有一位同学指出了这个重大遗漏。为什么会遗漏？这么重要的内容怎么就没有引起重视？这与小说的叙事顺序有关。从“火车开进台儿沟”

这个序幕开始，到“香雪上车换铅笔盒”的高潮，再到“香雪走回台儿沟”的余波，小说整体上采用时间顺序，即顺叙；而偏偏“香雪在学校受到伤害”一段是插叙。指出这个遗漏的同学说，香雪为什么要用四十个鸡蛋换回铅笔盒呢？原因就是她在学校被同学嘲笑、歧视，她的木质铅笔盒“羞涩地畏缩在桌角上”。但她不甘心，她要用实际行动来改变现状；她要做给同学看看，我香雪能改变自己！

说得多好啊！但是能够关注情节之间这一内在逻辑关系的同学太少了。这就需要教师紧扣文体规律重锤敲打，让学生明白一个道理：小说的情节是人物性格发展的历史。香雪受到伤害之前，是一位平静、单纯、善良的少女。这从插叙中看得出来：

> 她们故意一遍又一遍地问她：“你们那儿一天吃几顿饭？”她不明白她们的用意，每次都认真地回答：“两顿。”然后又友好地瞧着她们反问道：“你们呢？”
>
> “三顿！”她们每次都理直气壮地回答。之后，又对香雪在这方面的迟钝感到说不出的怜悯和气恼。
>
> “你上学怎么不带铅笔盒呀？”她们又问。
>
> “那不是吗。”香雪指指桌角。
>
> 其实，她们早知道桌角那只小木盒就是香雪的铅笔盒，但她们还是做出吃惊的样子。每到这时，香雪的同桌就把自己那只宽大的泡沫塑料铅笔盒摆弄得嗒嗒乱响。这是一只可以自动合上的铅笔盒，很久以后，香雪才知道它所以能自动合上，是因为铅笔盒里包藏着一块不大不小的吸铁石。香雪

的小木盒，尽管那是当木匠的父亲为她考上中学特意制作的，它在台儿沟还是独一无二的呢。可在这儿，和同桌的铅笔盒一比，为什么显得那样笨拙、陈旧？它在一阵嗒嗒声中有几分羞涩地畏缩在桌角上。

这一段写得叫人心疼！它能引起许多读者的共鸣。改革开放四十年，多少优秀人才就是从深山沟中走出来的！文中加着重号的字词有深刻含义，是品味咀嚼的重点。但是，今天生活在大都市的孩子感觉不到了。这是时代和区域差异造成的。这就需要教师铺垫，在课文与学生之间搭建桥梁。我说，同学们以前受过他人伤害的请举手。很多学生举手。我又说，这种伤害没有因时间流逝而淡漠，相反，与日俱增的请举手。也仍然有学生举手。我很惊讶，原来这么多的学生内心受过伤害！我问学生，不管制造伤害的人有意还是无意，成年人还是同龄人，它对你后来的人生产生影响了吗？有学生点头。我又问，你把它写成文章了吗？学生摇摇头，说："不敢写。"

这就是中学生。他们缺乏在生活与写作之间建立联系的意识，更缺乏写作就是写内心痛苦的自觉。他们经常写一些不疼不痒的"作文"，假、大、空居多。其实，无论阅读教学，还是写作教学，都具有启蒙意义，都能够唤醒学生心灵。当教学唤醒学生写作意识的时候，也就唤醒了他们的阅读意识；当阅读和写作意识都被唤醒的时候，他们就实现了成长。哲人说，理解就是在你中重新发现我。当阅读与学生的心灵建立联系后，学生才能感觉到阅读的必要性，阅读的意义才会显现出来。但是这种联系，不是必然地出现在学生的阅读过程中，它需要一个媒介，教师的作用就是努力在二者之间建立起这种联系。

小说的前半部分中，有“香雪追火车”一段，她向乘客打听自动开关铅笔盒的价格。同伴知道后说：“值不当的！”当别人开凤娇玩笑、嫁给“北京话”时，同伴说：“我们不配！”这都说明，她们头脑中有一种观念：认命，现实无法改变。但是，香雪不甘心。她是台儿沟唯一的初中生，她受到了文化的启蒙，产生了朦胧的觉醒意识。她受伤害后，“心再也不能平静了”，内心升腾起抗争的情绪。这种抗争与其说是人性的本能，不如说是文化启蒙的作用更加准确。同样生活在偏僻、封闭的台儿沟，香雪与同伴有了明显不同——这就是香雪人生的起点。

人的基因有两种，一是生理上的，二是文化上的。前者天生不可选择，后者人为环境造就。香雪和同伴的文化基因在起点处就分叉了，所以香雪早于同伴而具有觉醒意识。这既与香雪的家庭有关，更与她读书有关。初中生不同于高中生的地方在于，前者尚处于接受文化基因种植的时期，后者则在很大程度上具有了独立意识。铁凝写过中篇小说《没有纽扣的红衬衫》，表现女高中生安然的成长经历；还写过长篇小说《大浴女》，表现女主人公尹小跳备尝艰辛的成长经历与情感历程。铁凝的作品一贯关注女性命运，表现她们的独立自尊，笔法细腻深刻。可以设想，三五年之后，香雪和凤娇都面临着恋爱婚姻，她俩对丈夫的选择和对婚姻生活的要求肯定不一样。我们还可以想象得更远一些，二十年后，香雪和凤娇都因故失去了丈夫，面对重新择偶，香雪的艰难程度会明显大于凤娇。但是，从争取独立人格的意义上来说，香雪显然更具代表性。《哦，香雪》写的是人生起点，如果我们把《哦，香雪》作为一篇寓言来理解的话，它给读者的启迪就会更加深远：一个人，一个企业，一个国家，在其发展过程中，“香雪铅笔盒阶段”是一个必经的少年期，正是因为有了这样一个起点，才会有未来的辉煌。

我问学生，假如把《哦，香雪》压缩成1000字以内的小小说，哪些情节必须保留？学生达成了共识：“香雪在学校受到伤害”和“香雪上火车换铅笔盒”两个情节必须保留。凤娇的故事为什么可以舍弃呢？因为，凤娇不是作为与香雪平等的人物形象出现在小说中的，她是用来衬托香雪的。这与《百合花》中通讯员和新媳妇的关系不同。通讯员和新媳妇都是核心人物，不存在谁衬托谁，少了谁都不行。在《哦，香雪》中，少了凤娇固然是个遗憾，但无关大局，不影响对核心人物香雪的表现，至少是影响不大。只是因为有了凤娇等同伴的衬托，香雪的形象才更加丰满、生动。也就是说，作家在表现香雪这个核心人物的同时，也表现了另一个次要人物凤娇，还表现了少女群像；这样使小说的容量更大，时代感更强，人物性格更加多彩。

有同学问了：既然如此，作者为什么不把“香雪在学校受到伤害”一段放在开头来写呢？这是一个很有意思的问题。我们不妨沿着这个思路把情节按顺叙重新调整一下：

①“香雪在学校受到同学伤害”⟶②“火车开进台儿沟”⟶③“车站对话”⟶④“香雪追火车”⟶⑤“香雪上火车用鸡蛋换铅笔盒”⟶⑥“香雪走回台儿沟”

这样调整后，我们发现②③在小说情节发展中的阻隔太大，而且①与②之间很难衔接。作者没有这样安排情节，而是开头就用意识流的手法，用全知视角来叙述台儿沟传统的平静被打破，让香雪的“内伤”暂时隐藏起来，带着“内伤”与外界接触；待到合适的机会再揭示出来。这就是巧妙处理“隐”与“显”、“因”与“果”的小说技法。

铁轨和火车具有一定的象征意义，说它代表现代文明是有道理的。但是，作者写作目的主要不是表现改革开放给台儿沟带来的巨变，作者也不是着力表现台儿沟所谓“封闭、落后”。其实，台儿沟并没有发生真正变化；相反，用今天的观点看，台儿沟作为传统村落的存在，其文化价值显而易见。作者用“打破常规”的构思展开情节，让台儿沟从原先的平静中走出来，为香雪从“平静”到“不平静”的转变制造悬念、寻找外显的开口。

香雪的“不平静”在火车开进台儿沟前就有了，这是“果”。但香雪的“不平静”情绪得不到释放，因为没有机会。怎样才能让香雪的“不平静”释放出来呢？总得有一个开口。作者进行了精心选择，巧妙安排。作者没有选择汽车开进台儿沟，也没有选择旅游团队走进台儿沟，更没有选择大城市的学生到台儿沟考察。因为这些的可能性及容量比较小，经不起细细推敲。作者紧扣时代脉搏，把改革开放的大背景放了进来，让这个小山沟吹进了时代春风。这就是小说创作的高手笔法。

一般来说，小说家安排情节，总要力避平铺直叙，追求悬念与起伏。悬念须借助“藏”，就是蓄势，一层一层铺垫。蓄势到一定程度才揭示，从而取得跌宕的艺术效果。作者先把“伤害”

一段藏起来，即把“因”藏起来，显露“果”，即香雪不同于一般女孩的表现。请看：

> “香雪，过来呀，看！”凤娇拉过香雪向一个妇女头上指，她指的是那个妇女头上别着的那一排金圈圈。
>
> “怎么我看不见？”香雪微微眯着眼睛。
>
> “就是靠里边那个，那个大圆脸，看，还有手表哪，比指甲盖还小哩！”凤娇又有了新发现。
>
> 香雪不言不语地点着头，她终于看见了妇女头上的金圈圈和她腕上比指甲盖还要小的手表。但她也很快就发现了别的。“皮书包！”她指着行李架上一只普通的棕色人造革学生书包。就是那种连小城市都随处可见的学生书包。

一开始香雪的关注点就与众不同。读者要问了，这是为什么？不都是生长在台儿沟吗？难道香雪不食人间烟火？怎么违背人之常情呢？这个情节中只出现了书包，没有出现铅笔盒。这第一段藏。显然，这个“势”蓄得还不够。接下来，作者安排了第二段藏：

> 有一回她向一位戴眼镜的中年妇女打听能自动开关的铅笔盒，还问到它的价钱。谁知没等人家回话，车已经开动了。她追着它跑了好远，当秋风和车轮的呼啸一同在她耳边鸣响时，她才停下脚步意识到，自己的行为是多么可笑啊。

在这一段中，铅笔盒出现了，吸引香雪追着火车跑。同伴知道后说："值不当的！"作为读者，又产生疑问了：这个香雪怎么对铅笔盒如此痴迷呢？难道她天生与众不同吗？难道作者要塑造一位女神吗？如此不合逻辑，种种疑问缠绕读者心间。这就是悬念。铅笔盒的出现，预示着蓄势达到了一定程度，可以揭示原因了。但还需要一个小技巧，就是把铅笔盒与香雪在学校受伤害衔接起来。作者通过人物对话，实现了巧妙对接：

> "咳，你问什么不行呀！"凤娇替香雪挎起篮子说。
>
> "谁叫咱们香雪是学生呢。"也有人替香雪分辩。
>
> 也许就因为香雪是学生吧，是台儿沟唯一考上初中的人。

于是，香雪是初中生的情节出现了，揭开香雪痴迷铅笔盒原因的机会也就水到渠成了。接下来"香雪上火车用鸡蛋换铅笔盒"的高潮也就自然而然地出现了。

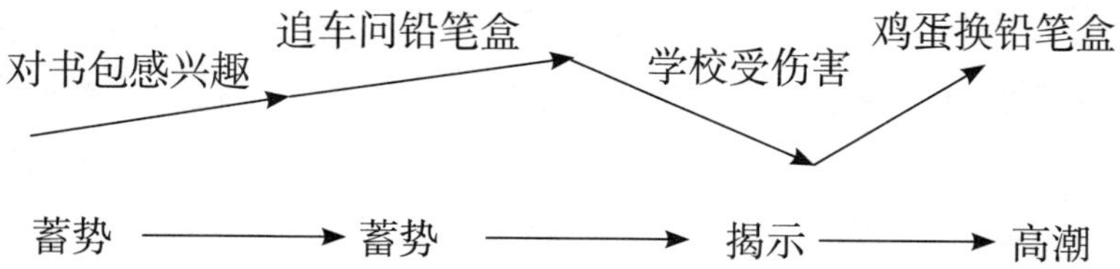

如果小说的开头就写"香雪在学校受到同学伤害"，就等于一上来就把谜底揭穿，就没有悬念了，也不会形成波澜。铁凝谙熟小说技巧，巧妙安排情节，该藏则藏，该显则显，张弛有度，抑扬得法。教师的教学一定是建立在尊重小说文体规律的基础上，不是简单地概念化、脸谱化。阅读教学的任务就是把学生从非专业读者培养成专业读者。当然，前提是教师首先是一个专业读者。

按说，写完香雪换回铅笔盒一段，小说内容也就结束了，可以收笔了。但是，作者用大段的心理描写来填补“香雪走回台儿沟”一段，为什么？这既是情节安排的需要，也是创作表现手法的尝试。按照传统小说的写法，完全可以压缩为一小段，简单地写香雪走回家即可。但是，本篇小说的特色是强烈的抒情色彩、浓厚的诗情画意以及意识流小说的笔法。作者站在香雪的角度抒发情感，表现这位少女在实现了自我超越后的内心感受，表现香雪从平静到不平静再到骄傲的心路历程。请看：

> 她忽然觉得心头一紧，不知怎么的就哭了起来，那是欢乐的泪水、满足的泪水。面对严峻而又温厚的大山，她心中升起一种从未有过的骄傲。她用手背抹净眼泪，拿下插在辫子里的那根草茎，然后举起铅笔盒，迎着对面的人群跑去。

香雪走出了自卑，战胜了害怕的心理，实现了自我超越。这是作家着力表现的地方，表现了作家对女性生存和成长的关注，体现了作家深厚博大的人文情怀。有学生说“香雪走回台儿沟”才是高潮。不是没有道理。但是，它更像高潮后的余波，渐渐散开，平复。心理描写一般不宜作为高潮看待。

同学对香雪的伤害尽管不是犯罪行为，但它会给少年香雪造成心灵上的深刻创痕。正是这样的创痕，促使香雪产生了抗争情绪。有了这样的抗争，最终才能走向成熟。人的抗争有多种表现形式，性质也不尽相同。香雪可以面对同学撒泼大骂一顿，或者嗤之以鼻。但那不是铁凝心中的香雪。作者把小说命名为“哦，香雪”，表现了作者对这个人物的怜爱、心疼和喜欢，那是爱到骨子里的一种感觉。我问学生，可否把标题中的“哦”字去掉？学生说不可，道理就在这里。老作家孙犁在《谈铁凝新作〈哦，香雪〉》一文中说，这篇小说，从头到尾都是诗，它是一泻千里的，始终一致的。这是一首纯净的诗，即是清泉。它所经过的地方，也都是纯净的境界。（见《青年文学》1983 年第 2 期）的确如此，文如其人，铁凝就是这样一位纯净的作家。只有心灵纯净的作家才能写出如此纯净的好作品。

我教《百合花》

我 1982 年参加工作，那时高中课本就有《百合花》，我教过后就深深喜欢上了这篇小说，还写过一篇《〈百合花〉与莱芜战役》的小文，发表在《莱芜日报》上。几十年后的今天，统编本高中教材《语文》必修上册又重新收录《百合花》，我自然有一种故友久违重逢的亲切感。

如今再教，感觉依旧，《百合花》写得实在是好。几十年前，自己尚幼稚，没有真正读懂，只觉得好，但理解不透，教学自然不会到位。我体会到，教语文，单靠学识渊博是远远不够的，还必须有丰富的人生阅历。以前也读过很多教学参考资料，却不能彻底解决问题；有些资料看了也化解不开。几十年过去了，如今我不用看很多资料，单是读上一遍，感觉就懂了，而且心领神会，有滋有味。看来，丰富的人生阅历就是最好的参考资料。

记得刚参加工作时，我把这篇小说的主题教成了“军民鱼水情深”。今天我对它的理解则大不相同。这篇小说是写人情、人性。今天的高中生与几十年前的高中生没有本质区别；他们都生活在这块土壤上，接受着共同的中华文化的滋养。学生的年龄是固定的，教师永远面对15—18岁的学生群体，他们受教学和生活环境的影响，在理解经典上仍存在一定障碍。还有，《百合花》的内容超出了中学生的情感经验，学生不能完全理解作者的深刻用意，更何况这篇小说外显的内容只是冰山一角，那水下深藏不露的宝物，除了极个别学生能苦心孤诣外，绝大多数学生实在难见真相。这就需要启发、引导、点拨。教师的作用，是在教材和学生之间搭建桥梁。而这搭建桥梁的技巧就是教学艺术。

我从小说文体入手，没有在所谓“青春主题”上花费精力。文体是教学设计的切入点；抓住了文体，就抓住了牛鼻子。什么是小说？过去，我们习惯用“人物、情节、环境”三要素来概括小说的特点。这是很表面化的做法。小说的本质特点是虚构以及散文化语言；人物是虚构的，情节是虚构的。大凡优秀小说，其核心任务是塑造人物，塑造人物的核心目的是表现人性；至于表现什么样的人性，则与作家的创作意图密切相关。

《百合花》集中写了几个人物？“我”、通讯员和新媳妇三个。哪一个是核心人物？学生有的说通讯员，有的说新媳妇，没有说“我”的。“我”既然不是核心人物，那在小说中起什么作用呢？学生说，第一人称叙述视角，推动故事情节发展，起穿针引线的作用，是重要人物。这个认识是对的。通讯员和新媳妇呢？都是核心人物。核心人物不一定只有一个。

教师问：作者是如何塑造通讯员这个人物形象的？此问目的在于引导学生认真读书，梳理相关内容。学生说通过一系列的描写：外貌描写、动作描写、神态描写、细节描写、侧面描写、语言描写，等等。我继续问学生：“哪段描写打动了你？”这很能考查学生欣赏小说的眼力，促进深入理解。

一个学生说，这个通讯员与“我”在一起腼腆羞涩，但他临走时掏出两个馒头，朝“我”扬了扬。他还是挺关心人的；外表不善言谈，内心火一般热忱，挺感人的。另一个学生说，他被通讯员“扑”在手榴弹上的行为感动了。这是借助侧面描写来表现他的勇敢。我说，很多文艺作品中都有表现战士勇敢杀敌、奋不顾身的描写，这似乎很正常，怎么你就感动了呢？前面也写了几个重伤员，你并没有感动，为什么这里就感动了呢？学生不能回答。我引导说，通讯员“扑”的行为，说明他很勇敢，可他在女性面前呢？学生忽然明白了：这里形成了鲜明对比。这个见到女性就脸红、腼腆、忸怩、羞涩的通讯员，原来在战场上是如此勇敢无畏！这才是被感动的原因。也就是说，通讯员的完整形象是剥笋一样慢慢形成的。至此，学生恍然大悟。学生自己被感动，但不一定能说清楚原因。这是他们对小说笔法认识不够的表现。教师要引导学生概括通讯员这个人物形象的特点，应该用“质朴、纯真、憨厚”。

另外，通讯员的形象是通过“我”态度的变化逐步显现出来的。“我”对通讯员的态度，最初“生气”，然后发生“兴趣”，接着“亲热”起来；当看到他“傻乎乎”的样子时，竟然“爱上了”他。这个变化多大呀！为什么会有这样的变化？一个“傻乎乎”的人，有什么可爱的呢？这是本篇小说很难理解的地方。通讯员的“傻”，说明了他的单纯、质朴，没有“心机”，似一盆清水。因此概括通讯员的形象，一定要准，那就是质朴、纯真、憨厚。人生在世，你是愿意和心灵透亮的人交往呢，还是愿意和心机深重的人交往呢？答案是明确的。作者茹志鹃写作本篇小说时，在生活中遇到了沉重打击，让她更加想念战争年代，虽然艰苦，但是人与人之间的关系是清纯的、美好的。学生很难体会到这一点。这就是写人性。这里的“爱”，不是男女谈恋爱的爱，而是同志之间纯正的友爱。这大概是处在青春期的高中生难以理解的一种感情。

我喜欢《百合花》，更重要的原因是新媳妇这个形象塑造得好。作者对她也进行了各种描写，其中最精彩的是语言和神态描写。新媳妇喜欢笑，“好像忍了一肚子的笑料没笑完”。请看这一段：

> ……那位新媳妇也来了，她还是那样，笑眯眯地抿着嘴，偶然从眼角上看我一眼，但她时不时地东张西望，好像在找什么。后来她到底问我说：“那位同志弟到哪里去了？”我告诉她同志弟不是这里的，他现在到前沿去了。她不好意思地笑了一下说：“刚才借被子，他可受我的气了！”说完又抿了嘴笑着，……

作者写得活灵活现，如在眼前。教师可以让学生练习朗读。这种朗读叫作“表演式朗读”，即像演员一样来表演着读。比如读“刚才借被子，他可受我的气了”这一句时，前后都应加上笑声，这就把新媳妇的神态表现出来了。学生很难理解到这个程度，因为新媳妇逗通讯员玩的那一段，是新媳妇的“杰作”，她为自己的“杰作”而笑。

“他可受我的气了”这一句太令人遐想了。那究竟是怎样的一个场景呢？教师借助“场景还原”的方法，启发学生再现新媳妇和通讯员的对话。找两个学生，一个扮演通讯员，一个扮演新媳妇，来一次对话。估计学生会搞笑，对不到点子上。这就要点拨。本篇小说有多处“暗示”：

1. 乡干部的出场。（说明工作繁忙，村里人手不够，便让包扎所的人自己去借被子。同时暗示新媳妇的丈夫也上前线去了）

2. 通讯员“大姐、大嫂”地喊。“我”看到新媳妇“头上已硬挠挠地挽了髻，便大嫂长大嫂短地向她道歉，说刚才这个同志来，说话不好别见怪等等。”（说明通讯员傻乎乎的，不知怎样恰当称呼新媳妇。傻乎乎的小伙子引起了新媳妇的好感，便想逗一逗他）

3. 通讯员说“老百姓死封建”。（很可能是新媳妇说了“女人盖的被子不能给陌生男人用”，“男女授受不亲”之类的话，来逗通讯员）

4. 新媳妇称通讯员是“同志弟”。（“同志弟”的称呼多亲切！新媳妇喜欢逗这位“同志弟”，而且两人年龄大小也表现出来了）

5.“我刚才也是说的这几句话，她就是不借，你看怪吧！……”（想象一下通讯员也许是这样说的：“共产党的部队，打仗是为了老百姓。”把这话移植还原成通讯员与新媳妇的对话，就很有戏了。在新媳妇看来，我哪里用得着你来讲这些大道理呀。这位同志弟呀，你只是个通讯员，你打过仗吗？你会打枪吗？遇到敌人扔手榴弹你怎么办？这些逗他玩的话很让同志弟“受气”的）

这些“暗示”体现作者对情节的精心安排，绝不是闲笔。什么是情节？中国古代有“草蛇灰线，伏脉千里”之说。英国小说家福斯特在谈到情节和故事的区别时说："国王死了，王后也死了"——这叫故事；而"国王死了，王后由于伤心过度不久也死了"——这叫情节。（福斯特《小说面面观》）也就是说，情节一定显示内在的逻辑关系。说它内在，因为它有隐藏性、暗示性。对于短篇小说的教学，找出这些"暗示"相对容易；教学时，教师要引导学生自己把它找出来。如此，学生才有收获，就懂得小说阅读的规律了。这就是培养学生语文学科核心素养。

如果在教师的启发、点拨下，学生能够还原出对话的场景，那将是一件十分美好的事情。教师要引导学生细心寻找，发现一点就说一点，由点成线，由线成片。学生会感到很有意思，寻找的劲头会越来越足。当虚拟还原的场景形成后，这隐藏在水下的内容就浮出了水面：

新媳妇刚刚结婚，还沉浸在幸福之中。她是一个很开朗、俏皮的女性。她的丈夫不在家，很可能也是一位战士，此时就在前线打仗；或者如乡干部一样忙着支前工作。新媳妇看到通讯员，有一种天然的亲切感，也就没有什么隔阂，更没有提防——这就是战争年代的人际关系，大家为了一个共同目标，团结友爱，非常单纯。通讯员见到新媳妇，不知称呼什么好，先是称"大姐"，接着又称"大嫂"，加上他见到女性就害羞的性格，让新媳妇觉得他很可爱，于是就想逗逗他。这种逗人玩的心理，中学生很难理解。这是民俗民风，也是美好人情、人性的表现。人与人之间，如果能够开开玩笑，逗逗乐子，那就说明彼此融洽，有好感，心不设防。新媳妇年龄比通讯员大，可是这位通讯员却傻乎乎地向新媳妇讲起"共产党的部队，打仗是为了老百姓"

这样的大道理，让新媳妇觉得通讯员很好玩。在新媳妇看来，我家也是一个革命家庭，丈夫参军，这些“大道理”用得着你“同志弟”来给我讲吗？自己刚结婚三天，丈夫就上前线了，我深明大义，这些“大道理”我比你“同志弟”懂。但新媳妇并没蔑视通讯员，傻乎乎的通讯员让她喜欢。在这样的心理驱使下，两个人之间进行了一场颇有趣的“对话”。想一想吧，这样的虚拟场景多么有意思呀！

再往下发展，新媳妇有了变化。她看到通讯员被抬下来，短促地“啊”了一声，听完担架员的叙述，她又短促地“啊”了一声。这两次“啊”有什么不同？学生应该能回答上来：前者是感到意外而惊讶的呼声，后者是敬佩和悲痛的呼声。其实，新媳妇始终悬着一颗心：丈夫的安危。现在，通讯员受重伤，她就当作自己的亲人来对待了，羞涩全无，“庄严而虔诚”地给他拭着身子，一针一线地缝着肩上的破洞，似乎是在弥补当时未能及时缝补的缺憾。当卫生员为难地说“被子……是借老百姓的”的时候，她气汹汹地嚷了半句：“是我的——”接着就流下了眼泪。“气汹汹地嚷”和“流泪”是悲痛到极点的表现，或许还有一点自责在里面：会不会她与通讯员“对话”时说的“你打过仗吗？你会打枪吗？遇到敌人扔手榴弹你怎么办”那些话刺激了他？读到这里，新媳妇的形象才完整地呈现在读者面前。她是一个既开朗、俏皮又深明大义的女性。新媳妇的前后变化形成了鲜明对比，使这个文学形象熠熠生辉。

读者不禁要问：作者为什么要虚构一个新媳妇呢？虚构一个支前模范老大娘行不行？《沙家浜》中不就有个沙奶奶么？不行，

那与之相对应的就不能是通讯员了，也就不能有逗着玩的内容了。创作意图决定创作内容，作者不是简单地表现军民鱼水情深，而是借战争背景来表现美好的人情、人性。在这一点上，《百合花》与《荷花淀》风格类似，即茅盾评价的“清新、俊逸”。茹志鹃在《我写〈百合花〉的经过》一文中写道：“《百合花》里的人物，事件，都不是真人真事，也不是依据真人真事来加工的。”她又写道：“一九五八年初，那时虽在反右，不过文学上的许多条条框框，还正在制作和诞生中，可能有一些已经降临人间，不过还没有套到我的头上，还没有成为紧箍咒。”后来，作者的其他作品与这篇就有了明显不同。一篇作品不能发自作家心灵深处，还有什么生命力呢？这篇《百合花》则表现出了长久的生命力，历久弥新。

《百合花》写于“反右”斗争年代，作者的丈夫王啸平受到了严重冲击，给茹志鹃带来了异常的痛苦，也带来了深深的思考。她在《我写〈百合花〉的经过》一文中写道：“我写《百合花》的时候，正是反右派斗争处于紧锣密鼓之际，社会上如此，我家庭里也如此。啸平处于岌岌可危之时，我无法救他，只有每天晚上，待孩子睡后，不无悲凉地思念起战时的生活，和那时的同志关系。脑子里像放电影一样，出现了战争时接触到的种种人。战争使人不能有长谈的机会，但是战争确能使人深交。有时仅几十分钟，几分钟，甚至只来得及瞥一眼，便一闪而过，然而人与人之间，就在这个一刹那里，便能够肝胆相照，生死与共。”这一段话是理解《百合花》创作背景的关键。作者通过“没有爱情的爱情牧歌”，表达了对真诚的人际关系的向往，歌颂了美好的人情、人性。

显然，这样的小说在当时很另类。作者投稿，接连被拒，还得到了这样的评价："感情阴暗，不能发表。"这是可以想象到的。即便在今天，一部分读者也还习惯地往"军民鱼水情"上靠，看不到人性的光辉。

课上完了。学生说："这篇小说真好！"我笑了。

我教《屈原列传》

我酷爱《屈原列传》，每次读它都内心颤抖。统编本高中教材收入《屈原列传》，并与《苏武传》《过秦论》《五代史伶官传序》组成一个单元，置于“传统文化经典研习”任务群之中。教《屈原列传》不必过多考虑什么“任务群”，而是引导学生认真学习文本本身，要学得扎实，并引发学生对人生和社会深入思考，助力学生成长。下面说说我教《屈原列传》的大体思路。

本文节选自《史记·屈原贾生列传》。“列传”二字，张守节在《史记正义》中解释为：“其人行迹可序列，故云列传。”这是司马迁首创的人物传记体例，后世多沿用之。学生先读课文，认真看注释。

学生读完第一段，我问：屈原什么出身？才干如何？学生回答：“楚之同姓，出身高贵，才华出众。”师生进一步交流，屈原并不姓屈，姓芈，学生知道芈月。屈是氏。“楚之同姓”，是说他与王族同姓。这就是出身高贵。才华出众呢？学生很容易找出“博闻强志，明于治乱，娴于辞令。”这是何等人物？国之栋梁也。楚怀王对他怎么样？“王甚任之”。

按说，屈原可以一路顺利，大展宏图，为国效力，建功立业。接下来的第二段是写屈原顺利的人生吗？

学生带着问题读课文、看注释，然后回答：不是。为什么呢？因为出现了一个小人——上官大夫。为什么说上官大夫是小人呢？中学生接触过小人吗？学生对此是模糊的，现在就来认识一下这个小人。上官大夫嫉妒屈原的才华，“心害其能”。小人，往往嫉妒心强，精于进谗。君子则相反。上官大夫“见而欲夺之，屈平不与。”夺，课文注释为“强取”，合乎逻辑吗？学生说，不合逻辑，因为后文上官大夫说：“王使屈平为令，众莫不知”。此处“夺”释为“强行改变”于义为胜，与“三军可夺帅也，匹夫不可夺志也”“舅夺母志”的“夺”相同。这样“屈平不与”的“与”即可释为“赞同”，和《子路、曾皙、冉有、公西华侍坐》中“吾与点也”的“与”同义。“平伐其功”的“伐”与《老子四章》中“自伐者无功”的“伐”相同。前挂后连，融会贯通。

上官大夫进谗言的水平的确很高。同学们能看出来吗？学生说：“非我莫能为”。意思就是说屈原目无君主。这说到要害处了，君主最忌讳什么？——功高盖主。在楚怀王看来，你屈原有才华，那是我会用人；我不用你，你有天大本事也无处施展。现在你竟敢目无君王，可恶至极！于是“王怒而疏屈平”。

同学们有什么感想？学生说，上官大夫太坏了，真是一个典型的小人。教师及时活跃学生思维：假如换了你，将对楚王说什么呢？学生一下子就活跃起来了，有学生说：“大王真会用人，屈平大夫宪令写得极好，真乃国之栋梁，楚国之幸也！”这样说，楚王高兴，屈原也高兴。这就是君子，不是小人了。同学们再进一步想，如果楚王是一位明君，即便上官大夫进谗言，也不会得逞。请两位同学现场扮演一下。于是，两位同学一位扮演圣明的楚王，一位扮演小人上官大夫。对话如下：

上官大夫：大王，您让屈平大夫起草宪令，众人皆知，这是您会用人哪。可是屈平目中无人，说别人谁也做不了，只有他才能胜任，这都是他的功劳。他眼里还有您大王吗？

楚王：屈原大夫乃国之栋梁，是一位君子，他绝不会说这样的话。我看你是一个小人，嫉贤妒能，挑拨离间，陷害忠良。来人哪，把这个小人给我轰出去！

学生演得很好。可惜啊，楚王不是明君，是昏君。他没有做任何调查，就相信了上官大夫的谗言。屈原的悲惨命运就此开始了。同学们有问题吗？没有。老师问一个问题：既然上官大夫想要改动宪令，屈原就同意呗，何必得罪小人呢？同学们对此怎么看？

教师可以放开让学生发表看法。没有标准答案。但要让学生认识到，屈原坚持自己的治国主张，毫不动摇。人生在世，只要坚守，就会得罪人。得罪君子不碍事，得罪小人有麻烦。若怕麻烦放弃坚守，那就不是屈原了。同学们记住，上官大夫这种小人，过去有，现在有，将来还会有。诸葛亮在《出师表》中写道："亲贤臣，远小人，此先汉所以兴隆也；亲小人，远贤臣，此后汉所以倾颓也。"结合过去所学内容，融会贯通。

有同学问，楚怀王不是对屈原挺信任的吗？为何又听信谗言呢？这需要全面了解楚怀王这个人。同学们看课文第四、五、六、七自然段，读注释。教师问，本传记还写了楚怀王哪些事情？说明他是怎样一个人？这个人在性格上有什么弱点？此教学环节跳过第三自然段直接进入第四、五、六、七自然段的阅读，第三自然段的学习往后放一放。这有别于传统的教学顺序。

学生分组学习，了解楚怀王这个人。教师深入各小组，及时了解学生学习情况，解答学生的问题。注意，“商於”课文没有注音，教师明确“於”读wū。学生归纳如下：楚怀王受张仪欺骗，是贪婪所致。张仪的鬼话，稍有理性的人都能识破，怀王竟然相信，撕毁了与齐国的盟约。这就是利令智昏。当张仪说是六里不是六百里时，怀王“怒”，“大兴师伐秦”，结果损兵折将，兵败失地。失败后，怀王“悉发国中兵”“深入击秦”，遭魏国偷袭，只好撤兵，齐国因怒于楚的失信也不援救，楚国陷入窘境。由此可见，怀王易怒，性格暴躁，缺乏理性，所以他才轻信上官大夫。

学生的归纳分析颇为扎实。教师及时引导，楚怀王缺少一种自觉——及时反省。教师问，楚怀王在哪个环节应该反省？学生又一次被激活。他们说，第一，当知道张仪欺骗他之后就应该反省，认识到与齐国断交是错误的，应该立即与齐国修复外交关系，共同对抗秦国。第二，攻秦失败后，应该及时反省，认识到攻秦行为鲁莽。还应料到魏国会偷袭。撤兵后，应主动向齐国道歉，修复关系。但是，楚怀王没有这样做。可见，这是一个缺乏反省的国君。

第五自然段写秦国割汉中地与楚和好，但是楚怀王“不愿得地，愿得张仪而甘心焉”。由此看出，楚怀王意气用事，极不成熟。相反，张仪的做法令人感动，“以一仪而当汉中地，臣请往如楚。”二者形成鲜明对比。（张仪的行状可以从《战国策·楚策》《史记·张仪列传》中获得更多了解）教师问，张仪之所以敢冒风险进入楚国，勇气来自哪里？学生说，来自对楚怀王及周边小人性格弱点的深入了解。据文献记载，张仪来到楚国，便被楚怀王关入监狱。但是张仪却能够暗中贿赂靳尚，并编造假话迷惑郑袖，让郑袖吹枕边风，使楚怀王放走了张仪。屈原从齐国回来后，进谏怀王“何不杀张仪？”怀王才醒悟过来，想要杀张仪，但为时已晚。第七自然段写楚怀王听信子兰的话，盲目入秦，结果被扣，最后死在秦国。由此可见，楚怀王极为昏庸，毫无主见。

教师问，《屈原列传》主要写屈原，却用了很多笔墨写楚怀王、顷襄王。这是为什么？生回答，这是因为楚怀王的昏庸导致了屈原的被疏远。楚怀王、顷襄王与屈原的悲惨命运有密切关系，写屈原，就必须写他们。教师引导，楚怀王贪婪、易怒、轻信、昏庸，疏远忠臣，正因为这样，楚国才江河日下，一步一步滑向深渊。这恰恰说明了屈原是栋梁之材，一旦被疏远，国家就有天塌地陷之祸。这是从侧面写屈原的才干。

以上可以作为第一节课的内容。下面进入第二节，主要学习第三段和第四段，以及最后一段。

学生读第三段，看注释。教师问，这段主要写了什么？学生回答，写了两个方面的内容：① 屈原创作《离骚》的原因；② 屈原的伟大人格。这两个方面比较容易总结出来，但仅仅总结出这两个方面还不完整，还有两个方面，即《离骚》一诗的艺术特点和本段所体现的语言特点。教师板书如下：

① 屈原创作《离骚》的原因

②《离骚》的艺术特点

③ 屈原的伟大人格

④ 第三段的语言特点

其实，学生对已经总结出来的两个方面未必有深刻的认识，教师的引领很重要。“离骚”这两个字是什么意思？“忧愁幽思而作《离骚》”，“屈平之作《离骚》，盖自怨生也”。这实际上是在讲什么？孔子讲过，“诗可以怨”。这表面上看是在写《离骚》的创作缘由，若再联系“夫天者，人之始也；父母者，人之本也。人穷则反本，故劳苦倦极，未尝不呼天也；疾痛惨怛，未尝不呼父母也。屈平正道直行，竭忠尽智以事其君，谗人间之，可谓穷矣。信而见疑，忠而被谤，能无怨乎”这几句，就能得出一个普遍性的结论：“人穷则反本”。这里的“人”，已不是单指屈原一人，而是泛指。这里的“穷”就是“穷则独善其身”的“穷”，就是不得志。“可谓穷矣”是说屈原所处的政治环境太恶劣了，小人猖狂，君子受难。正如范仲淹在《岳阳楼记》中所写的那样“阴风怒号”“浊浪排空”，“日星隐曜”“山岳潜形”，“登斯楼也，则有去国怀乡，忧谗畏讥，满目萧然，感极而悲者矣！”这种横向联系，对于打开学生的思维闸门很有意义。

教师进一步联系“盖文王拘而演《周易》，仲尼厄而作《春秋》，屈原放逐，乃赋《离骚》，左丘失明，厥有《国语》，孙子膑脚，《兵法》修列，不韦迁蜀，世传《吕览》，韩非囚秦，《说难》《孤愤》，《诗》三百篇，大抵圣贤发奋之所为作也”的名句，使学生深入体会人生遭遇和文学创作的关系，借用马克思“愤怒出诗人”的名言，引领学生的思维向纵深发展。司马迁深谙文学创作的规律。古今中外文学名著常常是心灵疼痛的结晶。同学们以前学习的《茅屋为秋风所破歌》《梦游天姥吟留别》《琵琶行》《念奴娇·赤壁怀古》《赤壁赋》《卜算子·咏梅》，以后还要学习的《归去来兮辞》等，都是写心灵之痛的名篇。阅读和写作是一致的，不是割裂的。有些中学生的写作与阅读往往割裂，难免感到无话可说。

司马迁是如何表述《离骚》艺术特点的呢？“刺”，就是讽刺。“其辞微，其志洁，其行廉。其称文小而其指极大，举类迩而见义远。”这是指《离骚》采用了托物言志、比兴寄托的表达方式，也就是“香草美人”的手法，这是屈原作品突出的艺术特色，对后世影响极大。至于屈原的伟大人格，司马迁借用淮南王刘安的话作了高度赞美（参见班固《离骚序》）。接下来，教师要引导学生理解司马迁的语言特色。司马迁用诗一般的语言表达了对屈原的敬仰之情。要格外注意本段的句式。有三字句，四字句，还有对偶句。使用了比喻、排比等修辞格。句式丰富多彩，变化繁复，读起来铿锵有力，抑扬顿挫，节奏感极强，充分体现了司马迁杰出的语言修养。

从以上四个方面来理解第三段，学生能受到深刻启迪。教师要让学生多读几遍，教师也可以示范朗读，读出感情来，感染学生。

第八自然段存在文意前后不连贯的问题，顾炎武在《日知录》、梁玉绳在《史记志疑》中有所论述，当代学者也多有研究，并提出错简、窜入、拼凑等观点。因属于学术研究领域，一时难有定论，故在教学中可以避开。若学生质疑，可建议学生课下通过阅读文献资料来拓展了解，课上不必深究。教师的教学重点放在对

“人君无愚、智、贤、不肖，莫不欲求忠以自为，举贤以自佐；然亡国破家相随属，而圣君治国累世而不见者，其所谓忠者不忠，而所谓贤者不贤也。怀王以不知忠臣之分，故内惑于郑袖，外欺于张仪，疏屈平而信上官大夫、令尹子兰，兵挫地削，亡其六郡，身客死于秦，为天下笑，此不知人之祸也”这些议论的理解上，让学生翻译这几句，锻炼翻译能力。然后，再联系第三段，进一步理解司马迁写《史记》的特点之一就是在记录历史的过程中加进了自己的观点和情感，有大量的议论和抒情。鲁迅评价《史记》是“史家之绝唱，无韵之《离骚》”。

第十段写了一个对话场景。对话的双方是谁？屈原和渔父。此段内容出自屈原作品《渔父》，但学术界有争议。今人黄灵庚《楚辞章句疏证》认为是屈原弟子所作。先以渔父的视角看屈原：“屈原至于江滨，披发行吟泽畔，颜色憔悴，形容枯槁。”请一位同学来演一演。弄清“颜色”和“形容”的含义。接下来是渔父的问话。注意此处的“父”读 fǔ，是古代人们对老年男子的尊称。请一位同学扮演渔父。这是很有意思的课本剧。

渔父：子非三闾大夫欤？何故而至此？

屈原：举世混浊而我独清，众人皆醉而我独醒，是以见放。

渔父：夫圣人者，不凝滞于物，而能与世推移。举世混浊，何不随其流而扬其波？众人皆醉，何不铺其糟而啜其醨？何故怀瑾握瑜，而自令见放为？

屈原：吾闻之，新沐者必弹冠，新浴者必振衣。人又谁能以身之察察，受物之汶汶者乎？宁赴常流而葬乎江鱼腹中耳，又安能以皓皓之白，而蒙世俗之温蠖乎？

再改用白话重新对话，比较两种语言风格。教师问：听了屈原与渔父的对话，同学们有何感想？你们内心受到触动了吗？

学生回答：这是两种世界观的碰撞。渔父显然代表了另一种人：不必坚持，不要给自己找麻烦；不必显示自己的清高，同流合污就是了。渔父认为屈原不聪明。屈原则坚守初心，宁死也不改变。

教师问：你们受到触动了吗？请举手。学生举手，说受触动了，屈原这样的人太少了！教师问：你们愿意做这样的人吗？学生说：做不到。教师说，做不到是允许的，正常的。但是，我们要对屈原持什么态度呢？学生说“敬仰”。教师问：屈原投江自尽，你赞同他的行为吗？学生说：不赞同，但能理解。教师问：屈原之死有什么意义？学生道：有意义，他照亮了这个世界，用司马迁的话说就是与日月同辉。那么，屈原之死的意义究竟是什么呢？一学生说：清高。另一学生说：是坚守理想，宁死不屈。又一学生说：屈原敢与邪恶势力做斗争，宁死不屈。教师问：如果像渔父说的那样，同流合污了呢？学生说，那就不是屈原了。屈原跳江自尽，说明了黑暗势力的强大，说明了统治者的昏庸无能，说明了屈原对祖国深深的热爱，说明他具有高尚的人格。注意，此处不宜拔高，不要脱离学生实际。学生在未来的人生中会不断加深对屈原之死意义的理解。课堂教学不可能一步到位。教师问：司马迁是如何评价屈原之死的呢？请同学们读最后一段。

太史公曰："余读《离骚》《天问》《招魂》《哀郢》，悲其志。适长沙，过屈原所自沉渊，未尝不垂涕，想见其为人。及见贾生吊之，又怪屈原以彼其材，游诸侯，何国不容，而自令若是！读《服鸟赋》，同死生，轻去就，又爽然自失矣。"

教师问：司马迁想表达什么？学生说：司马迁非常同情屈原，在汨罗江凭吊时，司马迁掉泪了。司马迁想象屈原的"为人"，因为他与屈原有相通之处。可是读了贾谊的《吊屈原赋》和《服鸟赋》之后，司马迁又"爽然自失"了，若有所失。为什么呢？此处有一定难度。教师引导学生明白，贾谊"同死生，轻去就"，与司马迁的人生观相同吗？不同。司马迁接受宫刑，发愤著书，也是一种坚守，与屈原的精神实质相同。可是，贾谊则表达了不同的观点。对此司马迁就似乎有些困惑了，难道自己的坚守错了吗？其实，司马迁一点也不困惑，他只是用这样的表达来引发读者的深思。

凡是读了《屈原列传》的人，都会不断思考下去。屈原遇到的小人，在这个世界上没有绝迹。贾谊的人生悲剧也令我们深思。司马迁的个人遭际，更让读者感慨万千。大概贾谊、司马迁与屈原心心相通。《屈原列传》带给我们的思考太多了。对学生而言，这两节课或许只是一个开端而已。

我教《登泰山记》

我对《登泰山记》有着特殊的感情，特别是读着“历齐河、长清，穿泰山西北谷，越长城之限，至于泰安”之句，就感觉特别亲切。这大概就是一种家乡情愫吧。

记得很多年前，我提出文中“最高日观峰”是不对的，泰山最高峰应是天柱峰，也就是玉皇顶。当时一位老师说：“不必苛责古人嘛。”我想也对，就没有追究下去。后来，《登泰山记》在人教版中被删掉，我也就失去再教此文的机会，时间一长，我几乎要把它忘了。去年的一天，泰安市教育局局长打电话对我说：“听说高中语文统编教材收录了《登泰山记》，泰安人民非常高兴！”我也非常高兴。这不仅仅是家乡情愫的问题，还有一个重要原因，就是在中国所有名山中，泰山无疑是与中国历史关系最密切的一座。郭沫若说：“泰山应该说是中国文化史的一个局部缩影。”《诗经·鲁颂·閟宫》是“诗三百”中篇幅最长的一首，其中就有“泰山岩岩，鲁邦所詹”的记载。历朝君王登基，都要到泰山举行封禅大典；历代文人留下了许多脍炙人口的诗文佳作。在这众多佳作中，《登泰山记》无疑是影响很大的一篇。

现在，统编本高中教材选录此文，尘封在我心底多年的老问题被搅动了。

一

我的教学设计第一步，是请一位学生介绍作者。这件事由语文课代表完成。她事先查阅了一些材料，给同学们介绍了以下几点：① 姚鼐是清代著名散文家，桐城派代表人物；他与刘大櫆、方苞被称为“桐城三祖”。本文选自他的《惜抱轩诗文集》。惜抱轩，是他的书斋名。惜，就是珍惜；抱，就是双手合抱银杏树的一种健体方式。② 姚鼐提出了“义理、考据、辞章”相统一的文学主张。③《登泰山记》写于他辞官之后。

课代表讲完后，我问学生：“有什么问题吗？”一生问：“义理、考据、辞章”是什么意思？我让课代表回答，她支支吾吾，答不上来。于是，我做了简单通俗的解释：义理，就是思想观点；考据，就是用事实说话；辞章，指的是讲究文采。写文章要体现这三个方面。这一文学主张，在今天也适用。同学们的作文要做到主题鲜明深刻，言之有物，形象生动。在高考作文评价标准中，这三点也是核心。当然，姚鼐有他自己的具体内涵。

我的教学设计第二步，是让学生以小组为单位串讲此文。每人一小段，轮流进行，可以随时讨论，可以随时提出问题。在把课文通读一遍并正音之后，学生就开始了分组学习。我的任务是巡视，倾听，观察，并随时回答学生的提问。《登泰山记》的字面难度不大，学生借助课文注释，能够比较顺利地将课文串讲完毕。个别地方我加以强调。比如“阴”“阳”“磴”“晦”“带然”

等字词。这个环节是本节课的主要内容。至此，第一节课结束了。

二

第二节课一开始，我又让学生集体朗读一遍课文。学文言文，我重视集体朗读，一篇课文教下来，少则五六遍，多则十余遍。

我的教学设计第三步，是学生质疑。一生问道：“本文的文体是游记吗？作者为何在除夕之夜万家团聚的时候去登泰山呢？”另一生问道：“上节课中，课代表说本文写于作者辞官之后。请问作者为何要辞官？写《登泰山记》与辞官有什么关系？”

学生的问题很好。教师用书说本文是一篇游记，学生却开始怀疑了。我也表达了自己的疑问：“泰山最高峰是天柱峰，也叫玉皇顶。可是姚鼐偏偏说‘最高日观峰’。如此明显的问题，作者竟然会搞错。为什么？是真的不知道，还是故意为之？”我展示了清代嘉庆年间《泰山志》岱顶图（见下图）。

我对学生说：“这些疑问启发你们，本文是不是一篇普通的游记散文呢？”学生开始摇头，有的说：“姚鼐一定心中有事。”

于是我让课代表说一说姚鼐辞官的原因。课代表说，她查了相关资料，当时姚鼐正在北京参加《四库全书》的编纂工作，他与纪晓岚、戴震有矛盾，于是辞官。有的资料还说，姚鼐是因身体不好辞官的。哪有身体不好还在大冬天登泰山的，显然是借口。课代表作了比较深入的了解。我对她的工作表示感谢。

我对学生说，姚鼐辞官是在乾隆三十九年十月，时年44岁，正是编纂《四库全书》发挥自己作用的好时候。但他辞官了。这要下很大的决心。这在姚鼐一生中是一个重要转折点。创作《登泰山记》应该是这个转折点的标志性事件。

我翻阅了周中明先生的《姚鼐研究》（安徽大学出版社2013年）一书。该书引用了姚鼐辞官之际，写给好友程鱼门（也是四库馆纂修）的《赠程鱼门序》。其中写道：

> 夫士处世难矣！群所退而独进，其进罪也；群所进而独退，其退亦罪也。天地万物之变，人世夷险、曲直、好恶之情态，工文章者必抉摘发露至尽。人匿其情久矣，而或宣之，宜有见恶者矣，况又加之以名称邪？

由此可以断定，姚鼐辞职并非疾病。学术界对此有多种解释，最流行的说法是与纪晓岚、戴震有矛盾，即所谓“汉、宋之争”。姚莹在《姚先生鼐家状》中写道：

> 纂修者竞尚新奇，厌薄宋、元以来儒者，以为空疏，剖击讪笑之不遗余力。先生往复辨论，诸公虽无以难，而莫

能助也。将归，大兴翁覃溪学士为叙送之，亦知先生不再出矣……

对这一流行说法，学术界也有不同意见。比如周中明在《姚鼐研究》一书中提出：“不堪世用”是姚鼐辞官的主要原因，并引用姚鼐《游双溪记》中“余以不肖，不堪世用，亟去，早匿于岩穾”加以证明。姚鼐七十三岁时写了《南园诗存序》，揭露乾隆皇帝听任大奸臣、大贪官和珅把持朝政，有“和珅秉政，自张威福”之语；敢于与和珅斗争的御史钱沣被迫害致死，姚鼐表达痛惜之情：“悲夫！悲夫！”这也透露出当年姚鼐厌恶官场的心境。

李柱梁则认为，姚鼐辞官虽然有对官场的不适应、对仕途险恶的隐忧以及与汉学家的矛盾等多种因素，但其主要原因是鉴于学术界和文坛令人担忧的现状，他萌生了创立桐城文派的意识，决心另辟蹊径，专心致力于振兴古文，弘扬程朱理学，培养文学人才，以达到“因之承一线未绝之绪，倔然以兴”的目的。（见《姚鼐辞官原因新探》，《安徽师范大学学报》（人文社会科学版），2010 年第 5 期）

我认为，以上观点并不矛盾，可以共存。姚鼐无疑是桐城派集大成者，最有代表性的成果是《古文辞类纂》。姚鼐在《赠钱鲁思》一诗中写道：“门户难留百年盛，文章要使千秋垂。”（见《惜抱轩诗文集》，上海古籍出版社 1992 年版，第 478 页）他对现实不满，加之对桐城派文学旗帜的担当勇气，促使他下决心辞去官职，专心学术。

了解到这些背景后，再来读《登泰山记》，感觉就不一样了。

这绝不是一篇普通游记，而是言志之作。刘大櫆在《朱子颍诗序》中写道："乙未之春，姬传以壮年自刑部告归田里，道过泰安，与子颍同上泰山，登日观，慨然想见隐君子之高风，其幽怀远韵与子颍略相近云。"姚鼐在《岁除日与子颍登日观观日出作歌》中写道："男儿自负乔岳身，胸有大海光明暾。即今同立岱宗顶，岂复犹如世上人？"基于此，周中明先生在其专著《姚鼐研究》中写道："最耐人寻味的是他的《登泰山记》。人们往往只把它看作优美的山水游记……其实以笔者的愚见，此文不只是'写出泰山的雄伟壮丽'，更重要的是写出作《登泰山记》的主人姚鼐摆脱官场羁绊、回归大自然、获得个性自由的欢悦性情。"又写道："其在对景物绘声绘色的描写之中，实寄寓着作者辞官之后的万千感慨。其中既有摆脱官场羁绊，回归大自然之后的愉悦之情；又有以对大自然如诗如画般美景的热烈歌颂，来反衬其对官场丑恶的愤绝和鄙弃……可见寓有'隐君子之高风'和'幽怀远韵'，才是《登泰山记》的真正内涵和底蕴。"

《登泰山记》的主旨是什么，是我教学《登泰山记》的难点。

三

我的教学设计第四步，是让学生对《登泰山记》的语言及主旨进行深入理解，进而联系自己的生活。我问学生，开头写"泰山之阳，汶水西流；其阴，济水东流。阳谷皆入汶，阴谷皆入济。当其南北分者，古长城也。最高日观峰，在长城南十五里"，这与"义理、考据、辞章"中哪一点有关系？学生说，与"考据"有关系，作者在文章中考证了地理位置，表现出严谨的治学态度。

还有，文中为何把登山的时间线索交代得如此清晰？因为这可以给读者提供考证作者行状并得出正确结论的佐证。试想，如果没有“余以乾隆三十九年十二月”的详细交代，读者怎么会与他辞官联系起来呢？我又问，“最高日观峰”与后面的什么内容相衔接？学生说，与写山顶观日出的一段相衔接。于是，我抓住这一段，让学生重点欣赏。

> 戊申晦，五鼓，与子颍坐日观亭，待日出。大风扬积雪击面。亭东自足下皆云漫。稍见云中白若樗蒱数十立者，山也。极天云一线异色，须臾成五采。日上，正赤如丹，下有红光动摇承之，或曰，此东海也。回视日观以西峰，或得日或否，绛皓驳色，而皆若偻。

我让学生反复朗读，读出感情。然后，我让学生说一说朗读的感受。一生说，他似乎感受到了姚鼐的心跳，就是伴随着一轮红日升起，姚鼐内心的红日也升起了。这个回答非常好！有学生进一步说，在此文中，姚鼐就是为了追求自己心中的太阳，所以一开始就定位在“最高日观峰”上；尽管日观峰不是泰山最高峰，但在姚鼐心中，日观峰就是自己心中的最高峰。他自京师顶风冒雪，来到泰安，穿越四十五里艰难山路，攀登七千级台阶，就是要看到心中的太阳。另一个学生说，对日出的描写太壮观了。“下有红光动摇承之”蕴含了作者要扛起“桐城派”大旗的志向，他要让这轮红日光照天下。

我很高兴，学生终于走进了《登泰山记》的内里，走进了姚鼐的内心。接下来，我让学生读最后一段：

> 山多石，少土。石苍黑色，多平方，少圜。少杂树，多松，生石罅，皆平顶。冰雪，无瀑水，无鸟兽音迹。至日观数里内无树，而雪与人膝齐。

我问学生，这是在表达什么？学生说，表面看是在写泰山顶上的环境，实际上暗含了作者自己的生存环境。你看，泰山松，生长在石缝中，却仍然坚强挺立。（右图为姚鼐画像）

我的教学目的达到了。我对学生说，文学作品是不容易看懂的。作者运用寄托手法，含蓄表达自己的思想情感。如果仅仅把《登泰山记》看成一篇普通游记，那就是深入宝山，空手而归。同学们应掌握一个基本的文学规律：文学是用形象表达思想感情的；要善于通过对文字表层含义的咀嚼，去理解其深层意蕴。这就是培养语文学科核心素养。我又问学生：你们有没有自己心中的太阳？你们有没有为了心中的太阳而不畏艰险地去追求的经历？学生有的摇头，有的点头。我说，你们现在是中学生，等你们长大了，你们心中的太阳才会真正光芒万丈。到那时，希望同学们能把自己心中的太阳，通过文章艺术地表达出来，就像姚鼐写《登泰山记》一样。

四

教学设计最后一个步骤，是介绍姚鼐《古文辞类纂》的大体情况，让学生知道这部大书与《昭明文选》《古文观止》一样，在中国文学史上具有重要影响；姚鼐是桐城派集大成者。我还补充介绍了姚鼐的文学观点，即他著名的“神、理、气、味、格、律、声、色”八字方针以及“义理、考据、辞章”，并结合《登泰山记》来仔细体会。比如“及既上，苍山负雪，明烛天南。望晚日照城郭，汶水、徂徕如画，而半山居雾若带然。”一个“负”字写出了压迫感和担当品格；一个“烛”字写出雪光照亮了空中，也照亮了心灵。周中明先生说，“半山居雾若带然”堪称神来之笔，寄寓了作者的主体精神，足以令山河呼应、天地动容！再比如开头“泰山之阳，汶水西流；其阴，济水东流。阳谷皆入汶，阴谷皆入济。当其南北分者，古长城也。最高日观峰，在长城南十五里。”整饬的句式，鲜明的节奏，读来朗朗上口。这就是声律。“大风扬积雪击面。亭东自足下皆云漫”则意境韵味十足。对于“辞章”，我介绍了姚鼐“以诗为文”的特点。他作文讲究“曲而隐”，重比兴，耐咀嚼；散文句式，每每富含诗意。《登泰山记》中某些句子，稍加改造，即可成诗。比如“极天一线成五采，半山居雾若带然。日照城郭晚如画，苍山负雪烛天南。”学生如能多一点这样的练习，诗歌鉴赏能力也会有所提高。第二节课到此结束。

《爱莲说》鉴赏

周敦颐（1017—1073），字茂叔，号濂溪，北宋营道（今湖南道县）人，著名哲学家，是学术界公认的宋明理学开山鼻祖，在中国哲学史上具有承前启后的作用。有《濂溪集》行世。今中华书局出版的《周敦颐集》是比较好的版本。周敦颐留下来的文学作品并不多，其中《爱莲说》是影响很大的一篇散文。下面我们就来欣赏这篇文章。

周敦颐说："水陆草木之花，可爱者甚蕃。"蕃，就是多。在现实生活中，人们喜欢各种各样的花草，是很普遍的现象。

既然是普遍现象，那就有很多例子可举。但是周敦颐只列举了两个：陶渊明爱菊，世人爱牡丹。这是两个典型的例子。

陶渊明爱菊，有他的诗句为证"采菊东篱下，悠然见南山"。陶渊明为什么爱菊花？我们知道，菊花是在花草凋零后的秋季开放，迎寒斗霜，傲然物外。这与陶渊明不为五斗米折腰的性格似乎有些相类似，于是陶渊明以此为寄托，表达"世与我而相违""请息交以绝游"的隐士情怀。

自李唐以来世人甚爱牡丹，也有据可查，比如唐李肇《唐国史补》中有“京城贵游，尚牡丹，三十余年矣”。白居易在《买花》一诗中写道：“一丛深色花，十户中人赋。”那浓艳肥硕、雍容华贵的牡丹适宜富贵门第，是富贵和奢靡的象征。

因此我们说周敦颐举的两个例子是很典型的。接下来，作者一转，“予独爱莲”。这个转折十分明显，读者应该看出，写陶渊明爱菊和世人爱牡丹，是为写自己爱莲做陪衬、做铺垫的。

那么，莲花有什么可爱的呢？作者对莲花的外形做了勾勒式的描写：

出淤泥而不染，濯清涟而不妖，中通外直，不蔓不枝，香远益清，亭亭净植，可远观而不可亵玩焉。

这些句子都是有深刻含义的。莲花生活在“淤泥”之中，却能够做到“不染”“不妖”。意思是说，人，虽然生活在复杂的环境中，却能够不受污染，不趋势媚俗。“中通外直，不蔓不枝”是说做人胸怀坦荡，为人正直。“香远益清”是说做人品质高尚，流芳远播。“亭亭净植”是说具有独立人格，卓然自立。“可远观而不可亵玩焉”是说品格风范令人肃然起敬。这些句子含蓄蕴藉，意味无穷，后世广为传诵。

这样，莲和菊、牡丹的区别也就显而易见了。

予谓菊，花之隐逸者也；牡丹，花之富贵者也；莲，花之君子者也。

最后，作者发表议论：陶渊明之后喜欢菊的人很少了，喜欢莲的大概也很少吧，可是喜欢牡丹的人应该多得很哪！这些话包含着作者的评价：像陶渊明那样的隐士不多了，像我这样的追求高尚品格的人也更少，倒是追求富贵荣华的人越来越多。文章告诉我们读者，作者不想做一个隐逸者，更不想做一个追求富贵的人，他想做“君子”。

那么，“君子”是怎样的一种人呢？其实，在原文中，作者已经通过对莲的勾勒，对“君子”的内涵做了艺术化的界定：君子胸怀坦荡，光明磊落，为人正直，具有独立人格，令人敬仰。

“君子”一词广见于先秦典籍。《易经》中“天行健，君子以自强不息”的名言广为传诵，另外《诗经》《尚书》也广泛使用。尤其儒家对“君子”极为重视，体现了孔子心目中的理想人格。一部《论语》只有一万多字，“君子”一词出现了一百多次。

君子与隐者相比，不避世，知其不可而为之，为社会做事，敢于担当。君子与富贵者相比，不追求个人的荣华富贵，而是注重道德修养，达则兼济天下，穷则独善其身。这是典型的儒家做人标准。由此我们可以断定，作者周敦颐是一位儒者。

周敦颐做过官。他为官正直，不媚权贵，数洗冤狱，为民做主。宋庆历四年（1044），28岁的周敦颐调任南安军司理参军。第二年，南安有个囚犯，根据法律不应当判处死刑，而转运使王逵却决定严加处理。王逵是个残酷凶悍的官僚，其他官员虽觉不当，但他们慑于王逵的权势，不敢出面争辩。这时，周敦颐站出来，与王逵据理力争，坚持应当依律决狱。王逵不听，周敦颐愤怒地扔下手中记事的笏板，准备弃官以示抗争，并且气愤地说："难道可以这样做官吗？杀死不该处死的人以取悦上级，我不做这种事。"王逵终于省悟，放弃了错误判决，囚犯幸免于死刑。

宋熙宁四年（1071），55岁的周敦颐任南康知军。他在住的地方挖了一个池塘，全部种上莲花。闲暇之时，他独自一人，或者邀请三五好友，在池畔赏花品茶，并写下了这篇脍炙人口的散文《爱莲说》。

周敦颐晚年定居庐山，著书明道，淡泊明志，洁身自爱。他创办了濂溪书堂，收徒讲学，传播儒家学说。他把书堂门前的溪水命名为"濂溪"，并自号"濂溪先生"。后人为纪念他，建立了濂溪书院。

宋代大诗人黄庭坚这样评价周敦颐："人品甚高，胸怀洒落，如光风霁月。廉于取名而锐于求志，薄于徼福而厚于得民，菲于奉身而燕及茕嫠，陋于希世而尚友千古。"

这段话的意思是，周敦颐人品很高，胸怀洒脱，像雨后日出时的风，万里晴空中的月，不贪图获取名声而锐意实现理想，淡于追求福禄而重视得到民心，自奉微薄而让孤寡获得安乐，不善于迎合世俗而重视与古人为友！

可能有的读者会问，作者想要表达自己的志向、情怀，为什么不直说而是借用莲呢？

这里就涉及本文的文体特点了。《爱莲说》是一篇散文，是一篇运用比兴托物手法的散文。我们习惯上把这种托物言志的散文称作"咏物作品"。比如屈原的《橘颂》、陆游的《咏梅》、于谦的《石灰吟》等都是咏物作品。

中国古代很早就有“立象尽意”和“婉约其辞”的修辞观点。这与西方学者提出的“隐喻思维”的观点相一致。文学之所以是文学，就是因为它是诗性的，需要借助形象思维来表情达意。作者写作时，要找出喻体和本体之间的相似点，这是咏物的基础。要抓住喻体的外部形态，然后暗喻人的内在品格，或某种道理。

莲的外部形态：出淤泥而不染，濯清涟而不妖，中通外直，不蔓不枝，香远益清，亭亭净植，可远观而不可亵玩焉。

人的内在品格：君子胸怀坦荡，光明磊落，为人正直，具有独立人格，令人敬仰。

运用比兴寄托的手法，就是在二者之间建立联系。借助描写的表现方式，对喻体的外部形态进行描述；借助比喻的方式把人的内在品格赋予其中，读者在意会的过程中领悟作者的用意。于是就形成了“形”与“神”的关系：描“形”显“神”，即“立象尽意”。作者笔下的“形”受“神”的支配，“写形”是为了“显神”。王国维在《人间词话》中说的“以我观物，物皆著我之色彩”也有这层意思。明白了这一点，就明白了他说的“一切景语皆情语”的含义。这是赏析诗歌散文的一个基本规律。

周敦颐主张“文以载道”。道，就是儒家之道。通过欣赏本文，我们已经感受到，《爱莲说》是一篇典型的载道之作。

《鱼我所欲也》鉴赏

孟子（约前372—前289），名轲，字子舆，战国邹（今山东邹城）人。战国时期的思想家、政治家、教育家。

《孟子》是记录孟轲思想和政治言论的书，是儒家经典之一，也是先秦散文的代表作品。今传《孟子》全书共7篇261章。和《论语》“语录体”相比，《孟子》一书的篇幅明显长了很多，体现了由“语录体”向说理散文过渡的特点。

《孟子》文章的特点集中表现在四个方面：其一，善于论辩，巧妙灵活地运用逻辑推理。其二，善用比喻，把抽象的道理用具体生动的形象表现出来。其三，气势磅礴，感情激越，表现出一种浩然之气。其四，语言明白晓畅，平实浅近，准确精练。

《鱼我所欲也》选自《孟子·告子上》。文章以鱼和熊掌为喻体，阐述了在生命和道义之间进行抉择的重大人生命题，千百年来对中华文化产生了深远影响。

为了便于欣赏，我把孟子的这段话分成四个小层次。

① 鱼我所欲也，熊掌亦我所欲也，二者不可得兼，舍鱼而取

熊掌者也。生亦我所欲也，义亦我所欲也，二者不可得兼，舍生而取义者也。

② 生亦我所欲，所欲有甚于生者，故不为苟得也。死亦我所恶，所恶有甚于死者，故患有所不辟也。

③ 如使人之所欲莫甚于生，则凡可以得生者何不用也？使人之所恶莫甚于死者，则凡可以辟患者何不为也？由是则生而有不用也，由是则可以辟患而有不为也。是故所欲有甚于生者，所恶有甚于死者。非独贤者有是心也，人皆有之，贤者能勿丧耳。

④ 一箪食，一豆羹，得之则生，弗得则死。呼尔而与之，行道之人弗受；蹴尔而与之，乞人不屑也。万钟则不辨礼义而受之。万钟于我何加焉？为宫室之美、妻妾之奉、所识穷乏者得我与？乡为身死而不受，今为宫室之美为之；乡为身死而不受，今为妻妾之奉为之；乡为身死而不受，今为所识穷乏者得我而为之。是亦不可以已乎？此之谓失其本心。

孟子说的这段话大体意思如下。

第一层：在日常生活中，鱼是我很想得到的食物，熊掌也是我想得到的食物，如果这两种食物不能同时都得到而只能得到一种的话，我就舍弃鱼而选择熊掌。生命是我所热爱的，义也是我所热爱的，二者同时拥有最好了。在特定情况下，必须在生命和义之间选择其一的话，我宁可舍弃生命，坚定不移地选择义。

第二层：与普通人一样，生命当然是我所热爱的，但是在我看来，“义”超越生命，更值得我去热爱。所以，必须在生命和义之间选其一的时候，我就毫不犹豫地选择义，绝不苟且偷生，这是我与很多人不同的地方。与很多人一样，我也厌恶死亡，但是我对不义的厌恶超过了对死亡的厌恶。所以，我面对祸患绝不回避。这也是我与很多人不同的地方。

第三层：试想一下，假如人们所热爱的没有比生命更重要了，那会导致什么后果呢？凡是可以用来保命的手段，不管多么卑鄙无耻，就都可以去做了；假如人们所厌恶的没有超过死亡的，那会导致怎样的后果呢？凡是可以用来躲避祸患的手段，无论多么下流无耻，尽管用就是了。用了这些手段就可以保命，就可以活命，但是有人不用；用了这些手段就可以避祸，就可以平安无事，但是有人不用。这种人是存在的。由此看来，有比生命更重要的，有比死亡更让人厌恶的。这样的人生价值观不仅贤者有，其实人人都有，不同的是，贤者能够坚守，永不丧失。

第四层：有的时候，人饿极了，哪怕得到一点点饭食便可以活下去。但是，如果你用脚践踏之后，吆喝着让他吃，饥饿的人也不会吃的。但是有的人面对优厚的俸禄，尽管它不合礼义，就不知羞耻地接受了。物质的诱惑使人丧失了羞耻之心，变成了无耻之人。这就是丧失了人的本心，这种做法应该停止了！

孟子长于思辨。就本文来说，作者先从正面论述：生命是我所喜爱的，但是，因为我所喜爱的东西有比生命更重要的，所以，我不去做苟且偷生的事；死亡是我所厌恶的，但是，我所厌恶的东西还有甚于死亡的，因此即使是死亡之患，我也不避开它。

接着，作者又从反面来论证自己的观点：如果人们喜爱的东西没有超过生命的，那么，凡是可以保全生命的手段，有什么不可以用的呢？如果人们厌恶的东西没有超过死的，那么，凡是可以躲避死亡之患的办法，有什么不可以用的呢？这里隐含的意思是，如果把活着看得比什么都重要，那么在生命受到考验的时候，人的行为就会失去准则，就会做出让人不齿的事情来，最终，人的价值、尊严和气节就会丧失殆尽。比如投降变节。

接着，孟子从正面举了一个例子："一箪食，一豆羹，得之则生，弗得则死。呼尔而与之，行道之人弗受；蹴尔而与之，乞人不屑也。"这就是我们常说的"嗟来之食"的典故。这个故事在当时流传甚广，孟子就引用了。孟子这个典故在于说明，不能接受有辱人格的施舍，人的尊严超越死亡，因其羞恶之心没有丧失。接下来孟子又从反面举了一个例子。有的人，面对"万钟"，就不管是否符合礼义而都接受了，这就叫作失掉了"本心"。

这样，本文的思路也就很清晰了：

舍鱼取熊掌（由比喻切入）—舍生取义（正、反说理论证）—不吃嗟来之食（正、反举例论证）—总结核心观点（保持"本心"）。

读其书，想见其为人。读懂并鉴赏了这段文字后，请读者来想象一下，孟子是怎样的一个人？有的读者会说，可能是个倔老头吧？不错。孟子是个很有个性的人，大胆泼辣，刚正不阿。有几个故事颇能表现孟子的个性特点。

第一个故事。孟子到了齐国，齐王派人对他说："我本来应该亲自来看您，但受了风寒。明天我上朝，您能不能来见我呢？"如果换了别人，那是巴不得的事情，可能会说："没问题，我一定去。"可是孟子怎么回答的呢？他说："真不巧，我也有病，不能去。"有人就对孟子说："您这样做，是对齐王的不尊敬。"

孟子回答说:“齐王凭的是财富,我靠的是仁德;齐王凭的是爵位,我靠的是道义。我比他少什么呢?”

第二个故事。在齐国,孟子与齐王有一次很有意思的对话。孟子问齐王:“假如你的一位大臣要出远门,把自己的妻子儿女托付给一位朋友照顾。他回来的时候,发现自己的妻儿都在挨冻受饿,这样的朋友还能交吗?”齐王说:“断交。”孟子又问:“假若一个大臣不能很好地管理他的下属,怎么办?”齐王说:“罢免他。”孟子说:“那么好。一个国家得不到很好的治理,这个国君应该怎么办?”这一下把齐王搞得很尴尬,只能“顾左右而言他”了。

第三个故事。孟子辞去齐国的官职,准备回家。齐王派人劝孟子留下,并说:“我打算在城中给孟子盖一栋房子,用万钟的俸禄来养活他的弟子,给孟子说说,别走了。”使者把齐王的话告诉了孟子。孟子没有接受。

平视权贵,平等交流,不受物质利诱,这就是孟子的性格。

那么,孟子的性格特点是怎么形成的呢?这首先要归功于他的母亲。孟子很小的时候,他父亲就去世了,他是在母亲的教育下成长起来的。著名的“孟母三迁”的故事说明,孟子小时候受到很好的教育。从“孟母断机杼”的故事中,我们可以推测,孟母是一位很要强的女人,一心一意要把儿子教育好。孟子的性格一定是受了他母亲的影响。在孟庙里,我们能看到“孟母三迁祠”和“孟母断机处”两块石碑,见证着孟母的教育对后世的影响。

我觉得,孟子性格特点的形成,除了受他母亲的影响之外,还与他努力学习有关。汉代有的学者认为,孟子是子思的学生。

这不太可靠。司马迁说，孟子是子思的学生的学生，还是比较可信的。子思是谁？是孔子的孙子。孟子一生崇拜孔子，继承了儒家学说，又有很大发展。在承继孔子学说的过程中，孟子的性格特点就逐步形成了。

孟子思想中有几个方面对后世影响极大。第一，他提出“民为贵，社稷次之，君为轻”的观点，他还提出“乐以天下，忧以天下”，这就是著名的“民本”思想和“与民同乐”的思想。这是中华民族的灵魂。第二，“性善论”。孟子说：“恻隐之心，人皆有之；羞恶之心，人皆有之；恭敬之心，人皆有之；是非之心，人皆有之。”“人皆可以为尧舜。”第三，倡导“浩然正气”“舍生取义”，提出“大丈夫”的做人标准：“富贵不能淫，贫贱不能移，威武不能屈。”可谓铿锵有力，掷地有声。第四，提出了“生于忧患，死于安乐”的著名观点，成为中华民族几千年来人格修养的道德典范，激励过无数仁人志士。

当我们把孟子的性格和思想梳理一遍之后，再来理解《鱼我所欲也》深层含义，也就比较容易了。

我们来看第一层次。

鱼我所欲也，熊掌亦我所欲也，二者不可得兼，舍鱼而取熊掌者也。生亦我所欲也，义亦我所欲也，二者不可得兼，舍生而取义者也。

孟子是怎样切入正题的呢？运用比喻。鱼和熊掌，当然有轻有重了，谁都知道熊掌贵重。为什么要用比喻呢？直接说不行吗？这是讲道理最常用的方法，孟子最善此道。如果通读《孟子》全书，你会有更加深刻的印象。运用比喻，可以把道理讲得更加生动形象，从而取得最佳效果。不过，在今天，熊掌绝对不能成为盘上之餐，熊是受保护的动物。

在这里，我们要讨论一个严肃的人生问题："生"和"义"在什么情况下不可兼得呢？南宋有个文天祥，他在诗里写道："人生自古谁无死，留取丹心照汗青。"文天祥被俘之后，面对着生与义的抉择。只要投降，不仅能活命，还有享不尽的荣华富贵。但是，投降就是不义，在文天祥看来，投降是可耻的，比死亡还要严重。于是，他义无反顾地选择了死亡。还有，近代著名政治家谭嗣同，面对死亡写诗明志："我自横刀向天笑，去留肝胆两昆仑。"现代著名作家陆蠡，就是散文《囚绿记》的作者，他因坚守文化岗位被日本宪兵关押，遭遇刑审。日寇问他："日本能不能征服中国？"陆蠡斩钉截铁地说："绝对不能征服！"日寇杀害了他，当时他年仅34岁。如果不是这样，也许陆蠡就能保命。但他知道，义，重于生命。这样的人我们可以说出很多很多。我们中华民族，几千年来，出现过很多像文天祥、谭嗣同这样的"大丈夫"，成为"民族魂"。当然，也有像秦桧、汪精卫之流的奸臣、汉奸，被钉在历史的耻辱柱上，遭人唾弃。

看来，人活在世上，会遇到严峻的考验，最为极端的考验就是生与义的抉择。孟子指出了迎接考验的途径，那就是"舍生取义"。孟子看到了如果不这样做的严重后果：为了保命可以不择手段，可以卑鄙、下流、无耻，可以无所不用其极。孟子这一主张，提供了人生价值标准，意义重大而深远。

分析到这里，我们似乎可以做出总结。人的生命形式有两种，一是作为物质的生命躯壳，它遵循着生、老、病、死的自然规律，与其他动物没有本质区别。二是作为精神的生命，它可以超越物质的生存时间，长留于人间。古今中外，圣贤之人追求的是精神生命，从而形成了一系列的文化现象。所以，古希腊哲人苏格拉底面对死亡无所畏惧，他相信灵魂的永恒。意大利科学家布鲁诺面对火刑，不改变对真理的追求。这就是人生价值的终极命题。

我们敬佩两千年前的孟子，苦苦探求生命的价值，探求人生的信仰。正是有了这些先哲的努力，我们后人才有了精神上的向导。今天，孟子的观点具有十分重大的现实意义。在物质文明高度发达的今天，权力、金钱、美色、豪宅、名车具有很大的诱惑力，我们有的人对此就把持不住了，就失掉了“本心”，走向了犯罪的深渊。读一读《鱼我所欲也》，可以起到警醒的作用。

《饮酒》鉴赏

写陶渊明《饮酒》诗的鉴赏，笔者有一种惶恐，因为这首诗只能意会，不可言传。笔者唯恐自己的解说破坏了这首诗美好的意境。本文努力试着不让读者失望。

结庐在人境，而无车马喧。

陶渊明说，自己在“人境”盖了一间草房子。“庐”（廬），本义是田间小屋，临时居住，春夏季节居住，秋冬季节离开，是农民为了方便农事临时搭建的简陋住所。刘禹锡《陋室铭》中有“南阳诸葛庐”之句，意思也是简陋住所。住的地方简陋，但是主人并不庸俗，从而形成对比，显示出主人的高尚。这一传统的源头大概是《论语》。孔子称赞颜回：“贤哉，回也！一箪食，一瓢饮，在陋巷，人不堪其忧，回也不改其乐。贤哉，回也！”由此可见，“庐”字是有深刻含义的。“人境”就是人居住的地方。大家可能要问，在人住的地方盖房子，不是很正常吗？有什么可写的呢？其实，陶渊明是为下一句“而无车马喧”的转折做铺垫。陶渊明的意思是，我虽然居住在人境，但人间的车马喧闹声不会干扰我的心。“车马”，代指追名逐利的官场。

住在人境，超越尘世，不与世俗交往，这是开篇两句的含义。唐代白居易有两句诗：“不与人境接，寺门开向山。”表达的则是另一种境界。把他们的诗句放在一起比较，我更喜欢陶渊明的。清代大诗人黄遵宪也喜欢陶诗，把自己的居所称作“人境庐”，还把自己的诗集命名为《人境庐诗草》。

可能有人会产生疑问：住在人境，不可能听不见车马喧闹声。欣赏诗歌不能按照生活中的常理进行。一个人住在“人境”，凡是“人境”发出的各种声音都会听到。这里的“而无车马喧”不是指听觉的感受，而是指心灵的感受。所以下两句说：

问君何能尔？心远地自偏。

大概陶渊明预感到有人会产生疑问，所以自己做了解释：问我怎么就能做到这样呢？那是因为我的心灵辽远，住地自然也就显得偏远了。我特别喜欢“心远”这个词。“心远”一词大概最早见于三国魏嵇康《琴赋》一文：“体清心远，邈难极兮。”意思是心情超逸，胸怀旷达。陶渊明能够超脱名利的羁绊，放飞心灵，做到了“心远”，这实在是一种心灵净化的表现。否则，你即使身体离开了“车马”，但你的心并没有离开“车马”。宋代苏轼评价陶渊明的诗歌“质而实绮，癯而实腴”，意思是说，陶渊明的诗表面看语言质朴无华，但意蕴深远。可谓深中肯綮。明代文学家钟惺评价道："心远二字，千古名士高人之根。"

采菊东篱下，悠然见南山。

这两句最有名，也最难解释。笔者试着解说一下。

先说"采菊"一词。它是有特殊含义的，大概源自屈原《离骚》诗句"朝饮木兰之坠露兮，夕餐秋菊之落英"。秋菊，代表美好的事物。陶渊明"采菊"，表现了他的精神追求。梅、兰、竹、菊被称为"四君子"，历来就是文人歌咏的对象，借此寄托自己的高雅情致。这就是中国文学的"语码"，只有了解熟悉这一规律的人才能理解它的含义。宋代李清照在她的《醉花阴》词中写道："东篱把酒黄昏后，有暗香盈袖。"大概就是化用陶诗的结果。

再说"悠然"。最早使用"悠然"这个词的大概是西晋的郭璞，他在《游仙诗》中写道："悠然心永怀，眇尔自遐想。"这个词的意思是闲适、淡泊，无欲无求。我们设想一下，陶渊明喝了几杯酒，略带醉意，来到东篱下，轻松自在。这是一种心境，一种从官场的束缚中解放出来的轻松。

"见"，有的版本作"望"。究竟是"望"好，还是"见"好，后人颇有一番论述。苏轼说，若用"望"字则索然无味。此论允当。因为"望"有主观上的欲求，而陶渊明是"悠然"采菊东篱下，"南山"是无意之中抬头所见，应该用"见"字。清代大学者王国维说，诗歌分为"有我之境"和"无我之境"，陶渊明的"采菊东篱下，悠然见南山"属于"无我之境"。"无我之境"的特点在于把人融入大自然之中，分不清何者为我，何者为物。

再说“南山”。一般认为，南山指庐山。这里的山有特殊含义，指人生归宿，大自然是人生的归宿。陶渊明身处南山，与自然融为一体，无所牵绊，心情释然，所以才“悠然”。悠然之中抬头看见南山，心情更加淡然闲适。我们借用辛弃疾的词句“我见青山多妩媚，料青山见我应如是”来加以想象，那翠绿的南山，也一定看见了陶渊明，陶渊明笑了，南山也笑了。

山气日夕佳，飞鸟相与还。

山间的云气，在这傍晚时分越发美妙，飞鸟也都返回山间巢穴。表面看，似乎只是写景，如果联系《饮酒》组诗第四首来看，就会有新的感受。“栖栖失群鸟，日暮犹独飞。徘徊无定止，夜夜声转悲。”原来，那失去归宿的鸟曾经多么孤独和痛苦！现在，鸟儿有了归宿，当然欣喜。这实际上在写自己的经历。陶渊明曾经出仕，感到在官场上好像失群的孤雁。“误落尘网中，一去三十年”，现在则是“久在樊笼里，复得返自然”。从失去自我，到找回自我，恢复本原，陶渊明经历了人生的重大转折，从最初自然的人性，到异化的人性，到最后回归自然的人性，能不感到欣慰吗？其中蕴含着多少人生的哲理。

此中有真意，欲辨已忘言。

此中的“真意”真的无法说出来吗？陶渊明是故意不说，

让读者自己去体会。《庄子·知北游》中说："天地有大美而不言。"《庄子·齐物论》中说："大辩不言。"真正善于辩论的人，并不以多说话来显示自己。这又是一种境界：自在不言中。含蓄蕴藉，回味无穷，魏晋之际的玄学之风稍有显示。

以上就是笔者对这首诗语句上的粗浅解说，下面做一点拓展探究。

陶渊明的诗歌言简义丰，语言使用白描手法，是一大特点。在他的诗歌中，我们看不到华丽的辞藻，看不到繁复的描写和辞藻的堆砌，看到的只是简单到不能再简单的景物勾勒，然而这些"景物"都包含着深刻的含义。之所以这样来写诗，与陶渊明做人的理念有直接关系。陶渊明有一个著名的观点"抱朴含真"（《劝农》），意思是保持朴素真纯，保持未曾沾染名教与智巧的人性。这与老子提倡的"抱朴""守拙"是一致的。正是因为有了这样的做人理念，所以才有了质朴的语言。金代元好问评价陶诗风格"一语天然万古新，豪华落尽见真淳"，再恰当不过了。

陶渊明的诗歌还反映了他面对人生矛盾而做出的重大选择。陶渊明不回避自己做官的经历，而且坦言出来做官是为了养家糊口，为了满足饮酒的嗜好。但是，当他发现在官场违背自己的本性之后，便毫不犹豫地辞官归隐，宁肯受冻挨饿也不改变自己的本性。这是一般人难以做到的，非常可贵。南宋大诗人陆游在《读陶诗》中说："千载无斯人，吾将谁与归？"正是因为有了陶渊明，才给了我们深刻的人生启迪，所以说，陶渊明的作品具有重大的认识价值和教育作用。

但是，陶渊明在当时只是以隐士著称，其文学创作的价值并没有被人们认识到，这是因为他平淡自然的风格与当时崇尚华丽绮靡的文风不合，钟嵘在《诗品》中将他列入“中品”。第一个发现陶渊明文学价值的人是萧统，极力推崇陶渊明的人格和作品。到了宋代，经过苏轼、朱熹等人的高的评价，终于确立了陶渊明在文学史上的地位。

有学者认为，陶渊明是中国士大夫精神上的一个归宿。许多士大夫仕途失意或厌倦官场后，往往回归到陶渊明，从他身上寻找新的人生价值，并借以安慰自己的心灵。白居易、苏轼、陆游、辛弃疾等人莫不如此。于是“不为五斗米折腰”成了中国士大夫精神世界的一座堡垒，而平淡自然的诗风也就成了他们心中所追求的崇高的艺术境界。

以上是笔者对陶渊明《饮酒》一诗的赏析。为什么这样赏析？主要是受了中国古代章句之学和诂训传解释体式的启发。我们今天的语文教学应该借鉴中国古代解释学中的一些做法。因为我们教的是母语，应当遵循中国文化传统中的基本做法，而章句之学和诂训传的解释体式也就应该受到重视。章句解释体式，萌芽于战国，成熟于西汉，经历了“破碎大道”的小儒章句和王逸、赵岐焕然一新的新章句的发展过程，其中很多做法值得后人研究和借鉴，尤其值得语文教师的关注。周光庆先生在《中国古典解释学导论》一书中，将章句之学的特点总结为四：1. 作叙文，撰题解，以勾勒背景，引导解释。2. 分篇章，断句读，以解析结构，引出解释。3. 释词语，讲句意，以互相证发，阐释意蕴。4. 概括章指，显示意向，以意通全书，辨识大体。笔者以上赏析文字中有些做法暗合这种归纳。诂训传解释体式的确立，是在《诗经》

的解释与传播过程中实现的，它相比于章句之学更加完整，科学性和综合性更加突出。西汉时期，传授《诗经》的有鲁、齐、韩、毛四家。前三家属于今文经学，成书较早，兴起较快，后来衰微。毛诗属于古文经学，后来居上，且历时长久，关键在于确立了一种典范的解释体式，即诂体、训体和传体组合形成的复合型解释体式，较之别家更加合理。诂体，依据具体语境，描述义位变体。从语义学的角度讲，离开了特定语境，语义就解释不通。训体，分析表达方式，指明语法特征，描述修辞手法，串解语句大意。这与今天阅读教学的很多做法相通。传体，是在诂、训的基础上，体察诗人情志，分析美刺内涵，深入发掘诗歌丰富的义理，体现经世致用的目的。这里，义理、考据、辞章都具备了，是合理的、科学的，是对中国解释学的巨大贡献。

笔者在对《饮酒》的解说中，遵循了以上做法和规律，同时，也突出了比较和驱遣想象的解释体式。比较，就是把不同的解释集中在一起，比较鉴别，从而选择更加合理的解释。这里面有思辨成分，去伪存真，去粗取精，实事求是，可以提高学生的思维品质。古人优秀的集解、集释以及后来出色的汇校等，都是这方面的典范。比如何晏的《论语集解》，郭庆藩的《庄子集释》，今人方向东的《大戴礼记汇校集解》等都是代表之作。虽然这些著作属于古籍整理的范畴，但是其中很多内容对当下的语文教学具有极大的借鉴意义。驱遣想象是比较现代化的解释手法，具有明显的个性色彩。读者在文本面前不是被动的，可以结合具体语句发挥想象。这里面有虚构故事、还原场景的做法，颇能调动学生的积极性，激发学生的想象力。课文中的很多语句，当我们去想象它的时候，静止的文字就会活起来。语文教师要善于让文字活起来，让学生的思维灵动起来。

古诗的教学不是没有规律可循。中国古诗篇幅短小，即便一首只有四句的“轻鸢剪掠”也可以包含丰富的意蕴。如何让学生感受到这种丰富，就是语文教学的任务了。一位语文教育家早就说过，母语教学要走中国的道路，依赖外国理论行不通。这话也许有点绝对，但是应当承认，我们对母语教学的研究和借鉴还是不够的，盲目借鉴外国的东西可能会食洋不化，最后弄得不伦不类。

《春江花月夜》鉴赏

《春江花月夜》是一首很美的诗，中学生如何欣赏它呢？

首先是朗读。本诗没有生疏字词，正适合练习朗读。第一遍是疏通式朗读，目的在于把诗句读通畅，读连贯；第二遍是技巧式朗读，目的在于把握节奏，讲究语调；第三遍是抒情式朗诵，要有拖音、抑扬。可以安排学生尝试错位分部朗读，比如一男生朗诵“春江潮水连海平”，一女生错后一字跟上重复朗诵“连海平”，至“何处春江无月明”变为同步朗诵。四句构成一小节，一个小节押一个韵脚，全诗共36句，九个韵脚。以第一小节为例：

男生朗诵：

春－江／潮－水／连－海－平——

女生朗诵：

连－海－平——（稍上扬）

其次是总括诗的内容。全诗写了景、人、情。这个划分很重要，使学生对全诗内容有一个清晰的认识和把握，也有利于下一步根据内容逐项赏析，使课堂环节清晰有序。

欣赏写景内容。

> 春江潮水连海平，海上明月共潮生。
> 滟滟随波千万里，何处春江无月明！

这里的景有什么特点？开阔，辽远。写一江春水连通大海，潮涌月出，水光潋滟，千里春江一片光明！它使我们想起了张九龄《望月怀远》中的名句“海上生明月，天涯共此时”。也使我们想起了苏轼的名句“水光潋滟晴方好”。“滟滟”就是“潋滟”，即波光粼粼的意思。没有明月的照耀，就不会波光粼粼。

> 江流宛转绕芳甸，月照花林皆似霰；
> 空里流霜不觉飞，汀上白沙看不见。

第二小节继续写景。千里春江，婉转回环，绕过那开满鲜花的原野。甸，是郊野。芳甸，即开满鲜花的郊野。南朝齐谢朓在《晚登三山还望京邑》一诗有“喧鸟覆春洲，杂英满芳甸”的句子。皎洁的月光照在花草、树林上，会是什么样子呢？“皆似霰”。霰，空中降落的白色不透明的小冰粒，有小米粒那样大，常出现在下雪前。屈原《九章·涉江》中有“霰雪纷其无垠兮”。空中有霜，但觉不到它的飞动；汀上有白沙，但看不出它的本色。为什么？月光照耀下，一片银白，分不出哪是月光，哪是白沙。表面写霜和白沙，实际上在写月光。这使我们想起了朱自清的《荷塘月色》，朱自清就是借助叶子、荷花来写月光的。引导学生注意，“不觉飞”“看不见”六个字提醒了你什么呢？似乎有一个人站在这春江边上，站在这皎洁的月光下。如果我们读者把写景还原成场景，还原成故事的话，那么，前面写的这些景色，都是通过这个人的眼睛表现出来的。这就进一步提醒我们读者，读古诗，读到写景的文字时，要想一想，难道这些景色仅仅是作者写出来的吗？会不会是作品中的人物看到的呢？比如我们读“枯藤、老树、昏鸦，小桥、流水、人家，古道、西风、瘦马，夕阳西下……”，如果你仅仅以为这是作者马致远写出来的，那就体会不到美好的诗意，你还要进一步想象，诗中有一个浪迹天涯的游子，这是游子眼中看到的景象。只有如此，你才能真正理解“断肠人在天涯”这一句的含义。至于诗中的这个人与作者马致远是什么关系，你可以理解为两个人，是马致远写一个游子；也可以理解为一个人，马致远就是那个游子。这里，你既可以理解为是作者张若虚直接写景，也可以理解为通过诗中的人物所见写景。总之，读者至此，要感觉到作者开始写人了。但这是怎样一个人？我们尚不清楚，还得继续往下读。

江天一色无纤尘，皎皎空中孤月轮。
江畔何人初见月？江月何年初照人？

这四句既写景又写人。江天一色，这与“秋水共长天一色”有点类似，只不过这里突出了洁白的特点，没有一丝一毫的尘埃。一轮明月升到天空，表明时间在流动。接着，诗连用两个问句。有的学者指出，这两个问句表现了作者对宇宙生成、人类本源的探索。我不赞同这个解释。我认为不能理解为“江边谁第一个见到月亮？月亮哪年开始照人？”讲不通。诗歌语言具有跳跃性，解诗一定要接通前后句的意思。我认为，这两个问句的意思是，在这江边，谁是第一个见到月亮就伤感怀远的人呢？这高悬的明月是什么时候开始引发人们对远方亲人怀念的呢？两个问句其实是一个意思，可以互训，意思就是：是谁最早将月亮与人的思念联系在一起呢？物与人的关系，是形成文学表现手法的源泉。作者把人的情感投射到客观景物上去，于是产生了文学。《易经》中有“观物取象”“立象尽意”的美学主张。老子说“上善若水”，孔子讲“君子以水比德”“君子以玉比情”，于是产生了“赋、比、兴”的手法。“登山则情满于山，观海则意溢于海。”大自然是人类的老师，大自然最能引发人的情思。一个离开家乡到远方流浪的人，在这春江花月夜，自然会想念家乡的亲人。作为诗歌，这种表现手法早在《诗经·陈风·月出》中就有了：“月出皎兮，佼人僚兮。舒窈纠兮，劳心悄兮。月出皓兮，佼人懰兮。舒忧受兮，劳心慅兮。月出照兮，佼人燎兮。舒夭绍兮，劳心惨兮。”这是我们看到的最早写望月思人的诗篇。张若虚问：“江畔何人初见月？江月何年初照人？”大概就是针对《月出》而说的吧。可以说《月出》是中国文学中第一个将月亮作为审美对象并赋予情思的诗篇，后世文人多受此影响，并形成了中国文化中所特有的见月伤怀的诗歌传统。徐陵在《关山月》中写道：“关山三五月，客子忆秦川。思妇高楼上，当窗应未眠。”张九龄的《望月怀远》写道：“海上生明月，天涯共此时。情人怨遥夜，竟夕起相思。灭烛怜光满，披衣觉露滋。不堪盈手赠，还寝梦佳期。”李白的《静夜思》写道：“床前明月光，疑是地上霜。举头望明月，低头思故乡。”李白在《把酒问月》中写道：“青天有月来几时，我今停杯一问之。……今人不见古时月，今月曾经照古人。”杜甫的《月夜》：“今夜鄜州月，闺中只独看。遥怜小儿女，未解忆长安。”苏东坡在《水调歌头》中写道：“明月几时有，把酒问青天。”所以说，这两个问句不是对宇宙生成、人类本源的探索，而是中国文人惯用的见月伤怀表达方式的延续和完善。杜道群在《试论中国古代诗词中“月亮”意象所隐含的伤感情愫》一文中指出，在汉乐府古题中有《关山月》，据《乐府解题》：“《关山月》，伤离别也。”这已不是被动地“即景”，而是主动地“移情”了。南北朝民歌中也出现了“仰头看明月，寄情千里光”的诗句。谢庄《月赋》中有“美人迈兮音尘阙，隔千里兮共明月”的诗句。诗人们开始自觉地将月亮作为表达离愁别恨的载体，让它以一种真正的富有象征意义的意象进入文学作品中。朱光潜在《中西诗在情趣上的比较》中说：“西方诗人所爱好的是大海，是狂风暴雨，是峭崖，是日景。中国诗人所爱好的自然，是明溪疏柳，是微风细雨，是湖光山色，是月景。”《月出》启发了后代诗人的诗思月情，产生了一系列美好的诗作，《春江花月夜》就是其中的佼佼者，以至于被闻一多誉为“诗中的诗，顶峰上的顶峰”。叶嘉莹先生在《诗馨篇》中指出，中国诗歌以抒写情志为主，而情志感动的来源有两个：自然界的感发和人事界的感发，中国诗歌重视自然感发，西方诗歌重视人工安排。

人生代代无穷已，江月年年望相似。
不知江月待何人，但见长江送流水。

这四句转入全面写人。“人生代代无穷已”不是强调人生长久，而是表达人生短暂，以此衬托出“江月年年望相似”。这与刘希夷《代悲白头翁》中“年年岁岁花相似，岁岁年年人不同”堪有一比。江山永恒，人生苦短，这是中国古代文人经常吟咏的主题，苏东坡就有“哀吾生之须臾，羡长江之无穷”的感慨。人生易老，江月永在，莫非江月在等待什么人吧？于是，作者运用拟人的手法，把月亮人格化了。等待，是文学的一个母题。贝克特的荒诞剧《等待戈多》就表达了这个母题。但是一江春水不解人意，无法回答“待何人”这个问题，只顾自己滚滚东流。

白云一片去悠悠，青枫浦上不胜愁。
谁家今夜扁舟子？何处相思明月楼？

这里的“白云”显然是比喻，指离开家乡飘荡在远方的扁舟子。至此，我们清楚了，作者写的这个人是扁舟子，是个游子。青枫浦，当是地名，既可能是游子所到达的远方，也可能是游子与心上人分别的地点。明月楼，课文注释说是化用曹植的诗句《七哀诗》：“明月照高楼，流光正徘徊。上有愁思妇，悲叹有余哀。”其实古代这样的诗句很多，比如《古诗十九首》中有“盈盈楼上女，皎皎当窗牖”，还有前面引用徐陵的《关山月》，都是典型代表。稍晚一点的李白，在《菩萨蛮》中也有“暝色入高楼，有人楼上愁”。一边是青枫浦，一边是明月楼，正所谓“一种相思，两处闲愁”。由此可知，写人，不仅写游子，还写了思妇。

可怜楼上月徘徊，应照离人妆镜台。
玉户帘中卷不去，捣衣砧上拂还来。

这四句通过细节写思妇。“可怜”，是值得怜悯的意思。“月徘徊”是拟人手法，借鉴曹植诗。月亮似乎感受到思妇的思念心情，担心她孤单，便留下来陪伴着她。这句中的“离人”指处于离别中的人，就是思妇。朱淑真在《中秋闻笛》中有：“谁家横笛弄轻清，唤起离人枕上情。”“妆镜台”就是镜子。为什么写月光照在妆镜台上？妆镜台本是女人梳妆打扮所用物品，温庭筠在《菩萨蛮》中写道：“照花前后镜，花面交相映”，表现女子照镜子的细节。但是在《春江花月夜》中，丈夫不在家，女人懒得梳妆，妆镜台前也就空空如也，只洒下一片洁白的月光。丈夫这一去，让妻子牵肠挂肚，哪还有心思照镜子！正如《西厢记·长亭送别》中写的那样：“有甚么心情花儿靨儿，打扮的娇娇滴滴的媚。”即便去照，那也是消瘦了的面庞，憔悴了的玉容，“人比黄花瘦”，哪有心情再去照镜梳妆？张九龄在《照镜见白发》中写道：“谁知明镜里，形影自相怜。”冯延巳在《鹊踏枝》中写道：“日日花前常病酒，不辞镜里朱颜瘦。”不忍心去照。可见“妆镜台”三字是大有内涵的。本小节后两句写思妇痴情的动作。月光照着她，引起愁思。她想驱赶月光，不要再撩起愁思。那月光照在门帘上，她走到门前，卷起门帘，谁知月光照样明亮；她想去洗衣服，那月光便照在捣衣砧上，她用手想抹掉月光，可是卷了还有，拂了又来，正是“此情无计可消除，才下眉头，却上心头”。

此时相望不相闻，愿逐月华流照君。
鸿雁长飞光不度，鱼龙潜跃水成文。

这四句写情。在这天涯共此时的时节，天各一方的游子、思妇虽然都能望见明月，却不能互通音信，不能传递情感。于是，思妇产生了一个更加痴情的想法：她想追逐那明月，飞到丈夫的身边。后两句是转折，即便鸿雁擅长飞翔，也不能随着月光到达你的身边，因为实在太遥远了；虽说鱼传尺素，但鱼儿跳跃只能激起涟漪。这两句用了两个典故。前一句源自《汉书·苏武传》，记载汉使者出使匈奴，常惠“教使者谓单于，言天子射上林中，得雁，足有系帛书，言武等在某泽中。使者大喜，如惠语以让单于。单于视左右而惊，谢汉使曰：‘武等实在。’”后一句源自古乐府《饮马长城窟行》：“客从远方来，遗我双鲤鱼。呼儿烹鲤鱼，中有尺素书。”

昨夜闲潭梦落花，可怜春半不还家。
江水流春去欲尽，江潭落月复西斜。

这四句继续写情。人思念到极致，就会做梦。于是思妇做起了梦，梦见昨夜花落闲潭。“落花”和“闲潭”含有废弃的意思，喻指美好事物逝去。“可怜”是可惜、遗憾的意思。春天就要过半了，心上人还不回家。这是站在思妇角度上抒情。“江水流春”，也有深层意蕴：流去的不仅仅是春天，还有人的青春、幸福和憧憬。“江潭落月复西斜”，写月亮落下去了，照应前面内容：月亮升起，月悬中天，再到月落西斜，表现了一个完整的时序。

斜月沉沉藏海雾，碣石潇湘无限路。
不知乘月几人归，落月摇情满江树。

最后四句写得也很好。月亮沉下去了，人就更加孤单。碣石在北方，潇湘在南方，相距遥远，道路无限。在这样的时刻，有多少人回家与亲人团聚呢？但我不能，于是思乡之情更加强烈。这是站在游子的角度抒情。游子那强烈摇荡的思念之情洒落江边树，看上去那郁郁葱葱的江边树笼罩着游子的无限思念。这就把无形的思念之情变得有形了。这是一种表现手法。比如李煜“问君能有几多愁，恰似一江春水向东流”，比如李清照“只恐双溪舴艋舟，载不动许多愁”，比如贺铸“试问闲愁都几许，一川烟草，满城风絮，梅子黄时雨”。诗人将看不见、摸不着、没有重量的情，转化成看得见、摸得着、有重量的实物，这是我们古人高超的写作艺术手法。

写景、写人、写情，构成本诗的基本内容；写游子、思妇，构成写人的基本内容；将游子与思妇交叉来写，形成了空间上的交错感，表达了情思的细密纷繁；写月与潮生、月悬空中、月落海雾，有始有终，构成了时间上的完整过程。可以说，这首诗在艺术构思上达到了登峰造极的地步。

《逍遥游》鉴赏

《逍遥游》是中学语文课本中教学难度最大的一篇，以至于有人提出该篇不宜选作课文。但是，《逍遥游》又是《庄子》一书中最重要的篇章，是解读庄子思想遇到的第一关。此关不过，他关更难过。如能寻出一条教学的线索来，让学生实现基本理解还是可以做到的。

笔者以为，中学生学习《逍遥游》，并非去研究《逍遥游》，更非研究庄子。教学内容和要求的定位要准。任何一篇文章，在选入课本之前，具有“自然文本价值”，对其解读往往是不可穷尽的。但是，选入课本之后，其“自然文本价值”就转化成了“教学文本价值”，对其解读是可以穷尽的。就是说，一篇文章一旦成为“课文”，它的“身份”就变了，就不再是自然文本了，对它的处理和要求必然服从于教学内容的需要。

教学目标是明确的。第一，对《逍遥游》的章句要基本掌握。第二，对《逍遥游》的思路要基本梳理清晰。第三，对《逍遥游》的主旨要基本理解。

对于章句的理解，难度不是很大，经过反复朗读，阅读注释，一节课的时间基本可以实现。问题在于，现行教材该篇课文中的注释有些是可以商榷的。比如“垂天之云”的“垂”字，课本解为“悬挂”。古人训“垂”同“陲”，“垂天之云”即天边之云，形容鹏鸟双翼之大，犹如天边之云。此解优于课文注释。《齐谐》，课本注为“书名，齐国俳谐之书。”学生看了还是不懂。“俳谐”是什么意思？不见得所有教师都能解释清楚。古人解释“齐谐”，或人名，或书名，据下文“志怪者也”可知书名为宜。它是一部什么书呢？要么不出注，要么注释详细些。笔者以为，作为中学生课本，此条可略去，并不影响学生理解。“抟扶摇”的“抟”字，课本注为“环旋着往上飞”，可通。但是章炳麟以“抟”作“搏”字解更允当，训为“拍”。郭象本及通行本作“搏”，《四部丛刊》印世德堂本作“搏”。陈鼓应《庄子今注今译》采章说。笔者以为“搏”“搏”形近而通，训为“拍”于义为胜。此句意思是“鹏鸟乘着旋风拍打着翅膀飞上九万里高空”。“宿舂粮”的“宿”字，课本没有注音，学生经常问。此字当读 sù，指头一夜。“而征一国”的“而”字，课本没有注音，当读 néng，指才能。课本注为“通‘耐’，能”，这是按照古汉语转语理论处理的，有点绕了，大可不必。“定乎内外之分”，课本解释为“（宋荣子）认清自我与外物的分际”。这样解释效果不好，学生仍然不懂。张松辉先生新著《庄子译注与解析》注释为：“知道内心世界与客观环境的区别，即内心不受外部毁誉的干扰。定，确定，知道。内，内心。外，外界的毁誉。”这样解释通俗易懂，适合中学生理解。“犹有未树也”，课本解释为“还有没树立的。意为修养还不够”，这样解释欠通透。树，训为“立”。全句的意思是，宋荣子这样的人虽然已经罕见了，但是仍然没有确立至德。这就为下文“至人”“神人”“圣人”的出现做了铺垫。

关于《逍遥游》（节选）的思路，我比较倾向于张松辉先生在《庄子研究》一书中的分析。庄子本人说自己的书是“寓言十九，重言十七”，又说“以卮言为曼衍，以重言为真，以寓言为广”。《庄子》一书，多用比喻，本篇十分典型。第一段以寓言的形式做比喻，是一段比较完整的寓言。主体形象有鲲、鹏与蜩、学鸠。这是一对形象，一大一小，形成对比。《逍遥游》开篇从喻体起笔，是有深意的，是为本体的出现做铺垫的。第二段仍然写喻体，重复了鲲、鹏的寓言故事，这就是《庄子》“重言”的表现。第二段中还加进了朝菌、蟪蛄、众人，与冥灵、大椿、彭祖形成对比，进一步突出了“小”不知“大”的用意。本体是在第三段才出现的。与蜩、学鸠相对的本体是“知效一官，行比一乡，德合一君，而征一国者”。在庄子看来，他们都是蜩、学鸠一类的人，不但小，而且不理解大，还嘲笑大。与鲲、鹏相对的本体是宋荣子、列子和“至人”“神人”“圣人”。本体形象分为三个层次：宋荣子高于“知效一官，行比一乡，德合一君，而征一国者”，但“犹有未树也”。列子高于宋荣子，但“犹有所待者也”。“至人”“神人”“圣人”高于列子，因为他们无所待。至此，庄子完成了从喻体到本体的过渡，从而使得文章成为一个有机整体。

对《逍遥游》主旨的基本理解，古今众说纷纭。争议主要表现在以下几个方面：第一，如何理解“逍遥”的含义；第二，本文主旨是表现绝对精神自由还是表现无为思想；第三，如何理解鹏鸟、蜩、学鸠等形象，庄子是褒大贬小，还是同等视之；第四，大鹏和小鸟是自由的还是不自由的；第五，“有所待”的哲学意蕴到底是什么；第六，究竟如何理解“至人”“神人”“圣人”。这些问题，比较复杂，争议颇多，莫衷一是。笔者以为，要想回答这些问题，没有深厚的学养是不可能的，单凭主观臆断随意解释意义不大。中学生学习本文，主要目的不在于探讨这些高深莫测的哲学问题，而是初步积累语料，理解其基本含义，为其将来的学习和研究奠定基础。基于此，笔者以为，对“逍遥”的理解是核心，是最为基本的。

古人大多认为本文的主旨是摆脱世俗羁绊，达到精神绝对自由。此说几成定论，让学生了解这种观点是必要的。还有一种理解，认为本文主要表现无为的思想。笔者以为，这两种理解都有道理，而且不矛盾。或者说，因为无为，才能自由。把二者拆开或对立起来理解是不妥的。无为，并非无所事事，而是顺应自然。违背自然，违背规律，是庄子所反对的。那些蜩、学鸠一样的官员，有一点能耐就自以为是，拼命追求，数数然于世，造成人性的异化。这些人根本无法理解“至人”“神人”“圣人”的境界。庄子具有这样的境界，在《庄子》一书中处处可见表现庄子不受世俗羁绊超凡脱俗的故事，这些故事可以净化人的心灵。正因如此，庄子被世俗深深误解，被不理解所困扰着，所以他在本文中一再申说“小”与“大”的隔膜。这种隔膜，主要来自“小”对“大”的不理解，表现了世俗与超越世俗的矛盾。我们今天看庄子，被他坚守人的自然性的精神所感动。在世俗阶层，人们总会被功名利禄所诱惑，汲汲于功名，戚戚于贫贱，距离人的自然性越来越远，对人的自然属性破坏得越来越严重，出现了人性异化。庄子的深刻性就在于他看到了这种异化，并努力去拯救人们的灵魂。但是，庄子在强调人的自然性的同时，犯了一个致命的错误，即忽视人的社会性。人的社会性也是客观存在，人对功名利禄的追求也是人性的表现。可以说，自然性和社会性是人之所以为人的两个基本支点。庄子在肯定和强调人的自然性价值的同时无形之中否定和贬低了人的社会性价值，因而也就超越了一般民众的接受心理，可望而不可即。很多专家学者持有这种观点，这大概算是一种基本理解吧。

当然，庄子并没有否定“小”，但是在《逍遥游》阅读史中却出现了对“大”的歌颂和对“小”的蔑视的误解倾向。鲲鹏成了远大志向的象征，蜩、学鸠成了鼠目寸光的代名词。这种误解符合文学解读的规律，是允许的，属于正误。读者在文本面前不是被动的，完全可以有自己的理解和体会，尽管这种理解和体会并不符合作者原意。在语文阅读教学中，教师要注意区别“作者意”和“读者意”。理解和掌握“作者意”是阅读教学的任务，启发读者形成自己的“读者意”同样是阅读教学的任务。处理好二者的关系是搞好阅读教学的关键。基于此，教师完全可以启发学生谈一谈自己的感受，进而引导学生课下去阅读《逍遥游》全文，理解“至人”“神人”“圣人”的具体含义；也可以引导学有余力并富有兴趣的学生，专门做一点庄子研究性学习。在有限的必修课上，《逍遥游》的教学受到的制约是明显的。本文所谈的教学内容的三个方面如何实施教学？笔者建议如下：第一个方面是最为基本的，必须做扎实。第二个方面是关键，也应该做到位。

第三个方面根据情况灵活处理。如果时间不够，完全可以少做或者不做。这三个方面形成了一定的逻辑关系，呈阶梯状，后者建立在前者的基础之上。当学生对庄子了解甚少的时候，甚至没有读过《庄子》全书的时候，盲目地发表议论，并不是值得提倡的教学行为。如果教师的教学引发了学生的兴趣，学生课下积极主动地去阅读《庄子》及其相关文献，那就是教学的巨大成功了。

《赤壁赋》文化语码解读

人们常说苏轼《赤壁赋》达到了儒、释、道圆融的境界，儒、释、道三家的思想究竟如何体现在文章中的？又是如何圆融的？笔者看了一些文章，总觉语焉不详，很想深入探讨下去。

有材料讲，有一天，钱基博在书房读《赤壁赋》，他的助手说："先生对这篇文章倒背如流，为何还要读它？"钱先生回答说："《赤壁赋》需要用一生去读。"以钱先生之渊博，尚且不敢掉以轻心，何况我们普通语文教师！《赤壁赋》的确难懂。笔者教此文已有多遍，也写过几篇文章，但仍有隔靴搔痒之感。下面，笔者试从文化语码的角度再次进入《赤壁赋》，阐释自己粗浅的理解，以就教于方家。

叶嘉莹先生说过，在一种文化中，经过长期沉淀下来的固定意象，便成为这个民族文化的语码。受到这个民族文化滋养的人，很容易就能够理解这个语码的文化含义。比如"梅""兰""竹""菊"，就是中华文化典型的语码，大概受过一点教育的中国人，都能知其含义，所以很多人家中以此装饰美化环境，来体现中国文化的韵味和自己的审美情趣。没有受到这个文化滋养的人，就很难品味其中的味道。戴望舒写“希望逢着一个 / 丁香一样的姑娘”，而不写“希望逢着一个 / 康乃馨一样的姑娘”，就体现了不同文化传统下“语码”的隔膜及其差异性。但是，即便受到过本民族文化滋养的人，如果那个意象是小众的，对绝大多数读者来说比较生僻的话，其意象的隐含性就比较突出，作为语码的表达效果也就会受到一定程度的限制。这种影响固然是因为读者没有掌握了解所致，同时也是作者故意所为的结果，即作者本来就不想让读者一眼望穿。《赤壁赋》大概就是这样一篇奇文。

苏轼早年熟读儒家经典，其文化基因中儒家积极进取的因子占据主体地位。特别是当他年纪轻轻就考上进士，又深得皇帝欣赏，一切顺风顺水的时候，那建功立业的儒家文化自然外显其身。可以说，苏轼与很多文人一样，是儒家文化打底的，即便后来遭受了沉重打击，辗转黄州、惠州、儋州，这个底色也仍然清晰可见。儒家思想深入其骨髓。有学生问：“在《赤壁赋》中，有哪些儒家文化的影子呢？”我说，“诵明月之诗，歌窈窕之章”，有《诗经》的影子，《陈风·月出》之诗，旨在思念，这与“渺渺兮予怀，望美人兮天一方”相呼应。这里的“美人”指宋神宗，显然是屈原“香草美人”手法的运用。有学生问：“苏轼遭皇帝贬谪，为何还要思念皇帝呢？”这个问题很有意思。其实，宋神宗一直很喜欢苏轼，也不想太为难苏轼；无奈身边一群小人，轮番进谗，且有证据证明苏轼写诗讽刺新法，皇帝只好从众了。就在苏轼戴罪黄州期间，宋神宗对西夏用兵，大败而回。张舜民（芸叟）到黄州看望苏轼时，叙述此事，引发苏轼对国家的忧虑以及对宋神宗的牵挂。这就是苏轼忠君爱国的一面，也就是苏轼儒家底色的表现（参见朱靖华先生《前后〈赤壁赋〉题旨新探》一文，见《苏轼论》336 页，京华出版社 1997 年）。

早在 1995 年，路广正先生就在《济南大学学报（社会科学版）》发表了《“潜蛟”“嫠妇”寓义考》一文，对“舞幽壑之潜蛟，泣孤舟之嫠妇”做了比较透彻的解说。但是，此文并未引起人们的关注，许姗姗在 2014 年第 3 期《语文学习》发表《“舞幽壑之潜蛟，泣孤舟之嫠妇”里说悲乐》一文时，仍然停留在对字面表层意思的理解上，简单地把“嫠妇”说成寡妇。对“潜蛟”一词，课文注释不到位；对“嫠妇”一词，课文只是解释为“寡妇”，很容易被师生忽略。在本文中，苏轼故意使用冷僻意象来暗示自己的情怀，所以造成很多读者停留在表层。其实，“潜蛟”是“潜龙”的变词。《周易·乾卦》有“初九，潜龙勿用。”周振甫在《周易译注》（中华书局 1991 年）中解释为“象龙潜伏着，不可有所作为”。黄寿祺、张善文《周易译注》（上海古籍出版社 2016 年）解释为“初九，巨龙潜伏水中，暂不施展才用”。这与苏轼遭贬不得施展才华很相符。客人的洞箫声，触动了深谷中的潜蛟，开始舞动，其实是苏轼内心不宁静。“嫠妇”字面上看就是寡妇的意思，但大有深意。《左传·昭公二十四年》记载：

> 郑伯如晋，子大叔相，见范献子。献子曰：“若王室何？”对曰：“老夫其国家不能恤，敢及王室。抑人亦有言曰：‘嫠不恤其纬，而忧宗周之陨，为将及焉。’今王室实蠢蠢焉，吾小国惧矣。然大国之忧也，吾侪何知焉？吾子其早图之！《诗》曰：‘瓶之罄矣，惟罍之耻。’王室之不宁，晋之耻也。”

献子惧，而与宣子图之。乃征会于诸侯，期以明年。

《汉语大词典》对“嫠不恤纬”的解释是：“谓寡妇不忧其纬少，而恐国亡祸及于己。”除此之外，《汉语大词典》还收录了“嫠人”“嫠家”“嫠妇”“嫠辍纬”“嫠忧”等词条，并引用李纲《与长相公书》中“其知我者，以为见危纳忠，嫠不恤纬，而忧宗周之陨”之言，还引用了陆游《泛舟湖山间有感》诗句：“岁晚客貂那复叹，时艰嫠纬未忘忧”的句子，表达了忧国心切的意思。由此可知，“嫠妇”作为一个意象，已经积淀为中华文化的“语码”，有其特殊含义。统编本高中语文课本仅仅注解为“寡妇”，过于简单，无法揭示出苏轼用此典故的良苦用心。显然，苏轼用此典故在于表达两层意思：一是自己被贬黄州，如同一个寡妇（或“被丈夫抛弃的女子”），非常可怜；二是尽管可怜，却仍心系君王，念念不忘国家。《诗经》《周易》《左传》皆儒家经典，足以证明此时的苏轼，仍然坚守初心。

写到这里，算是初步揭开了儒家文化语码的含义？有学生问：“释是什么？”释，就是佛。在这篇文章中，最集中体现佛家思想的内容是苏子“说理”的一段。这一段学术界大多认为源自僧肇的《物不迁论》。武道房在《文学评论丛刊》2011年第2期发表了《苏轼〈前赤壁赋〉与僧肇的“物不迁”义》一文，比较详细地阐明了《赤壁赋》与佛学的关系。苏轼在黄州期间，开始反思自己，沉思万物，并集中读佛，所谓“闲居未免看书，惟佛经以遣日。”他在《赤壁赋》中说：“惟江上之清风，与山间之明月，耳得之而为声，目遇之而成色，取之无禁，用之不竭，是造物者之无尽藏也，而吾与子之所共适。”对“无尽藏”一词，课文注释很明确，源自佛家语“无尽藏海”。佛家文化有一个核心观点，即人生的痛苦源自欲望。要想消除痛苦，必须告别欲望。在苏子与客的对话中，客表达了人生的痛苦和长生不老的欲望，即“哀吾生之须臾，羡长江之无穷。挟飞仙以遨游，抱明月而长终。知不可乎骤得，托遗响于悲风”。人生苦短，是古代文人经常表现的一个主题。苏子面对这样一个内心化解不开的客，借助佛家理论进行了劝导。实际上是自我宽慰。

> 盖将自其变者而观之，则天地曾不能以一瞬；自其不变者而观之，则物与我皆无尽也，而又何羡乎！

这与《物不迁论》中关于动与静的论述有相通之处。僧肇写道：

> 夫人之所谓动者，以昔物不至今，故曰动而非静；我之所谓静者，亦以昔物不至今，故曰静而非动。动而非静，以其不来；静而非动，以其不去。然则所造未尝异，所见未尝同。逆之所谓塞，顺之所谓通。苟得其道，复何滞哉？

《物不迁论》在中国佛教史上具有重要影响，其论述的重点是“不动”。苏轼借其“动”“静”的理论，迁移到“变”与“不变”上来，达到了劝客“不羡”而释怀之目的。任继愈在其主编的《中国佛教史》中写道：“《物不迁论》的宗教目的，在于论证佛教提倡的因果不失，修佛可成。这是般若空观占据佛教理论统治地位，与当时佛教信仰又急需普遍推行之际，必须优先给予确立的原则。”（见《中国佛教史》第二卷第 478 页，中国社会科学出版社 1985 年）苏轼在《赤壁赋》中并非完全照搬佛家学说，而是受其启发，摒弃凝滞于心的障碍，使自己开通畅达。

“且夫天地之间，物各有主，苟非吾之所有，虽一毫而莫取。”这句话中“物各有主”是核心理论。这是哪家的理论呢？似乎源于郭象的哲学观。郭象借为《庄子》一书作注，表达了自己的哲学思想，其核心观点就是“物各有性，性各有极。”他认为，人当“各安其性”，顺其自然。（见宋版《南华真经》）这一思想与庄子合为一炉，深刻影响了苏轼，使他认识到，面对人生跌宕，当泰然处之，得之淡然，失意泰然；胜固欣然，败亦可喜。《庄子·德充符》写道：

> 自其异者视之，肝胆楚越也；自其同者视之，万物皆一也。夫若然者，且不知耳目之所宜，而游心乎德之和；物视其所一而不见其所丧，视丧其足犹遗土也。

庄子这一段讲的是，如何看待“异”与“同”的问题，进而明确“得”与“失”的关系，与苏子之语非常相似，本质上一致。与其说苏轼受了《物不迁论》的影响，不如说受了《庄子》的影响更恰当。“异”就是“变”，“同”就是“不变”；“德”就是“得”，也就是“不变”；“丧”就是“失”，就是“变”。苏子将这些概念转入他的话语体系，从而表达了心灵上的化解与圆融。

任继愈《中国佛教史》认为，《物不迁论》所讨论的问题，就是庄学所讨论的问题。僧肇关于“物不迁”的命题，实借用《庄子》。这就把僧肇观点的源头厘清了，原来，佛、道在此是相通的。岂止佛、道相通，儒、道又何尝不相通呢？三家各自侧重点不同，儒家积极入世，道家清净无为，佛家寡欲无痛，其实各自从不同的人生背景上阐述了自己的哲学观点，并不矛盾。在苏子看来，人生虽然短暂，但换个角度看，人类也是生生不息的，是永恒的，不必羡慕。尽管人的个体生命短暂，但因受物性主宰，无法改变；要接受它，顺其自然。当人把自己的精神生命融入大自然后，可以享受大自然的一切，没有谁能阻止你，心灵就是自由的。在这样的宽慰下，“客喜而笑”，顿然释怀了。这就是圆融。

客真的被苏子说服了吗？那只有客心中清楚，所谓冷暖自知。笔者以为，即便不能彻底通透豁达，也可以给伤痛的心灵敷上一剂麻醉药，暂时获得一点轻松。随着时间的推移，伤痛会越来越淡，直到往事如烟。

道家拥抱自然。在《庄子》一书中我们可以看到人与自然的合一。课文《赤壁赋》分为五段，内容分别是写美景，写箫声，写人生，写理趣，写释怀，前后内在联系十分紧密。从第一段的“浩浩乎如冯虚御风，而不知其所止；飘飘乎如遗世独立，羽化而登仙”到第三段的“挟飞仙以遨游，抱明月而长终”，再到第四段的“惟江上之清风，与山间之明月，耳得之而为声，目遇之而成色，取之无禁，用之不竭，是造物者之无尽藏也，而吾与子之所共适”，无不体现了道家文化的影子，属于道家文化语码。而“无尽藏”

和苏子的那番千古宏论，又带有明显的佛家痕迹，也可以说是佛家文化语码，甚至分不清究竟是哪一家，而是你中有我，我中有你。这样，儒、释、道三家融为一体，构成了《赤壁赋》所特有的语码体系。想要读懂这篇文章，就必须抓住体现这三家文化背景的语码，从而破解其含义。

以上所见，不知当否，敬请指正。

《埃菲尔铁塔沉思》鉴赏

作家张抗抗的《埃菲尔铁塔沉思》是一篇耐人咀嚼的优秀散文，其深刻的思想性隐藏在看似简单的文句背后。教学本文，教师首先要解读到位，其次是设计合理。下面是笔者的一点粗浅体会。

文学作品一般具有两个层面的意思：表层含义和深层意蕴，《埃菲尔铁塔沉思》也不例外。该文的表层含义是什么？这是让学生思考的事情，教师不要越俎代庖。但是教师要给学生提供必要的“支架”。原文中有这样的话：“虽然它已是上一个时代的标记，一百年前它却曾经是作为一个标新立异的怪物，在一片嘘声里，诞生于巴黎城的古迹之中的。”“它从没有对人说过，当年曾经被保守的巴黎强烈排斥和憎恶的铁塔，后来为什么竟成了巴黎城市的一个象征。”学生会产生问题：“嘘声”指什么？为什么要“排斥和憎恶”它？教师应该提供相关背景资料，并突出三点：第一，当时很多人反对建塔；第二，塔的科技水平很高；第三，塔后来成为巴黎的骄傲。

教师要让学生找出作者对埃菲尔铁塔前后不同的态度。登塔前，作者对塔的态度是：“它只是比一座电视塔略高些的大铁架”“只露给你一个纤瘦的顶部”“它也似乎只是一个小摆设，甚至，有那么一点被压抑的冷峻”“我曾以为那历经一百多年风雨的朽铁会呻吟，会晃悠颤栗……”“我原以为你是拒人之外，高傲无情的”“对它存有那么无知的偏见和戒心……”。走进它并登上以后，作者的态度发生了极大的变化：“我总没有想到它竟会如此之高”“你才会确实地明白它的高度，明白它的气势，明白它的骄傲”“你是一记雷声，一道阳光，一束电波，一条飞船，轻轻飏飏却又闪电般地穿过大气层，突破大气层，抛开大气层”“此时它却纹丝不动，不必担心它会断裂倒塌。这在工业革命的辉煌中屹立的巨人，似乎雄心勃勃地要同那天边席卷而来的新浪潮作一番耐力的较量”“我却发现你是一个不露声色的老父，将那各种肤色各种头发的孩子都拥在你的怀里，一任他们纵情玩乐、观赏，又走散去”“铁塔是仁慈的，温暖的。假如我不到铁塔来，我将永远对它存有那么无知的偏见和戒心……”“我希望永远也不要再下去”。

可以说，作者前后态度变化太大了。作者写自己前后态度变化之大，目的是什么？是为了得出自己的结论：“你没有接近过它，你便没有权利轻视；有一日它终会化成一堆废铁，但它曾独一无二地存在过。”由此可知，前后变化的过程及具体内容是这篇散文的“形”，得出的结论是这篇散文的“神”。这一点与《囚绿记》很相似。这里体现了一种结构，或者说一种散文思路：形散神聚，虚实相映。散文的“形”和“实”体现在前后变化的具体内容上，散文的“神”和“虚”体现在结论上。

但是仅仅停留在这样的层面上是不够的，因为这只是表层含义，是文本客观面貌中所固有的。散文还有一个特点，就是象征，就是比兴寄托，言在此而意在彼。

作者写道："我原以为你是拒人之外，高傲无情的""假如我不到铁塔来，我将永远对它存有那么无知的偏见和戒心……"按照常理来分析，一个从未走出国门的中国年轻作家，对远在巴黎的实物铁塔不应该有喜欢或者不喜欢的情感态度，更不应该产生误解，应该有的是想见到它并登上去的欲望。可是作者偏偏写了对它的误解，似乎有先入为主的东西一直在影响着作者。这个先入为主的东西是什么呢？难道是作者通过阅读了解到的"当年曾经被保守的巴黎强烈排斥和憎恶"的历史？也不会，因为这样的一段历史只能引起作者的好奇心，引起作者迫切希望一睹其真容的欲望。那么，这个先入为主的东西究竟是什么呢？

本文发表于1985年10月25日《人民日报》，当时作者只有35岁。此前，作者与国内一批作家先后访问了法国、德国、英国和美国，这对初次走出国门接触西方最发达的资本主义国家的中国作家来说，是充满了挑战的。当时的中国作家在国内的经历是坎坷的，他们对资本主义世界的真实情况是不太了解的。与钱锺书那一辈作家不同，他们是带着先入为主的东西走出国门的，他们是戴着"有色眼镜"去看待西方世界的。因此，他们所受到的震撼必然是强烈的。张抗抗在访问参观的过程中，内心极不平静，基于作家的本能，她就要拿起笔来表达自己的情感。写作是讲究技巧的，要表达这种情感，必须找到一个恰当的载体，而埃菲尔铁塔再恰当不过了。于是，作者赋予了埃菲尔铁塔非同寻常的象征意义，实现了“一次没有阶梯的升华”。

善于选择喻体，是写好托物言志类散文的基础。在本文中，铁塔是个大喻体，在其之下还有一群小喻体，作者巧妙地使用它们，很好地表达出了微妙细腻的思想情感。

写“风”。“我听到耳边的风呼呼响，紧张地抽搐着的风，拍打你，推动你，如巨鸟扑翼，直贯长空。”这里的“风”已经具有了象征意义，它不仅仅是自然的风，而是指速度，指现代科技。作者从生活了几十年的祖国来到高度发达的巴黎，必然经受“拍打”和“推动”。作者接着写道，“风虽被隔绝在远远的脚下与上天，却隔着一层玻璃鞭笞着我的神经。”“风在这里变成了速度，变成了眩晕——我只觉得地面迅疾地脱离我的脚跟，向一个无底的深渊坠落。”这里的“坠落”，不能简单地理解为方位上的错觉，而是对新环境暂时的不适应。这种不适应给作者造成了错觉，把原本上升误以为是下降。

写电梯。“你是一记雷声，一道阳光，一束电波，一条飞船，轻轻飏飏却又闪电般地穿过大气层，突破大气层，抛开大气层。”“你”，表面指电梯，实际上代指西方现代科技或现代文明。一个从“文革”中走出来的青年作家，面对这样快速的电梯，感受到了类似“雷声”“阳光”“电波”“飞船”的冲击，“穿过”“突破”“抛开”封闭的“大气层”。

写“惧怕”。作者写自己“向一个无底的深渊坠落”。“如悬崖上坠落的石块，无遮无拦，无法无天地要去撞击地层深处”，陷落到“一个无可攀挂、无可扶靠、无可呼救的绝境”。于是“我有些惧怕，又有些怜悯自己。我为瞻仰它的伟大与雄奇，才执意汇入登塔的人群，奇怪的是我竟然感觉不到电梯的上升。我只是觉得从我登上铁塔的那一刻起，巴黎便开始庄严地降落。它疯狂地钻入地底。我透不过气来，这透明的铁盒子，快闭上你恶魔的眼睛，我想出去！”作者的感觉极具个性化，用词也颇有陌生化的感觉，她把铁盒子叫作“恶魔”，这是作者心理复杂又不便明说的结果，同时也为下文的转折做铺垫。

写钢架。作者把钢架比作“黑色的云缝”“黑色的原始森林”“黑色的手臂”，“是无数根钢缆铁索，缠绕你，勒紧你，使你永远无法到达那个超然于一切之上的境界”。这似乎在写有一种力量束缚着作者的心。这样写仍然是为下文的转折做铺垫。

以上是文章的前半部分，作者从四个方面写自己乘坐电梯上塔时的特殊感觉，可以说，作者是故意写得如此陌生化，作者在建造一种散文结构，它虽然只是整体结构的一半，但它是基础。进入文章的后半部分，作者的感觉发生了巨大转折。

由“坠落”变为“上升”。“无意间，我抬头仰视，怦然心跳——我忽然发现了自己是在上升。那钢缆挣断了，那黑手垂落了，那云朵变得浓亮了，可是，透明的铁匣子还在疯狂地往上升，一个劲地向上升，像是要冲破什么，又像是要挣脱什么，咯咯地向上，像是咬着牙根的声音，像是绷紧骨骼的声音，固执而又痴迷地向上升。它像是永远也升不到头了，永远也不会停下来了。”这些内容与上文形成对应关系，每句话都暗示着什么，但又没有说破，以期引发读者的遐思。笔者以为，作者要冲破的是陈旧的被扭曲的思想情感。

写此前的担心是多余的。“我们走出透明的铁匣子，阳光似乎仍然是那么不冷不热。天空仍然是那么不远不近。巴黎城，安然无恙地静卧在绿丛带似的塞纳河两岸。”此处可以借用苏轼《定风波》的词句：“回首向来萧瑟处，也无风雨也无晴。”于是紧张的心情烟消云散。“从神经中解放出来的风，无忌地挑逗着铁塔，摇撼它、敲打它。”“我曾以为那历经一百多年风雨的朽铁会呻吟，会晃悠颤栗……据说它的最大摆度是十八厘米，此时它却纹丝不动，不必担心它会断裂倒塌。”这是思想感情上的大转变。

写自己的反省。作者误解了铁塔，误解了巴黎，误解了西方。你看：“有一对少年在塔顶的窗边接吻，多么高的吻。有一对青年在电梯里接吻，多么快的吻。铁塔是仁慈的，温暖的。假如我不到铁塔来，我将永远对它存有那么无知的偏见和戒心……”

写自己的沉思。这一段是本文的精髓。作者写道：“我不知我应该怎样下去，或者说，我希望永远也不要再下去。”从“惧怕”到“不要再下去”，人完全变了。为什么会有这样的巨变呢？作者写道：“人到达过那样的高处，对地面便有了淡漠；人有过那样的恐惧，对安全便有了蔑视；人走近过那蓝色的梦想，又不得不回到原处，便尝到探险的悲哀。因为那不是山的高度，不是悬崖的恐惧，而是人在一个世纪之前的真实创造，是一个永远矗立的丰碑。你没有接近过它，你便没有权利轻视。”这些话句句有深意，但作者都是点到为止，留下了咀嚼的余地和思考的空间。笔者试着来解读一番。

“人到达过那样的高处，对地面便有了淡漠”，“高处”指的是以电梯为代表的高度发达的现代科学技术以及高度发达的现代文明。“淡漠”一词的本义是不热情，对人对事冷淡。此处指的是对落后封闭的社会形态的抛弃，主要指对“文革”背景下的社会形态的否定。

“人有过那样的恐惧，对安全便有了蔑视”，“恐惧”指乘坐电梯时的“惧怕”，指的是第一次直面西方社会文明时的复杂心理。“安全”指的是在长期封闭状态下形成的自我保护意识，不敢冲破藩篱的保守思想。“蔑视”是对旧我的蔑视和否定，表达了冲破藩篱的愿望与勇气。

“人走近过那蓝色的梦想，又不得不回到原处，便尝到探险的悲哀”，“蓝色的梦想”出现过两次，比喻理想的、美好的东西。“原处”比喻落后、封闭、愚昧的东西。“探险的悲哀”指的是理想与现实之间的落差，以及这种落差带来的影响。

“因为那不是山的高度，不是悬崖的恐惧，而是人在一个世纪之前的真实创造，是一个永远矗立的丰碑。”爬山须付出艰辛的努力，登顶之后会有一种征服者的成功喜悦感。但此次经历不是，作者没有征服者的成功喜悦感，而是感觉到了距离，这种距离感在作者内心深处激荡，感慨无限。攀登悬崖是危险的，会有摔下去的性命之忧，所以恐惧。但此次经历不是，乘电梯时的恐惧是由于封闭落后造成的，是可笑的，悲哀的。埃菲尔铁塔是一个真实的存在，作者用“创造”“丰碑”给予了充分肯定，再无犹豫和怀疑，说明作者经历了思想上的蜕变成了一个新人，原来“印象的底版”被刷新了。

“你没有接近过它，你便没有权利轻视”，作者对发达的资本主义社会原来是不了解的，甚至带有偏见和戒心。现在，作者实际接触了，她明白了。作者提醒读者，要亲自去了解，才有发言权。

以上就是笔者对《埃菲尔铁塔沉思》一文深层意蕴的解读。这是不是过度解读呢？笔者以为不是。中国诗歌散文有一大特点，就是比兴寄托。《诗比兴笺》解读《梦游天姥吟留别》说："太白被放以后，回首蓬莱宫殿，有若梦游，故托天姥以寄意。"冯骥才写《珍珠鸟》，也是用意深婉。这是一种传统的创作手法，体现了文学的特质。也许有人会问，作者为何采用文学的手法，而不采用政论文的写法呢？若真有此责问，恐怕属于强人所难了，因为作者是一位文学作家，擅长文学的立意构思，若换了别的作家，可能会采用政论文的形式。比如同在《中国现代诗歌散文欣赏》选修模块中，作家梁衡的一篇《特利尔的幽灵》，就是另一种风格特点，请看下面这段：

> 我想，我们还是不了解马克思，许多年来我们对他若即若离，似懂非懂。这几年，我们也曾急切地追问："资本主义为什么腐而不朽，打而不倒呢？这个幽灵为什么不灵了呢？"但是就在这个房间里，打开这尘封色退的书稿，马克思老人早在1859年就指出："无论哪一个社会形态，在它所容纳的全部生产力发挥出来以前，是决不会灭亡的。而新的更高的生产关系，在它的物质存在条件在旧社会的胞胎里成熟以前，是决不会出现的。"过去我们也曾认真地对照马克思的书，计算过雇几个工人就算是资本主义，数过农民家养几只鸡，就算是资本主义。但是我们又忽略了，仍然在这些书稿里，马克思面对人们急切地询问他社会主义的步骤时

说："现在提出这个问题是虚无缥缈的。"恩格斯说得更明白："我们不打算把什么最终规律强加给人类。关于未来社会组织方面的详细情况和预定看法吗？您在我这里连它们的影子也找不到。"马克思是一个伟大的思想家，而我们却硬要把他降低为一个行动家。共产主义既然是一个"幽灵"就幽深莫测，这是一种思想而不是一个方案。可是我们急于对号入座，急于过渡，硬要马克思给我们说下个长短，强捉住幽灵要显灵。现在回想我们的心急和天真实在让人脸红。

梁衡的散文与张抗抗的散文都是游记，都没有把重点放在游踪上而是放在游感上。但不同的是，梁衡的散文单刀直入，开门见山，毫不隐藏，读来有一种畅快淋漓的感觉。而张抗抗的散文则是把真实的意图隐藏起来，让读者自己慢慢领悟。这两种写法各有优长，没有高下之分。但是从文学作品的角度来说，张抗抗的散文比兴寄托的特点更加突出。

在教学过程中，学生实现对文本表层含义的理解是不难的，教师引领学生在把握表层含义的基础上进入深层意蕴的分析。作为高二的学生，理解深层意蕴是有可能的。这里，语言的陌生化是一个切入点。按照人的正常体验，乘坐电梯时不会产生作者的那种感觉，即便是在生活环境巨大差异的情况下也不会，应该有的是新鲜感、新奇感，是惊叹。但是作者用一系列陌生化的语言写自己特殊的感受，超出了一般读者的生活体验，形成了理解上的困难。语言的陌生化实际上是作者使用的暗示法，一则不让读者顺利理解写作的真意，同时又提醒读者："我另有深意，希望读者能好好品味，心领神会。”这种欲言又止、躲躲闪闪的语言特点反映了作者复杂的心理，折射出了时代发展变化的痕迹。当然，如果学生实在无法接受其深层含义，教师也不必急于强加于人，留待学生以后慢慢领悟。就像阅读冯骥才的《珍珠鸟》一样，也许有的读者一辈子都不能得其真解，这也是正常的。

再谈课堂作品

——以钱梦龙《愚公移山》教学设计为例（代后记）

1981年4月20日，钱梦龙老师在“西湖笔会”上借用杭州学军中学的学生执教了《愚公移山》公开课，之后迅速在全国产生强烈反响，“钱版《愚公移山》教学设计”成为阅读教学的一个里程碑。2015年12月18日，“钱梦龙语文教学研讨会·新西湖笔会暨钱氏执教《愚公移山》35周年纪念活动”在福州金山中学举行，肖培东老师模仿钱老师的教学设计重新执教《愚公移山》一课以示纪念，一时传为教坛佳话。此后，有的教师自觉或不自觉地发起了一个网上纪念活动，有的还模仿钱老师的教学设计重新执教《愚公移山》。2017年，我在一次语文研讨会上见到钱老，说起此事，钱老谦虚地说道：“我没想到老师们这样喜欢。”

人们不禁要问：不就是一堂课嘛，不就是一个教学设计嘛，为何能长期持续地产生影响呢？我的回答是：这就是课堂作品的恒久魅力。课文属于作者，课堂作品则属于教师。我们一提《愚公移山》教学设计，就会想到钱梦龙老师。

之所以称“课堂作品”，是因为它体现了执教者的智慧和匠心，体现了执教者的教学思想和情感因素。钱梦龙老师在《〈愚公移山〉教学漫忆》（钱梦龙《导读的艺术》，人民教育出版社 1995 年版，268—270 页）一文中写道："多少年一贯的'串讲'模式，在文言文教学中业已根深蒂固，不可动摇，似乎教文言文就得这个样子，舍此别无他途。大家希望'尝试课'能教出一点新意，一改这种窒息学生性灵的刻板教法，体现出改革的新观念、新思路。"这说出了当时压在人们心底的声音，人们希望钱老师能够做时代的弄潮人。钱老师也的确是一位勇于创新的探索者，早就希望语文教坛吹进时代新风。他说："对文言文教学，我本有自己的主见，对普遍流行的'字字讲解，句子对译'的传统教法，素怀'叛逆之心'，也曾为此作过一些探索……只觉得我正在思考、探索着某种新型的教学模式，蕴含着一种强大的生命力。"钱老师还写诗明志："二月东风似女郎，飞红点翠写春光。料应难染参差柳，先试新梢几缕黄。"我们欣喜地看到，40 年来钱老师的导读教学思想已经在全国产生了深刻影响，开花结果，泽被后学，是改革开放以来语文教学改革取得的重要成果。

但是，有人对中学教师写的文章并不看好。我承认，中学教师的学养与大学教师和科研人员相比的确存在差距。中学教师不是研究高深学问的，而是教育未成年人学习基础文化知识的，是教育未成年人养成良好行为习惯的。评价中学教师，固然要考虑到专业素养，但更要考虑到教育能力和教学艺术。教师和学者不完全是一回事，不能拿学者的标准来要求中学教师。相反，中学教师所擅长的教育教学艺术，可能是大学教师和研究人员的短板。有的中学曾邀请大学教授给中学生上课，效果并不理想。不能说专家不深刻、不渊博，问题是专家不看对象，不对路，不生动，不吸引人。

那么，课堂作品是什么呢？是将对教学内容的准确、深刻的理解与精湛的教育教学艺术有机结合的产物。要教好语文，没有对文本的准确、深刻理解是不行的。教师首先要对文本理解到位。所谓到位，就是准确。这并不是一件容易做到的事情。一些表面看似好懂的课文，其实很容易出现理解上的偏差。因此，教师心中没有几篇或者十几篇参考文献作为支撑是难以理解到位的。还有，课文体裁多样，学生兴趣不一，教师要处理好写作目的与教学目标的关系，处理好学生兴趣与教学目标的关系，避免把语文课上成非语文课。这就要求教师要有一双语文的眼睛，准确锁定课文的语文功能，教好这个“例子”。所谓深刻，就是透过表面看到本质，不被文字表面内容所迷惑，善于区分“表层含义”和“深层意蕴”。当然，要把握好度，并非越深刻越好，须知教师上课目的不是显示自己的理解多么深刻，而是引导学生自主理解，提高学生的思维品质。

课堂作品的价值主要不体现在教师对文本准确、深刻的理解上，而是主要体现在教师对教学的精心设计上。为什么这样说呢？若论解读文章的深刻性，首推大学教师和研究单位的专家，钱理群教授和孙绍振教授就是突出代表。他们的解读很有见地，中学教师应认真学习。课本中的名篇，经过了众多读者解读。据中国知网统计，一篇《春江花月夜》，相关文献1300余篇；一首《琵琶行》，相关文献2100余篇；一篇《祝福》，相关文献近万篇。这些文章的作者不仅有中学教师，还有大学教师以及研究机构的专家。若从理解的深度上讲，中学教师远不如他们。但是中学语文教学不是将那些深刻的理解直接灌输给学生，而是经过教师的消化、吸收、筛选、转换，然后变成适合学生接受的内容。广泛参考，精心设计，课堂实施，力求好的效果，便是中学语文教学的基本任务。

教学设计既要考虑激发学生兴趣，又要考虑适合学生接受，还要考虑考试要求，与考点对接。这就需要对细节进行设计，而不是追求宏观视野，也不是刻意追求理解上的深刻与创新。我们看钱梦龙老师的《愚公移山》教学实录，有多少理解是新的？基本没有。但是我们面对钱老师精彩的设计不能不暗暗叫好。钱老师细致到一个句子、一个字，每一个环节都深思熟虑，体现了导读教学的思想。这也是创新，属于课堂作品的创新。比如钱老师设计了一个课堂提问：“这个小小年纪的孩子跟愚公一起去移山，他爸爸让他去吗？”学生一时不能回答，再一看书，便回答道：“他没有爸爸。”钱老师立刻追问：“你们怎么知道？”学生说：“他是寡妇的儿子。‘孀妻’就是寡妇。‘遗男’就是孤儿。”钱老师巧妙运用“曲问”让学生掌握了“孀妻”和“遗男”两个文言词，可谓匠心独运。这样的环节是很多的。大学教师和研究机构的专家讲课或许不会有这种教学细节，更无须考虑与考点对接。可以说，细节教学是中学语文教师课堂教学的基本任务，也是课堂作品刻意追求的内容。

体现创新特点的教学设计，往往表现在对学生的启发和激励上，既符合课标精神，又合乎文体规律，还能体现教育的灵魂——唤醒学生。正如钱梦龙老师所说：“教学，就是给人以积极向上的影响力，教学艺术就是影响人的艺术。”也只有如此，教学设计才能称得上课堂作品，才能真正体现教师专业发展价值之所在。

当然，教学设计不等于课堂作品。教学设计是课前预设出来的，课堂作品则是课后整理出来的。尽管可以将优秀的教学论文、教学设计等称之为课堂作品，但必须是课堂实践的结晶。脱离课堂的纯学术文章，即便再深刻也不能称之为课堂作品。这里涉及课堂作品本质问题，即必须经过课堂检验证明具有良好效果的教学设计或教学论文才能称得上课堂作品。比如写《愚公移山》的考证文章，即便写得很好，有新发现，也只是对《愚公移山》这篇寓言的研究成果，不是教学设计，不是教学论文，与课堂没有关系，也就不能称之为课堂作品。中学教师参考了这些研究成果，进行了教学设计，但并未进入实操阶段，没有经过课堂检验，不知道教学效果如何，也不能称之为课堂作品。教学设计进入实操阶段，经过了课堂检验，但教学效果并不理想，仍然不能称之为课堂作品。钱老师说，他一开始进行《愚公移山》教学设计，也只是出于“尝试课”的想法，不能断定一定成功。进入课堂实操阶段后，钱老师激发学生投入课堂之中，最后圆满地达到了预定的“尝试”目标。刘国正先生在为钱梦龙的《语文导读法探索》（云南人民出版社 1985 年版）一书所写的《卷头缀语》中说：“记得我在杭州听梦龙教《愚公移山》的时候，情不自禁地进入了‘角色’，同学生一起时而深思，时而朗笑，忘记了自己是听课者。其他听课的同志也有类似的感受。”钱老师回忆说：“这次‘尝试’，总算不辱使命。虽非完全出乎意料，但毕竟有一点喜出望外。因为这是我生平第一次借班上课，也是第一次在一个我所不熟悉的班级中验证我的教学观念和教学方法，这对我个人来说，也是一次意义不同寻常的‘尝试’。”《愚公移山》之所以称得上课堂作品，是因为经过了课堂检验，证明课堂效果是好的。

是不是说经过了课堂检验，课堂效果表面看是理想的，就一定是课堂作品了呢？不一定。这里有一个如何理解课堂效果的问题。我们习惯于将课堂效果好等同于目标达成度高，并不细究达到目标的方式。如果仅仅站在应试的角度看，只要学生能应付考试，成绩好，不管什么学习方式，都可以视为达到了课堂目标，因而也就是课堂效果好。如果站在培养学生语文学科核心素养的角度看，那就要深入一步，看目标的达成是不是体现了课堂生成效果。所谓课堂生成效果，指的是学生在教师引导、启发之下，靠自主学习得到了发展和提高，而不是靠教师的灌输。是“预设—灌输”还是“预设—生成”，这是应试教育与素质教育的分水岭。课堂作品属于后者。

课堂上，钱老师让学生自己正音，明确“河曲智叟亡以应”中“亡”的正确读音。学生又问“河曲”的“曲”是什么意思，钱老师让学生查工具书加以解决，而不是奉送答案。像这样引导学生自主学习的环节是很多的，整个教学过程都体现了“预设—生成”的教学思想。张奎和李维鼎在课堂评价中说：“把学生引导到求知过程中，是为了发展学生的智能，钱老师牢牢抓住了这一环。”（出自钱梦龙《语文导读法探索》一书中收录的《〈愚公移山〉教学实录》）叶圣陶先生早就指出：“教师教各种学科，其最终目的在达到不复需教，而学生能自为研索，自求解决。故教师之为教，不在全盘授与，而在相机诱导。必令学生运其才智，勤于练习，领悟之源广开，纯熟之功弥深，乃为善教者也。”（《语文教育书简·八》，见《叶圣陶语文教育论集》，教育科学出版社 2015 年）钱老师可谓善教者，《愚公移山》的教学设计是一篇善教的课堂作品。

科学之所以是科学，就在于它经得起反复验证。教学首先是一门科学，其次才是艺术。课堂作品也是如此，它验证了这样教是符合规律的，效果是好的。或许有人质疑：难道钱老师的《愚公移山》教学设计是普适的吗？杭州学军中学的学生基础好，能力强，若换成山沟里的学生，换成基础薄弱校的学生，就不灵光了。事实证明，用钱老师教《愚公移山》的思路教其他学生是行得通的。至于借用杭州学军中学的学生用了两课时，到了基础薄弱校可能用三课时甚至更多，这是正常的。关键不在于用了几课时，而在于钱老师的教学思想符合学生学习规律。钱版《愚公移山》教学设计最有价值的是教学思想，其次才是具体的一招一式。学钱老师最根本的是学其思想，这种教学思想具有普适性。

在课堂作品中，存在隐性的教育教学艺术的因素，单从文本形式的课堂作品中不容易感受到。一堂好课，留给人们的深刻印象，往往是教师感情的投入和课堂语言的感染力。从这个意义上说，课堂作品呈现的是立体教学效果，绝不是单纯的文字。这就是为什么有的教师用了钱老师的教学设计，而且是一字不变地加以模仿，但效果并不理想的原因。比如钱老师问学生，愚公自己年纪大了，享受不到移山后的便利生活，他傻不傻？经过讨论，学生明白了，愚公是为子孙后代造福，不仅不傻，而且是“大聪明”，是“大智若愚”。随后钱老师引导学生明白一个道理：在建设四个现代化的今天，要发扬愚公移山的精神。学到此处，钱老师动情地说道："学习愚公移山的精神，这就是我们读了这篇文章以后应该受到的教育。"我相信，听课者会感受到钱老师对学生的感情投入，会感受到钱老师课堂教学语言的魅力。如果换了别的教师，也许效果更好，也许很不理想。我们不得不承认，课堂作品体现教学规律，具有普适功能，同时又体现执教者的风格特点。

因此，感情投入和课堂教学语言也要经过课堂检验，看其是否自然贴切。如果感情投入是生硬的、机械的，那就只是外在形式了，没有收到滋润心田的效果，也就不能称之为课堂作品。课堂教学语言以声音传递的形式呈现师生对话和交流，伴随它的还有教师的教态、表情、语气等复杂因素，课堂作品对此均有较高要求。总之，课堂作品体现了教师的教学智慧，融进了教师的风格特点，我们也称之为教学艺术。积累课堂作品，就是要求教师将每天所教的内容与自己的科研紧密结合在一起，实现无缝对接。积累课堂作品是教师专业发展的有效途径，体现教师专业价值和职业觉醒。

2012 年 4 月，我在《语文建设》上发表了《语文教师要善于积累自己的课堂作品》一文。时隔 8 年，我又有一些新的体会，在原来基础上做些补充，是为"再谈"。

（本文发表于《语文建设》2021 第 1 期，
2023 年 4 月改定于六心斋）